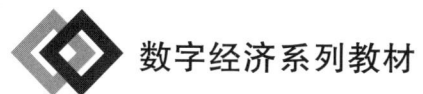

数字经济系列教材

数字商务

主　编◎雷　明
副主编◎谷　雪　王婉谕

首都经济贸易大学出版社
Capital University of Economics and Business Press
·北京·

图书在版编目（CIP）数据

数字商务 / 雷明主编. -- 北京：首都经济贸易大学出版社, 2025.6. -- ISBN 978-7-5638-3864-6

Ⅰ．F7

中国国家版本馆CIP数据核字第2025E7G674号

数字商务
SHUZI SHANGWU
主　编　雷　明
副主编　谷　雪　王婉谕

责任编辑	佟周红
封面设计	砚祥志远・激光照排　TEL: 010-65976003
出版发行	首都经济贸易大学出版社
地　　址	北京市朝阳区红庙（邮编100026）
电　　话	（010）65976483　65065761　65071505（传真）
网　　址	https://sjmcb.cueb.edu.cn
经　　销	全国新华书店
照　　排	北京砚祥志远激光照排技术有限公司
印　　刷	唐山玺诚印务有限公司
成品尺寸	170毫米×240毫米　1/16
字　　数	355千字
印　　张	19.25
版　　次	2025年6月第1版
印　　次	2025年6月第1次印刷
书　　号	ISBN 978-7-5638-3864-6
定　　价	49.00元

图书印装若有质量问题，本社负责调换
版权所有　　侵权必究

前　言

　　数字商务是我国国民经济体系的重要组成部分和新兴经济增长点。加快我国数字商务发展，对于促进资源配置优化、经济结构调整、投资环境改善、经济运行质量与效益提高、可持续发展战略实施、推动我国经济体制与经济增长方式的根本性转变，具有重大战略意义。

　　我国数字商务正处于快速发展时期，与发达国家相比尚有一定差距，但其市场潜力和发展前景十分广阔。为推动我国数字商务发展，国务院正稳步推进《数字经济发展规划》实施，并逐步实现集约发展、联动发展、融合发展，通过组织创新、技术创新、服务创新，在保持数字商务总量平稳较快增长的同时，加快供需结构、地区结构、行业结构、人力资源结构与企业组织结构的调整进程，改进服务模式，提高服务能力，切实满足经济建设与社会发展需求。

　　本书由雷明担任主编，谷雪、王婉谕担任副主编，参编的还有孙姜百合、赵越、苏俊尧。本书以培养学习者的应用能力为核心，基于数字商务经济活动的基本规律，围绕数字商务所涉及的领域与业务实践知识体系进行系统阐述，并结合案例分析强化读者的应用能力，共分十一章：导论、数字商务的发展历程与趋势、数字商务环境、数字商务的关键技术、数字商务的主要发展形式、电子支付与金融科技、数字商务与数字营销、数字商务物流、数字商务安全、发达国家数字商务的发展态势、中国数字商务发展历程。

目录

第一章 导论 ·· 1
第一节 数字商务的基本概念 ·· 2
第二节 数字商务的基本属性和基本特征 ·· 5
第三节 数字商务与数字经济 ·· 8

第二章 数字商务的发展历程与趋势 ·· 12
第一节 数字商务的发展概述 ·· 13
第二节 数字商务的发展趋势 ·· 18
第三节 数字商务与传统商务的对比分析 ··· 23

第三章 数字商务环境 ·· 31
第一节 数字商务环境的概念及其特点 ·· 32
第二节 技术环境 ·· 35
第三节 经济环境 ·· 41
第四节 社会环境 ·· 52
第五节 自然环境 ·· 56

第四章 数字商务的关键技术 ··· 62
第一节 大数据分析 ··· 63
第二节 云计算 ··· 67
第三节 物联网技术 ··· 74
第四节 其他关键技术 ·· 78

第五章　数字商务的主要发展形式 87
第一节　电子商务 88
第二节　移动商务 102
第三节　社交商务 112

第六章　电子支付与金融科技 126
第一节　电子支付 127
第二节　金融科技 137
第三节　电子支付在金融科技领域的发展和创新 151

第七章　数字商务与数字营销 162
第一节　数字商务中的营销环境 163
第二节　数字营销的基本概念 167
第三节　数字营销战略 170
第四节　数字营销策略 177

第八章　数字商务物流 198
第一节　数字商务物流概述 199
第二节　数字商务物流管理 207
第三节　供应链管理 214

第九章　数字商务安全 224
第一节　网络威胁与攻击 225
第二节　数据保护与隐私保护 230
第三节　交易安全保障 236
第四节　建立可信赖的数字商务环境 241

第十章　发达国家数字商务的发展态势 251
第一节　美国数字商务的发展 252
第二节　欧盟数字商务的发展 257
第三节　英国数字商务的发展 261

第四节　日本数字商务的发展 …………………………………… 266

第十一章　中国数字商务发展历程 ………………………………… 272
　　第一节　中国数字商务的发展态势 …………………………………… 273
　　第二节　中外数字商务的对比分析 …………………………………… 279
　　第三节　中国数字商务发展的机遇与挑战 …………………………… 283

参考文献 ………………………………………………………………… 294

第一章 导论

学习目的与要求

- 了解数字商务的基本概念，熟悉数字商务的基本内容
- 理解数字商务的本质属性和基本特征
- 理解和掌握数字商务与数字经济之间的联系

引导案例

虚拟超市

欧洲零售业巨头乐购（TESCO）旗下的 Home Plus 超市日前在韩国的地铁站内推出了一种新型的电子虚拟商店，顾客在等地铁时可像逛实体店一样浏览并选择商品，用手机结算后，超市会将所购产品按时送到顾客家中。这种新奇的购物方式其实并不复杂：Home Plus 超市在地铁站台的防护墙上安装了显示屏，在实体超市里售卖的商品都可以在显示屏上轻松找到。顾客们只要打开智能手机上的摄像头，对准每件商品后附带的快速反应码（quick response，QR，一种二维条码）进行扫描，快速反应码里包含商品的品名和价格等数据，通过智能手机中安装的乐购应用程序就能直接将商品放入电子购物车。在顾客通过手机银行进行结算后，所购的商品就会在当晚约定时间被直接送到家中。这种虚拟商店将实体店的体验、在线支付方式和物流系统巧妙地连接在一起，不仅可以让顾客通过购物来更好地利用等地铁时间，还可以免除下班后挤超市所带来的烦恼。想象一下，早上上班的时候在地铁站里花个几分钟，下班到家后很快就能收到晚餐的材料，这样的生活是多么有效率！韩国 Home Plus 超市的这一独具创意的虚拟商品营销活动获得了戛纳直销类金奖。韩国 Home Plus 超市希望在不增加实体门店数量的情况下成为韩国排名第一的超市。据韩国 Home Plus 超市公布的报告称，已经有超过1万名忠实的顾客每天在地铁站里轻松完成当天的采购，Home plus 超市的

新增会员人数也上升了76%，其线上销售总额增长幅度达到了130%。Home plus已经成为韩国第一的线上超市，并且仅以微弱的销售额差距排在传统线下超市之后，名列第二。

资料来源：中国日报网。

思考：韩国Home Plus超市的成功之处在哪里？

第一节 数字商务的基本概念

全球经济正处于数字化转型的加速阶段。随着信息技术的迅速发展和普及，数字经济已成为推动经济高质量发展的新引擎。中国作为全球最大的数字消费市场，数字经济总量居世界第二，并已建成全球规模最大的光纤网络和4G网络[①]。此外，中国拥有全球最完善的制造产业链，政府和企业都高度重视数字化转型，这有助于实现传统实体产业和数字产业的融合创新。数字商务在商务领域发挥着举足轻重的作用，已经成为全球商务活动的重要组成部分。数字商务作为一个概念，在国内外相关理论和实践中出现已有十余年甚至二十年的历史，并非全新事物。然而，近年来，随着数字中国战略的提出和推进，大力发展数字经济在各地、各部门工作部署中的位置日益提升。中国正式将数字商务纳入国家商务工作的重点议程，这标志着数字商务在我国的重要性和地位得到了进一步的确认和提升。这种新型的商业模式不仅改变了企业的运营方式，也改变了消费者的购物习惯。本节将详细介绍数字商务的基本概念。

一、数字商务

随着科技的飞速发展和互联网的普及，数字商务在全球范围内迅猛发展，成为当今商业世界的重要一环。数字商务不仅是数字经济发展最迅速、创新最活跃、应用最丰富的领域，也是数字经济在商务领域的具体实践。通过数字商务，企业可以实现线上线下的融合发展，拓展市场和客户群体，提升服务质量和效率。数字商务的发展还推动商务领域的数字化转型，为构建数字化经济体系提供实施路径。数字商务，就是通过互联网和电子技术，实现商务活动的在线化、数字化、自动化。在这个数字化的时代，数字商务不仅改变了传统商业模式，还为

---

① 国家互联网信息办公室. 数字中国发展报告（2022年）[R/OL]. (2023-05-23) [2024-12-25]. https：//www.cac.gov.cn/2023-05-22/c_ 1686402318492248.htm.

企业和消费者带来了诸多便利。

数字商务（Digital Commerce）是指利用互联网、物联网、无线通信等信息技术和数据分析手段，将商务的流程、渠道、营销、运营等数字化、互联网化、智能化。与电子商务不同的是，数字商务不仅是现代信息技术和商务的结合，而且更注重将数据的价值应用到商业中，实现商业流程和业务的智能化、有机化。

世界各国都在推行数字商务的发展，建立各种机制和提供优惠政策来促进数字商务的发展。我国商务部印发《数字商务三年行动计划（2024—2026年）》（以下简称《行动计划》），提出了开展"数商强基""数商扩消""数商兴贸""数商兴产""数商开放"5项重点行动，涵盖20条具体举措①。《行动计划》旨在更好推动商务各领域数字化转型，加快培育新质生产力，赋能经济社会发展，服务构建新发展格局。美国早在21世纪初就确立了数字经济在国家经济发展中的重要作用，针对企业税收和科技研发出台了多项法案，进一步稳固了数字商务发展的基础；同时明确了数字经济的政治立场是维持自由的网络贸易环境、鼓励创新研发和保护知识产权，突出技术研发在知识产权保护中的重要地位。这一时期，苹果、亚马逊、谷歌等数字经济类企业的数字商务发展迅速。

二、数字商务的意义

（一）数字商务突破了传统地域限制

数字商务使得商务活动不再受限于地理位置，企业和消费者可以在全球范围内进行交易，实现资源的全球配置和市场的全球开拓。在传统的商业模式中，地理位置是限制商业活动的一个重要因素，企业和消费者通常只能在本地或附近地区进行交易。然而，数字商务的崛起彻底改变了这一格局，无论是大型企业还是小型商户，都能够利用数字平台在全球范围内展示和销售产品。这意味着只要产品质量足够好、价格具有竞争力，企业就能够触及世界各地的消费者，不再受地理位置的限制。

对于消费者而言，数字商务也带来了巨大的便利。以前，消费者可能只能在本地的商店或市场上购买商品；现在，他们可以通过互联网在全球范围内寻找心仪的商品，并直接下单购买。这不仅丰富了消费者的购物选择，还使得他们能够享受到更低的价格和更优质的服务。此外，数字商务还促进了全球化市场的形

---

① 商务部. 数字商务三年行动计划（2024-2026年）[A/OL].（2024-04-26）[2024-12-25]. http://m.mofcom.gov.cn/article/gztz/202404/20240403506347.shtml.

成，不同国家和地区的企业可以在同一个平台上进行交易，这促进了国际贸易的发展，不仅有助于企业开拓新的市场和客户群体，还有助于推动全球经济的增长和繁荣。

未来，随着技术的不断创新和市场需求的不断变化，数字商务将继续引领商业的全球化发展和变革。

(二) 数字商务加速了商业信息的传播和交流

数字商务使得企业和消费者能够更加便捷地获取信息，做出更明智的决策，进一步提高商业活动的效率和效果。在传统的商业模式中，商业信息的传播相对缓慢和有限，企业可能需要花费大量时间和资源来发布产品信息、宣传品牌形象，而消费者获取这些信息也要花费一定的时间和精力。然而，数字商务的出现彻底改变了这一情况。数字商务利用互联网和数字技术，使得商业信息能够快速地传播和交流。企业可以通过在线平台、社交媒体、电子邮件等多种方式，迅速地将产品信息、促销活动、最新动态等传递给消费者。消费者也可以通过搜索引擎、在线评价、社交媒体等途径，轻松地获取关于商品和服务的详细信息。这种信息获取的便利性为企业与消费者创造了诸多效益。对于企业而言，它们可以更好地了解市场需求、消费者偏好和竞争对手情况，从而制定更加精准的市场策略和产品开发计划。对于消费者而言，他们可以更加全面地了解商品和服务的详细信息，做出明智的购买决策。此外，数字商务还加强了企业与消费者的互动，促进了双向沟通。消费者可以通过在线评价、社交媒体等途径发表对商品和服务的意见和建议，企业可以根据这些反馈进行改进和创新。这种互动和沟通有助于建立企业和消费者之间的信任关系，进一步提高客户的满意度和忠诚度。

(三) 数字商务提高了商务活动的效率

在传统的商业模式中，商务活动通常需要大量的人工参与和烦琐的流程。从采购、生产、销售到客户服务，每个环节都需要耗费大量时间和资源。然而，数字商务利用先进的技术手段，实现了业务流程的自动化和智能化，大大提高了效率。通过数字化手段，企业可以自动化处理订单、库存管理、物流配送等业务流程。这意味着企业不再需要大量的人工干预，减少了人力成本和时间成本。同时，自动化流程还可以减少人为错误和信息失真的情况，提高数据的准确性和可靠性。

此外，数字商务还促进了智能化决策和管理。通过大数据分析、人工智能等技术，企业可以对海量数据进行分析和挖掘，了解市场需求、消费者行为和竞争态势。这有助于企业更好地预测市场趋势、制定战略计划和优化运营决策。智能化服务是数字商务的重要特征。企业可以利用智能客服、智能推荐等技术,提供更加个性化和高效的服务。消费者可以更加方便地获取产品问题解答、产品推荐等服务,这不仅提高了客户满意度也增强了品牌忠诚度。

总之,数字商务提高了商务活动的效率,实现了业务流程的自动化和智能化,减少了时间和资源的浪费。这为企业创造了巨大的竞争优势,并推动了整个商业领域的创新发展。在未来,随着技术的不断创新和市场需求的不断变化,数字商务将继续引领商业效率和智能化的变革和发展。

第二节 数字商务的基本属性和基本特征

数字商务作为新时代商务模式的重要表现形式,具有多重基本属性。数字商务以其独特的属性和优势,正深刻改变着传统的商业模式和交易方式。

一、数字商务的基本属性

(一) 全球性

数字商务具有全球性,它突破了地域限制,使得企业能够触及世界各地的消费者,开展跨国交易。数字商务利用互联网和数字技术,将全球市场连接成一个整体,为企业提供了更加广阔的发展空间。这种全球化属性使得企业能够更快地适应市场变化,把握商机,实现快速增长。数字商务的全球化属性不仅促进了跨国交易,还推动了跨文化交流。企业通过数字平台,能够深入了解不同国家和地区的消费者需求、文化习惯和购买行为,从而调整产品设计和市场策略,从而更好地满足当地市场需求。这种跨文化交流为企业带来了更多的商业机会,也提升了企业的国际竞争力。

数字商务的全球化为企业提供了更加便捷和高效的运营方式。通过互联网和数字技术,企业能够实现供应链管理的优化、物流配送的智能化以及客户服务的个性化,从而提升运营效率、降低成本并提升客户满意度。这种数字化的运营方式使得企业能够更加灵活地应对市场变化,快速响应消费者需求,从而在竞争激烈的市场环境中脱颖而出。

数字商务也为消费者带来了更加便捷和丰富的购物体验。消费者可以通过数字平台随时随地浏览商品信息、比较价格、下单购买,并享受快捷的物流配送服务。此外,数字商务还为消费者提供了个性化的推荐和定制服务,使得购物过程更加贴心和满足个性化需求。未来，随着数字技术的不断发展和创新，数字商务将在全球范围内发挥更加重要的作用，为全球经济的繁荣和发展贡献力量。

（二）高效性

数字商务具有高效性。通过数字化手段，企业可以自动化完成订单处理、库存管理、物流配送等业务流程，减少了人工干预和烦琐的流程，大大提高了效率。数字商务还使得企业能够实时获取和分析数据，做出更加精准的决策，进一步提高了商业活动的效率和效果。

数字商务平台能够迅速适应市场变化和客户需求，灵活调整产品、价格、促销策略等，从而取得竞争优势。同时，数字商务平台具备强大的技术支撑和数据分析能力，能够支持企业业务的快速扩展。随着企业规模的不断扩大，数字商务平台能够无缝对接更多的业务流程，实现更高级别的自动化和智能化管理。这种可扩展性使得数字商务成为企业持续发展和创新的重要引擎。

（三）互动性

数字商务具有互动性，它利用社交媒体、在线评价等渠道，加强了企业与消费者之间的互动和沟通。消费者可以方便地发表对商品和服务的意见与建议，企业可以及时了解消费者需求和市场反馈，进而改进产品和服务，提高客户满意度和忠诚度。数字商务的互动性还体现在个性化服务方面。通过收集和分析消费者的行为数据，企业可以精准地了解每个消费者的偏好需求，从而为他们提供定制化的购物体验。例如，根据消费者的浏览记录和购买历史，商家可以推荐相似或相关的产品，提供个性化的促销优惠，以及定制化的售后服务。这种个性化的服务方式不仅优化了消费者的购物体验，也提升了企业的销售业绩和客户黏性。

数字商务的互动性为企业提供了更广阔的市场机会。通过社交媒体等渠道，企业可以轻松地与全球范围内的消费者进行互动和交流，打破了地域和时间的限制。这使得企业可以更加灵活地开拓新市场，拓展业务范围，提高品牌知名度和影响力。数字商务的互动性为企业和消费者之间建立了更加紧密的联系，提高了市场反应速度和客户满意度。然而，企业也需要积极应对互动带来的挑战和风险，以确保数字商务的健康发展。企业需要积极应对消费者的反馈和投诉，及时解决问题，避免负面影响。同时，企业也需要加强数据安全保护，确保消费者的个人信息不被泄露。

（四）创新性

数字商务还具有创新性。随着技术的持续发展和市场的动态变化，数字商务也在不断创新和演进。新兴商业模式、创新技术应用不断涌现,为企业提供了更多发展机遇和竞争优势。

在数字商务领域,创新性不仅体现在技术的革新和应用,更体现在商业模式的多样化和市场策略的灵活性。在数字化浪潮的推动下,传统的商业模式正在被重新定义,而数字商务以其独特优势,正成为推动商业变革的重要力量。一方面,数字商务通过运用大数据、人工智能等先进技术,实现了对消费者需求的精准洞察与预测。这使得企业能够更好地把握市场趋势,制定针对性的营销策略,提升营销效率和转化率。数字商务还通过构建智能化的供应链管理系统,实现了对生产、物流等环节的优化和协同,提高了企业的运营效率和反馈响应速度。另一方面,数字商务的创新性还体现在对新兴市场的拓展和布局上。随着全球化和互联网的发展,数字商务正逐渐渗透到各个行业和领域,为企业提供了更广阔的发展空间。企业可以通过数字商务平台,将产品和服务推向全球市场,实现跨国经营和国际化发展。同时,数字商务还为企业提供了与消费者直接互动的渠道,增强了品牌影响力和客户黏性。总之,数字商务的创新性使其在现代商业领域中具有重要的影响力。随着技术的持续进步和市场的不断变化,数字商务将继续引领商业变革的潮流,为企业带来更多的发展机遇和竞争优势。

综上所述,数字商务的全球性、高效性、互动性和创新性,使其在现代商业领域发挥着日益关键的作用。未来,随着技术的持续进步和市场需求的变化,数字商务将继续引领商业的创新发展,为企业与消费者带来更多的机遇。

二、数字商务的基本特征

数字商务以其独有的特征,为商业领域带来了前所未有的变革和机遇。数字商务的兴起,无疑在推动着商业模式的创新和升级。数字商务以信息技术为基础,将传统商业模式与数字化技术相结合,形成了一种全新的商业形态。数字商务的发展不仅优化了资源配置,提高了运营效率,还在消费者体验、市场分析、供应链管理等方面带来了显著的改善。

(一)信息化

数字商务具有高度的信息化特征。在数字商务中,信息的获取、处理和传递都依赖互联网、大数据、云计算等现代信息技术手段的数字技术,这使得商业活动流程可追踪,大大提高了商业活动的效率和精准度。在数字商务时代,数据成为驱动决策的关键因素。通过对海量数据的收集、整理、分析和挖掘,企业可以更加精准地了解市场需求、消费者行为以及竞争态势，从而制定出更加科学、合理的商业策略。同时，数据驱动决策还可以优化资源配置、提高运营效率，实现企业可持续发展。

数字商务以网络为基础设施，通过互联网将各个商业主体高效地联系在一起，形成了一个庞大的商业网络，实现了信息的高效传输和共享。通过网络互联的支持，企业可以打破地域限制，可以方便地获取各种资源、信息和合作伙伴，从而实现更加灵活和高效的商业运作，以及实现全球范围内的市场拓展和资源整合。消费者也可以通过网络随时随地进行咨询和交易，享受更加便捷、个性化的服务体验。

(二) 智能化

数字商务的发展离不开先进技术的支持。云计算、大数据、人工智能、物联网等新一代信息技术的深度融合，为数字商务提供了强大的技术支撑。这些技术的应用不仅提高了数字商务的智能化水平，还推动了数字商务在各个领域的创新发展。运用这些技术手段，数字商务可以精准地分析消费者的需求和偏好，为消费者提供个性化的产品和服务。数字商务使得企业能够更精准地了解和服务客户。通过客户画像、行为分析等手段，企业可以深入了解客户的喜好、需求和习惯，从而提供更加个性化的产品和服务。企业还可以利用社交媒体、在线客服等渠道与客户进行实时互动，提高客户参与度和满意度。同时，数字商务还可以实现智能化决策和企业管理，提高企业的运营效率和竞争力。例如促进企业数字化物流体系的建立和完善。通过数字技术手段的应用，物流过程实现了可视化、智能化管理。这不仅提高了物流效率、降低了物流成本，还为消费者提供了更加便捷、透明的物流体验。

数字商务的高度信息化和显著智能化的基本特征，具有独特的优势和价值。这些特征不仅推动着数字商务的快速发展，也为整个商业领域的进步和创新提供了重要的支撑。

第三节　数字商务与数字经济

数字经济与数字商务是紧密联系的两个概念。数字经济是以数字化的知识和信息为关键生产要素，以数字技术创新为核心驱动力，以现代信息网络为重要载体，通过数字技术与实体经济深度融合，不断提高传统产业数字化、智能化水平，加速重构经济发展与政府治理模式的新型经济形态。而数字商务作为数字经济的重要组成部分，在推动数字经济发展、提升产业竞争力、促进消费升级等方面发挥着重要作用。

首先，数字商务的发展推动了数字经济的快速增长。随着数字技术的持续发展和广泛应用，数字商务逐渐渗透到各个行业领域，带动了相关产业的快速发展。例如，电子商务、在线支付、数字营销等领域的蓬勃兴起，为数字经济的增长提供了强劲的动力。数字商务推动了传统产业的数字化转型，提高了产业的整体效率和竞争力。

其次，数字商务在提升产业竞争力方面发挥着关键作用。通过数字商务平台，企业可以更加便捷地获取市场信息、分析竞争态势、优化资源配置，从而制定出更加科学、合理的商业策略。数字商务还可以帮助企业突破地域限制，拓展市场空间，实现跨国经营和国际化发展。这些优势使得企业在激烈的市场竞争中能够脱颖而出，提升产业的整体竞争力。

此外，数字商务在促进消费升级方面同样具有重要意义。数字商务提供了更加便捷、个性化的购物体验，满足了消费者多样化的需求。借助数据分析、精准营销等手段，数字商务提高了营销效率和转化率，为消费者带来了更多实惠。这些优势使得数字商务在消费升级趋势下具有广阔的市场前景。

数字经济与数字商务相互促进、共同发展。数字商务作为数字经济的重要组成部分，不仅推动了数字经济的快速增长，还提升了产业竞争力、促进了消费升级。未来，随着数字技术的持续创新和应用，数字商务将继续发挥重要作用，为数字经济的繁荣和发展贡献力量。

本章小结

数字商务（Digital Commerce）是指利用互联网、物联网、无线通信等信息技术和数据分析手段，将商务的流程、渠道、营销、运营等数字化、互联网化、智能化。与电子商务不同的是，数字商务不仅是现代信息技术和商务的结合，而且更注重将数据的价值应用到商业中，实现商业的流程和业务智能化、有机化。

数字商务具有全球性、高效性、互动性、创新性等基本属性及信息化、智能化等基本特征。这些特征不仅推动着数字商务的快速发展，同时也为整个商业领域的进步和创新提供了重要的支撑。

数字商务与数字经济是密切相关的两个概念。数字经济是以数字化的知识和信息为关键生产要素,以数字技术创新为核心驱动力,以现代信息网络为主要载体,通过数字技术与实体经济深度融合,持续提升传统产业数字化、智能化水平,加快重构经济发展与政府治理模式的新经济形态。而数字商务作为数字经济的重要组成部分,在推动数字经济发展、提升产业竞争力、促进消费升级等方面发挥着关键作用。

案例分析

数字商务三年行动计划(2024—2026年)(节选)

数字商务是数字经济发展最迅速、创新最活跃、应用最丰富的重要组成部分,是数字经济在商务领域的具体实践,也是商务各领域数字化发展的实施路径。为贯彻落实党中央、国务院关于发展数字经济的决策部署,更好推动商务各领域数字化转型,赋能经济社会发展,服务构建新发展格局,制定本行动计划。

以习近平新时代中国特色社会主义思想为指导,深入贯彻党的二十大精神,完整、准确、全面贯彻新发展理念,遵循数字经济发展规律,立足商务工作"三个重要"定位,以发展新质生产力为抓手,创新数字转型路径,提升数字赋能效果,做好数字支撑服务,打造数字商务生态体系,全方位提升商务发展数字化、网络化、智能化水平,助力我国数字经济不断做强做优做大。

——坚持创新驱动。加强先进信息技术在商务各领域全链条深度应用,促进模式、业态、产品、服务创新。以商务领域丰富应用场景优势带动先进技术落地和产品服务创新,形成需求牵引供给、供给创造需求的高水平发展局面。

——坚持数据赋能。深度挖掘商务领域数据要素价值,加强数据对流通、消费、外贸、吸引外资、对外投资、国际合作等领域深度赋能,切实发挥数据要素对商务领域提质、降本、增效的支撑作用,打造商务高质量发展的数字化新引擎。

——坚持融合发展。以数据、场景等为纽带,推动商务领域线上线下融合、城市乡村融合、国内国际融合,破除行业壁垒,鼓励跨界发展,有效推动内外贸一体化进程。

——坚持扩大开放。深化数字商务国际合作,进一步丰富合作层次、拓展合作渠道、建设合作载体,对标国际高标准经贸规则开展先行先试,以商务领域数字化引领国际合作新优势。

到2026年底，商务各领域数字化、网络化、智能化、融合化水平显著提升，数字商务规模效益稳步增长，产业生态日趋完善，应用场景日益丰富，国际合作持续拓展，支撑体系日益健全。商务领域数字经济规模实现持续增长，网络零售规模保持全球领先地位，跨境电商增速高于货物贸易增速，贸易电子单据使用率达到国际平均水平，数字贸易整体规模实现持续扩大。

资料来源：http://www.mofcom.gov.cn/.

复习思考

1. 数字商务的概念是什么？
2. 数字商务有哪些基本属性和基本特征？
3. 数字商务与数字经济的关系是什么？

第二章
数字商务的发展历程与趋势

学习目的与要求

- 了解数字商务的发展历程，熟悉数字商务的发展趋势
- 掌握数字商务与传统商务的对比分析

引导案例

数字商务方兴未艾

湖南省数字商务协会 2020 年 8 月 9 日在长沙成立。近年来，湖南省积极推动商贸流通数字化转型发展，一批优秀电商企业成长起来，进入数字商务新阶段。

数字商务与电子商务有何区别？据介绍，电子商务是指以信息网络技术为手段，以商品交换为中心的商务活动。数字商务是指利用互联网、物联网、无线通信等通信技术和数据分析手段，将商务的流程、渠道、营销、运营等流程数字化、互联网化、智能化。电子商务以交易为核心，数字商务则涵盖生产、运输、仓储、消费等流通环节。

2019 年，湖南省有兴盛优选电子商务有限公司、安克创新科技股份有限公司、御家汇股份有限公司 3 家企业成为全国首批线上线下融合发展数字商务企业（全国共 60 家），数字商务企业数量在全国排名第八，中部地区第一。

"数字商务将成为未来促进商业变革、产业数字化的新引擎。"湖南省商务厅巡视员肖彬介绍，湖南省商务厅近年来积极推动全省商贸流通数字化转型发展。2020 年上半年，尽管受到新冠疫情的冲击和影响，湖南省电子商务交易额、网络零售额同比仍保持了 15% 以上的增长。湖南省共评审认定省级电商示范基地 12 个，省级示范企业 135 家，重点培育项目 185 个。一批优秀的电商企业成长起来，进入数字商务新阶段，实现规模发展。

资料来源：湖南省人民政府门户网站 www.hunan.gov.cn.

思考：数字商务的发展趋势会如何？

第一节　数字商务的发展概述

一、数字商务的发展历程

作为一种新兴的商业模式，数字商务依托数字技术，特别是互联网、大数据、云计算、物联网、人工智能等技术手段，进行商业活动的创新、优化和重构。数字商务的本质在于将传统商务流程数字化，实现商务活动的智能化、高效化和个性化。它不仅是技术的集合，更是商业模式的变革，涉及企业组织、运营管理、市场营销、客户服务等各方面的深刻变革。数字商务的发展并非一蹴而就，而是经历了一个漫长而复杂的过程。从早期的电子商务兴起，到如今的数字商务全面发展，每一个阶段都伴随着技术的革新和市场的变化。

（一）数字商务的现状

中国互联网络信息中心发布的第 53 次《中国互联网络发展状况统计报告》显示，2023 年全国网上零售额达 15.4 万亿元，已经连续 11 年稳居全球第一。另据 2024 年一季度的数据，跨境电商增速也已超过了货物贸易增速，一季度我国跨境电商进出口增长 9.6%，其中，跨境电商海外仓出口增长 11.8%，均超过同期货物贸易进出口的增速（5%）①。

数字商务在当今时代已成为推动经济发展的重要力量，展现出蓬勃的活力。数字商务的推广，不仅是对现代信息技术的深度应用，更是对传统商务模式的革新与重塑。随着互联网的普及和移动终端智能化，数字商务在全球范围内呈现出蓬勃发展的态势，成为推动经济增长的重要引擎。在数字商务的浪潮中，企业纷纷加快了数字化转型的步伐。传统的线下业务逐渐转移到线上，形成了线上线下融合的发展模式。各种新型的数字商务形态不断涌现，如社交电商、直播电商等，这些新业态通过精准营销和个性化推荐，显著提升了消费者的购物体验。

第一，数字商务在提升效率方面取得了显著成效。传统的商务模式往往被时间、地点和人员等因素限制，而数字商务则打破了这些限制，实现了信息的快速传递和资源的优化配置。通过在线平台，企业可以实时了解市场需求、调整经营

---

① 中国互联网络信息中心. 中国互联网络发展状况统计报告［R/OL］.（2024-03-22）［2024-12-25］. https：//www.cnnic.cn/n4/2024/0322/c88-10964.html.

策略，消费者则可以随时随地浏览商品、进行比较和购买，大大提高了交易效率。

第二，数字商务在推动创新方面发挥了重要作用。数字技术的广泛应用为商务活动带来了更多可能性，催生了众多新业态、新模式。例如，社交电商、直播带货等新型营销方式不断涌现，为企业带来了全新的增长机遇。同时，数字商务也促进了跨界融合和创新发展，推动了产业链、供应链的升级和重构。

第三，数字商务在提升消费者体验方面也有着显著优势。运用大数据、人工智能等技术手段，使得数字商务在数据处理、客户画像构建、智能客服等方面实现了突破。企业可以更加精准地把握消费者需求，提供个性化的产品和服务。这些技术的应用不仅提高了数字商务的效率和准确性，也为企业提供了更多的商业机会。同时，数字商务也优化了购物流程、提升了支付便捷性，为消费者带来了更加愉悦和便捷的购物体验。

第四，数字商务带动了相关产业的发展。在物流配送、支付结算、电子商务服务等领域，一批优秀的企业迅速崛起，成为数字商务产业链上的重要力量。这些企业通过提供高效、便捷的服务，为数字商务的发展提供了有力的支撑。当前，数字商务正面临着更多的挑战和机遇。随着人工智能、物联网等技术的深度融合应用，数字商务将进一步实现智能化、自动化和个性化。随着全球化和数字经济的发展，数字商务将成为连接世界、促进经济发展的重要桥梁和纽带。

(二) 数字商务的优势

数字商务极大提高了传统商务活动的运营效率。数字商务与传统商务体系相比有其独特优势。

1. 全新时空优势

传统的商务是以固定不变的销售地点（例如商店）和固定不变的销售时间为特征的店铺式销售。数字技术的销售通过以信息库为特征的网上商店进行，所以它的销售空间随网络体系的扩展而延伸，没有任何地理障碍；它的零售时间是由消费者即网上用户自己决定的。因此，数字技术的销售相对于传统销售模式具有全新时空优势，这种优势可在更大程度、更大范围上满足网上客户的消费需求，事实上，数字技术的购物已没有了国界，也没有了昼夜之别。

2. 减少物资依赖，全方位展示产品及服务

传统企业必须有一定物质基础才可能开展业务活动，而通过数字技术可以创办虚拟企业，如网上商店和网上银行的开设基本不需要很多的实物基础设施，企

业还可以将节省的费用转让给消费者,这正是著名的网上书店亚马逊(Amazon)能给消费者提供传统书店难以企及的优惠折扣的原因。同时,网络上的销售可以利用网上多媒体的性能,全方位展示产品及服务功能的内部结构,从而有助于消费者完全地认识了商品或服务后,再去购买它。传统的店铺虽然可以把真实的商品展示给顾客,但对普通消费者而言,对所购商品的认识往往较为片面,也无法了解商品的内在质量,往往容易被商品的外观、包装等外在因素所迷惑。从理论上说,理性消费既能提高个体的消费效用,又能优化社会资源配置。

3. 减少库存,降低交易成本

企业为应付变化莫测的市场需求,不得不保持一定的成品库存和原材料库存。产生库存的根本原因是信息不畅,以信息技术为基础的数字商务则可以改变企业决策中信息不确切和不及时的问题。通过数字技术可以将市场需求信息传递给企业决策生产,同时企业的需求信息可以马上传递给供应商适时补充供给,从而实现零库存管理。通过网络营销活动,企业可以提高营销效率和降低促销费用。据统计,采用数字技术做广告可以将销售量提升至原有水平的 10 倍,而它的成本却只有传统广告的 1/10;而且,数字商务可以降低采购成本,因为企业依托数字技术可以在全球市场寻求最优惠价格的供应商,减少中间环节。有资料表明,使用 EDI 技术通常可以为企业节省 5%~10% 的采购成本①。

4. 加深了解,深化用户关系

运用数字技术的实时互动式沟通,没有任何外界因素干扰,使得消费者更便于表达出自己对产品或服务的评价,这种评价一方面使网上的零售商可以更深入了解用户的内在需求,另一方面零售商与消费者的即时互动式沟通可以深化两者之间的关系。

5. 精简中间环节,降低交易费用

数字商务重构了传统的流通模式,通过减少中间环节,降低了交易费用使得生产者和消费者的直接交易得以实现,从而深刻改变了整个社会经济运行的方式。

二、数字商务对社会的影响

数字商务的快速发展不仅改变了商业运作的方式,也对整个社会产生了深远

---

① 亿欧 TE 智库. 2023 中国营销+AIGC 市场研究报告 [R/OL]. (2023-08-02) [2024-12-25]. https://www.iyiou.com/news/202308021049536.

的影响。这种影响既带来了机遇,也带来了挑战,需要我们以开放的心态和创新思维去应对。

(一) 产业结构的调整

融合创新态势。在数字商务领域融合创新已成为显著特征。一方面,数字技术与传统产业的深度融合,催生了大量新业态、新模式;另一方面,数字商务本身的不断创新,也推动了整个商业生态的变革。这种融合创新态势不仅提升了商业效率,也为消费者带来了更加丰富的购物体验。

跨界合作趋势。在数字商务的推动下,跨界合作成为一种新的主流趋势。不同行业、不同领域的企业正打破传统界限,通过共享资源、互通有无,实现互利共赢。这种跨界合作不仅有助于增强企业的竞争力,也为消费者带来了更多元化、个性化的产品和服务。跨界合作也促进了各行业之间的交流与协作,推动了经济体系的整体协同发展。

智能化服务升级。随着人工智能、大数据等技术的不断发展,数字商务的智能化服务也在不断升级。通过运用这些先进技术,企业可以更加精准地了解消费者需求,提供更加个性化的服务。智能化服务还可以提升企业的运营效率,降低成本,增强企业的竞争力。未来,随着技术的不断进步,数字商务的智能化服务将会更加完善,为消费者带来更加便捷、高效的购物体验。

数据驱动决策。在数字商务时代,数据已成为企业决策的重要依据。通过对海量数据的收集、整理和分析,企业可以深入了解市场趋势、消费者行为以及竞争对手情况,从而制定出更加精准、有效的战略和策略。数据驱动决策不仅提升了企业决策的效率和准确性,也给企业拓展了更多的商业机会和发展空间。

(二) 就业市场的优化

在全球化、信息化的时代大潮下,数字商务的发展突飞猛进,逐渐成为引领经济发展的重要引擎。伴随着这一浪潮的涌动,就业市场和职业结构也在发生深刻的变革,大量新兴职业应运而生,为劳动者开辟了更广阔的职业发展空间。数字商务的快速发展,催生了诸如电商主播、数据分析师、数字营销专员等新兴职业。这些职业不仅具有高技术含量和创新性,而且为就业市场注入了新的活力。以电商主播为例,他们通过直播平台生动展示商品、介绍优惠活动,并与观众实时互动,吸引了大量粉丝关注。他们的出色表现,不仅为商家带来了可观的销售额,也为自己赢得了丰厚的收入。

在这个数字化浪潮的推动下，不仅新兴职业蓬勃发展，传统行业也在逐步融入数字商务的轨道中，焕发出新活力。例如，传统零售业通过接入电子商务平台，实现了线上线下融合，为消费者提供了更加便捷、多样化的购物体验。数字商务还助力传统制造业在智能化生产、供应链管理等方面的创新，显著提升了生产效率和产品品质。

此外，数字商务在金融、教育、医疗等领域的作用日益凸显。金融行业依托数字技术，实现了线上理财、移动支付等创新业务，为客户打造了更加灵活、个性化的金融服务。教育领域则借助在线教育平台，突破了地域限制，让优质教育资源得以更广泛地传播和共享。而数字商务在医疗领域的应用，则使得远程医疗、健康管理等成为可能，为人们的健康保驾护航。未来，随着数字商务技术的不断发展和完善，将会涌现出更多新的职业，为就业市场增添活力。同时，传统行业也将继续深化数字化转型，实现更高效、更智能的生产经营模式。

（三）社会消费的升级

数字商务的蓬勃发展极大地丰富了消费者的购物选择，为消费者提供了更加便捷的途径获取商品信息、比较价格，并分享购物体验。这一趋势既加剧了消费市场的竞争，又促使商家不断寻求产品差异化，以满足消费者日益增长的个性化需求。在数字商务的推动下，商家开始加强市场细分和精准定位。它们借助大数据和人工智能技术，深入分析消费者的购物行为和偏好，从而推出更加符合消费者需求的产品和服务。这种个性化的消费体验，不仅提升了消费者的满意度，也增强了商家与消费者之间的紧密关系。

数字商务为消费者带来了前所未有的购物便利。无论是在家中、办公室还是户外，消费者都能随时随地进行在线购物，享受到丰富的商品选择和快捷的购物体验。数字商务提供了多种支付方式和灵活的配送选项，进一步提升了消费者的购物体验。此外，数字商务也促进了消费者之间的交流互动。通过社交媒体、购物论坛等渠道，消费者可以分享购物心得、评价商品质量，甚至组织团购活动。这种互动不仅加强了消费者之间的联系，也为商家提供了宝贵的市场反馈，有助于它们不断改进产品和服务。

（四）国际贸易的发展

数字商务促进了国家间的交流与合作。通过跨境电商平台，各国之间的商品和服务可以更加便捷地进行交易，推动了全球贸易的发展。同时，数字商务也为国家间的文化交流提供了更加广阔的舞台，促进了不同文化之间的相互理解和尊重。

习近平主席向第二届全球数字贸易博览会致贺信指出："当前,全球数字贸易蓬勃发展,成为国际贸易的新亮点……希望各方充分利用全球数字贸易博览会平台,共商合作、共促发展、共享成果,携手将数字贸易打造成为共同发展的新引擎,为世界经济增长注入新动能。"①

在中国,数字化与外贸的融合由来已久,跨境电商就是典型代表。数字化已深入到产品研发、生产制造、运营管理、市场营销等环节,朝着全方位数字化的目标迈进。传统企业在数字化转型的赛道上开拓了发展新机遇。例如,杭钢集团利用厂房、能源、产业链等优势,从数据中心建设开始切入数字经济赛道,园区内的服务器日夜不停地运行,为行业提供算力支撑。传统企业可把握产业数字化、数字产业化赋予的机遇,大力发展数字科技产业,为企业发展培育新动能、开拓新空间,助力传统行业实现转型升级。

第二节　数字商务的发展趋势

未来,数字商务将在多个领域实现创新突破,对经济社会产生更为深远的影响。数字商务的发展前景如同一幅波澜壮阔的画卷,随着科技的进步和全球化的加深,未来数字商务将呈现出更加多元、智能、绿色的特征。

一、数字商务的未来发展

展望未来,数字商务将继续保持蓬勃发展的态势,并呈现出以下几个明显的趋势。

(一) 数字商务将深化跨界融合

随着技术的持续进步和应用场景的拓展,数字商务将不再局限于传统的电商领域,数字商务将与更多传统行业如制造业、服务业、农业等实现深度融合,协同构建全新的商业模式。这种跨界融合将催生更多新型商业模式和服务形态,为经济社会发展注入新的活力。具体而言,数字商务与制造业结合,推动定制化、柔性化生产的发展;与农业结合,实现农产品从田间到餐桌的全程可追溯;与旅游业结合,打造智慧旅游体验等。这种跨界融合将为数字商务带来新的增长点,

---

① 携手将数字贸易打造成为共同发展的新引擎:从数贸会看数字经济发展新动能 [N]. 人民日报, 2023-11-25 (01).

同时助推传统行业的转型升级。

随着消费者个性化、差异化需求的日益增长，数字商务平台将更加注重细分市场的挖掘和服务优化。数字商务将不断拓宽业务领域，从传统的商品交易向金融服务、教育医疗、文化旅游等多个领域延伸，为消费者打造更丰富多样的服务体验。例如，数字商务积极拓展金融服务领域，为消费者提供便捷的支付、信贷、理财等服务，通过引入先进的数据分析和人工智能技术，更精准地评估客户的信用状况与风险水平，为客户提供个性化的金融产品和服务；数字商务深入拓展教育医疗领域，通过线上课程、远程医疗等方式，打破地域限制，让更多人享受到优质的教育和医疗资源，与教育机构、医疗机构等合作，共同推动教育医疗行业的数字化转型；文化旅游领域也将是数字商务发展的重点之一，借助虚拟现实、增强现实等技术，为客户提供沉浸式的旅游体验，同时还可以推出个性化的旅游线路和定制服务，满足不同客户的旅游需求。

此外，数字商务将深度融合实体经济，促进线上线下的协同发展。随着物联网、虚拟现实等技术的不断发展和普及，数字商务将逐渐渗透到实体经济的各个环节。数字商务将不再局限于线上平台，而是与实体店、物流等实体经济环节紧密结合，形成线上线下相互补充、相互促进的发展格局。这种融合将为消费者提供更加全面、丰富的购物选择，线上线下的融合将成为常态，消费者能够享受到更加便利的购物体验。同时，数字商务也将推动实体经济的数字化转型，助力传统产业升级与企业创新，也将为传统企业带来更加广阔的市场空间和发展机遇。

(二) 智能化成为数字商务发展的核心动力

智能化将是数字商务未来发展的关键词和核心特征。人工智能、机器学习、大数据、云计算等技术的应用将持续提升数字商务的智能化水平，数字商务将实现更高程度的智能化以及更加高效、精准的运营和管理。从基础数据分析到复杂商业决策，均可实现智能化处理。这将大大提升数字商务的效率和准确性，为企业创造更多商业价值。智能客服、智能推荐、智能决策等应用将普及，为企业和消费者提供更加高效、精准的服务，也将进一步提升数字商务的服务质量和客户体验。通过智能算法和数据分析，数字商务平台能够更准确地把握消费者需求和市场趋势，提供更为精准的商品推荐和个性化服务。

同时，智能化的发展将为数字商务带来更为广泛的应用场景和更广阔的市场空间。在智能制造、智慧物流、智能金融等领域，数字商务的智能化应用将持续扩展，实现更高效的资源配置和更优化的运营流程。此外，智能化也将推动数字商务与其他产业的深度融合，形成更加完善的产业生态链，进一步促进数字经济的蓬勃发展。

当然，智能化的发展仍面临诸多挑战。如何保障数据安全和保护隐私，如何避免智能化带来的就业问题等，都需要我们深入思考和探讨。但毋庸置疑，智能化将成为数字商务未来发展的必然趋势和核心驱动力，不仅会为我们带来更多的商业机会和价值，而且将推动数字商务迈向更高水平。

(三) 数字商务将强化数据安全与隐私保护

随着数字商务的不断发展，数据安全与隐私保护问题日益凸显。如数据安全风险、市场竞争规范、法律法规要求等都需要加以关注和解决。只有通过不断完善监管机制、增强技术创新和人才培养等措施，才能确保数字商务的健康、可持续发展。

数字商务的崛起不仅推动了商业模式的革新，更深刻地改变了人们的生活方式。如今，无论是购物、支付，还是交流，数字商务都扮演着至关重要的角色。而在这一过程中，数据安全和数据隐私保护无疑是核心议题之一。首先，随着数字商务活动的不断增加，数据的价值日益凸显。消费者的个人信息、交易订单、浏览习惯等数据，因其记录对于商业决策具有重要价值，从而成为一些不法分子眼中的"香饽饽"。因此，如何确保这些数据不被非法获取、滥用，成为数字商务领域面临的一大挑战。其次，数字商务的全球化趋势使得数据跨境流动成为常态。然而，不同国家和地区在数据保护方面的法律法规存在差异，这给数据安全和隐私保护带来了更大的难度。如何在遵守各国法律法规的前提下，实现数据的合法、安全流动，是数字商务企业需要深入思考的问题。针对这些问题，数字商务企业需要从多个方面入手。一方面，加强数字安全技术研发和应用，提升数据安全防护能力。例如，采用先进的加密技术、建立多层次的安全防护体系等，确保用户数据的安全存储和传输。另一方面，完善内部管理制度，培训员工的数据安全防护技能，防止内部泄露事件的发生。

未来，数字商务会更加注重数据安全和数据隐私保护，加强数字安全技术研发和应用，确保用户数据的安全和隐私不受侵犯，为消费者和企业提供更加安全、可信的交易环境。数字商务也将积极响应政府监管要求，遵守相关法律法规，维护市场秩序和公平竞争。此外，政府和社会各界应共同努力，推动数字商务的健康发展。政府可以出台更加完善的数据保护政策，强化对数字商务企业的监管；社会各界可以加强宣传和教育，提高公众对数据安全与数据隐私保护的认识和重视程度。

总之,只有在确保数据安全和数据隐私得到充分保护的前提下,数字商务才能实现健康、可持续的发展,为人们的生活带来更多便利。

二、数字商务的可持续发展策略

在数字经济时代,数字商务作为重要组成部分,其可持续发展策略的制定显得尤为重要。这不仅关乎数字商务的长远发展,更影响经济社会的整体可持续发展。为了确保数字商务的稳健发展并推动其实现可持续发展,可以采取一系列有效的策略。

(一)强化技术研发与创新是数字商务可持续发展的核心

提升数字商务的技术创新能力至关重要。数字商务的发展离不开技术的支撑,而技术创新则是推动其持续发展的不竭动力。加大对人工智能、大数据、物联网等前沿技术的研发投入,推动数字商务在交易模式、服务模式等方面的创新,提升用户体验,增强市场竞争力。推动技术创新与商业模式创新深度融合,为数字商务的持续发展提供强大的技术支撑。

随着人工智能、大数据、云计算等技术的不断发展,数字商务领域正经历着智能化与自动化的深刻变革。智能化技术使得商务活动更加便捷高效,自动化工具则大大提升了业务处理的速度和准确性。未来,数字商务平台将更加注重智能化算法的应用,通过数据分析和预测来优化用户体验,提高运营效率。

(二)完善监管和自律管理是数字商务可持续发展的保障

政府应加强对数字商务的监管,制定和健全相关法律法规,明确各方权责,保护消费者权益并维护市场秩序。同时,应鼓励行业自律,推动企业自觉遵守法律法规,共同营造公平、透明、有序的数字商务环境。随着数字商务规模的不断扩大,行业监管也将更加规范和严格。政府将出台一系列政策和法规,加强对数字商务平台的监管,保障市场的公平竞争和消费者的合法权益。数字商务企业也要自觉遵守法律法规,加强自律管理,推动行业的健康发展。

随着数字商务的蓬勃发展,企业不仅要追求经济利益,更应自律管理、承担社会责任,实现经济效益与社会效益的双赢。数字商务企业应通过技术创新和模式创新,推动可持续发展。例如,企业可以通过绿色供应链、节能减排等举措,降低自身运营对环境的影响;也可以利用数字商务平台的力量,推动公益事业的发展,关注弱势群体,帮助他们改善生活状况。在追求商业利益的同时,数字商务企业需要关注环境保护、社会公益等问题，通过绿色生产、公益活动等方式，积极承担社会责任，为社会的可持续发展贡献力量。

（三）深化国际合作是数字商务可持续发展的重要途径

数字商务具有天然全球化属性，国际合作将是推动数字商务发展的重要动力。未来，各国将在数字商务领域加强合作，共同推进技术创新、规则制定及市场拓展。通过加强国际合作，数字商务企业可以开辟更广阔的市场空间，实现资源的优化配置和互利共赢。国际合作也有助于提升数字商务行业的整体竞争力，推动全球经济的繁荣发展。各国应加强在数字商务领域的合作，共同应对数据安全、隐私保护等全球性挑战，保障数字商务的健康发展。同时，通过加强国际交流，我们可以学习借鉴其他国家的成功经验，促进数字商务的创新发展。

（四）创新与变革构筑数字商务未来路径

首先，在商业模式上，数字商务将继续探索新的可能性。随着技术的发展，虚拟现实、增强现实、区块链等前沿技术将与数字商务深度融合，催生出更多具有创新性的商业模式。例如，通过虚拟现实技术，消费者可以实现在线试穿、试妆等体验，从而更加真实地体验商品；区块链技术则可以为数字商务提供更为安全、透明的交易环境，保障消费者的权益。

其次，在供应链管理上，数字商务将实现更加智能化、高效化的运作。通过物联网技术，企业可以实时监控货物的运输状态，确保货物的安全和及时送达；大数据分析则可以帮助企业优化库存管理，降低库存成本，提高运营效率。

然而，要实现这些创新和变革，数字商务企业还要迎接一系列挑战。例如，技术的更新换代速度较快，企业需要不断跟进技术的更新，保持技术领先地位；随着市场竞争的加剧，企业需要不断提升核心竞争力，才能在市场中立于不败之地。因此，数字商务企业需要加强技术研发和人才培养，不断提升创新能力和市场拓展能力。政府和社会各界应加强对数字商务的支持和引导，为其发展创造更加良好的环境和条件。

（五）数字商务助推绿色可持续发展

数字商务在推动经济发展的同时，积极响应全球绿色发展的倡议，通过创新技术手段和商业模式，助力实现绿色可持续发展目标。首先，数字商务通过优化资源配置和减少流通环节，有助于降低能源消耗和减少环境污染。传统的商业模式中，商品流通往往需要大量的物流和仓储支持，而数字商务则通过智能化的供应链管理和电子商务平台，实现商品的快速流转和精准匹配，减少了不必要的运输和存储环节，降低了能源消耗和碳排放。其次，数字商务推动了绿色消费和绿色生产的兴起。随着消费者环保意识的提高，越来越多的消费者开始选择绿色产品和服务。数字商务平台通过提供绿色产品信息和绿色消费指南，引导消费者进行绿色消费。同时，数字商务也为绿色生产提供了支持，通过数据分析、智能生产等手段，助推企业在生产过程中实现节能减排和资源循环利用。最后，数字商务促进了循环经济的发展。通过电子商务平台，企业可以更好地回收废旧商品并对它们再利用，构建闭环供应链，实现资源利用的最大化。这不仅有助于减少环境污染，还能为企业带来经济效益和社会效益。

数字商务在助力绿色可持续发展方面发挥着重要作用。通过优化资源配置、推动绿色消费和生产、促进循环经济发展等手段，数字商务为实现绿色发展目标提供了有力支持。未来，随着数字技术的不断进步和应用场景的拓展，数字商务在绿色可持续发展领域的作用将更加凸显。

第三节　数字商务与传统商务的对比分析

数字商务与传统商务在多个方面存在显著差异。长久以来，传统商务依赖实体店面、面对面的交易以及烦琐的纸质交易流程，其运营模式和效率受制于地域和时间的限制。而数字商务则以互联网技术为基础，实现了信息的快速传递、交易的便捷完成以及资源的优化配置，极大地改变了商业生态和消费者行为。随着信息技术的迅猛发展，数字商务已渗透到各领域，与传统商务相比，两者在交易方式、运营效率、成本控制、市场覆盖范围、顾客体验、数据分析与应用等方面存在显著差异。

一、交易方式差异

传统商务主要通过线下实体店面或展会等形式进行交易，买卖双方需要面对面进行谈判、合同签订。而数字商务则利用互联网技术，通过电子商务平台进行在线交易，买卖双方可以随时随地进行信息交流和商品交易，显著提高了交易的便捷性和灵活性。

然而，数字商务的便利并不止于此。在数字商务的框架下，企业能够更广泛地拓展市场，触及更多的潜在客户。通过互联网平台，企业可以将产品和服务展示给全球范围内的客户，打破了地域和时间的限制，使得商业活动更加自由化。

数字商务为企业提供了更多的营销手段。利用大数据分析和人工智能技术，企业可以精准定位目标客户，制定个性化的营销策略，增强了市场推广的效果。电子商务平台提供了丰富的营销工具，如优惠券、秒杀活动等，帮助企业吸引客户、提升销售额。除了市场拓展和营销手段外，数字商务还为企业提供了高效的供应链管理。通过电子商务平台，企业可以实时了解供应链的各个环节，优化库存管理，降低库存成本。同时，数字商务还使得企业能够更好地与供应商、物流公司等合作伙伴进行协同，提高整个供应链的运作效率。此外，在交易方式上，传统商务往往涉及现金、支票等支付方式，而数字商务则提供了电子支付、移动支付等多种便捷的支付方式，大大提升了交易的效率和安全性。

总之，数字商务以其独特的优势正在改变着传统商务的模式。它不仅提高了交易的便捷性和灵活性，还为企业带来了更广阔的市场和更多的营销手段。

二、运营效率差异

在运营效率方面，数字商务展现出明显的优势。数字商务可以实现自动化、智能化的订单处理、库存管理和物流配送等功能，降低了人工成本和出错率；而传统商务则需要耗费大量时间和人力物力进行这些工作，运营效率相对较低。传统商务注重实体店的布局、装修和库存管理，而数字商务则更加注重线上平台的构建、用户体验的优化以及数据驱动的决策。传统商务在地域上受到较大限制，而数字商务则能够打破地域壁垒，实现全球范围内的市场拓展。

数字商务在客户关系管理、市场营销等方面展现出独特的优势。通过大数据和人工智能技术，数字商务能够实现对用户行为的精准分析和预测，从而为用户提供个性化的推荐和服务。这种精准化的营销策略不仅提高了用户的满意度和忠诚度，还为企业带来了更多的商业机会和收益。数字商务提供了丰富的营销渠道，如社交媒体营销、内容营销、电子邮件营销等，帮助企业以更低的成本实现更广泛的品牌传播和市场覆盖。在供应链管理方面，数字商务也展现出了强大的能力。通过数字化技术，企业能够实现对供应链的实时监控和优化，确保产品从生产到销售的每一个环节都能够高效运转。这不仅能够降低企业的运营成本，还能够提高产品的质量和交付速度，增强企业的竞争力。

三、成本控制差异

数字商务在成本控制方面的优势显而易见，且随着科技的进步和市场的变化，这种优势愈发显著。在深入探讨数字商务的成本控制优势之前，我们首先需要理解其背后的核心概念与运作机制。数字商务，即以电子方式进行的商务活动，它利用电子商务平台，将传统的商业模式数字化、网络化，从而极大地提高了交易的效率和便捷性。在这个过程中，企业可以通过电子商务平台，实现产品的展示、交易、支付和物流等全过程。

首先，在成本控制方面，数字商务的优势体现在降低固定成本上。传统的商务模式往往需要投入大量的资金用于租赁实体店面、装修店面、购置设备等，而这些固定成本往往会成为企业的沉重负担。数字商务则可以将这些固定成本大幅降低，企业只需要通过电子商务平台，就可以将产品和服务展示给全球范围内的潜在客户，从而大大降低了实体店面租金、装修等成本。

其次，数字商务在减少库存积压和滞销风险方面具有显著优势。传统的商务模式往往需要预测市场需求，提前生产并储存产品，然而市场需求往往难以准确预测，这就容易导致库存积压和产品滞销。而数字商务则可以实现按需生产和精准营销，企业可以根据市场需求实时调整生产计划，从而避免了库存积压和产品滞销的风险。

最后，数字商务为企业提供了更加灵活和高效的成本控制手段。通过数据分析和预测，企业可以精准把握市场需求和消费者行为，优化采购和生产计划，从而进一步降低成本。例如，企业可以通过分析销售数据，了解哪些产品最受欢迎，哪些产品需要改进，从而调整生产策略，提高产品的市场竞争力。数字商务还可以借助互联网平台的智能化技术，自动化处理订单、支付、物流等环节，减少人工干预和差错率，提高运营效率。例如，企业可以通过智能物流系统，实现订单的自动分拣、配送和跟踪，从而大大提高了物流的效率和准确性。相比之下，传统商务在成本控制方面往往受制于实体店面和库存规模，难以灵活应对市场变化。传统商务的采购、生产和销售等环节也往往存在信息不对称和效率低下的问题，增加了企业运营成本和风险。而数字商务则可以通过数字化、网络化的方式，打破这些限制，实现更加灵活的成本控制。

数字商务在成本控制方面具有显著优势，能够帮助企业降低固定成本、降低库存风险、提高运营效率，从而提升企业竞争力和盈利能力。随着数字技术的持续发展和普及，数字商务将成为主流商业模式。

四、市场覆盖范围差异

在当今信息化时代，数字商务的市场覆盖范围相较传统商务而言，无疑具有更广泛的优势。借助互联网平台，企业可以轻松地突破地域限制，将产品和服务推向全国乃至全球市场，实现更广泛的商业布局。首先，数字商务通过互联网平台，实现了信息的快速传播和共享。企业可以通过建立官方网站、社交媒体账号等渠道，将产品信息、促销活动等信息迅速传递给潜在消费者。这种传播方式不仅速度快，而且覆盖面广，能够触及更多的潜在客户。其次，数字商务突破了传统商务中地理位置和实体店面数量的限制。传统商务往往受到地理因素的制约，只能在有限的地域范围内开展业务。而数字商务则不受此限制，企业可以通过电子商务平台，将产品和服务销售到全国乃至全球各地。这种无地域限制的特点，使得数字商务的市场覆盖范围极速拓展。此外，数字商务还通过跨境电商等方式，进一步拓宽了市场范围。跨境电商允许企业跨越国界进行交易，使得全球市场的资源和消费者都可以纳入企业的经营范围。这不仅增加了企业的收入来源，还为企业拓展了更广阔的发展空间。

从实践角度来看，许多企业的成功案例都证明了数字商务市场覆盖范围的广泛优势。例如，一些知名的电商平台通过整合全球供应商和消费者资源，实现了商品的全球化交易；一些跨境电商企业则通过优化物流、支付等关键环节，成功打开了国际市场的大门。

五、顾客体验差异

在数字化浪潮的推动下，数字商务为顾客体验注入了全新的活力，提供了更为便捷和个性化的购物方式。顾客只需轻点手机屏幕或敲击电脑键盘，便能轻松浏览商品、对比价格，并一键完成购买，而不再受限于实体店面的位置、营业时间等因素。与传统商务相比，数字商务的便捷性显而易见。无论是早晨的匆忙上班路上，还是深夜的宁静时光，顾客都可以随时登录电子商务平台，挑选心仪的商品。而且，这些平台通常提供详尽的商品信息、多角度的产品图片以及用户评价，为顾客提供全方位的购物参考。此外，数字商务能实现快速配送和售后服务，让顾客享受到更为贴心的购物体验。更值得一提的是，数字商务还能根据顾客的购物历史和偏好，进行个性化的商品推荐。通过大数据分析和机器学习技术，电子商务平台能够精准地把握顾客的需求和偏好，为他们推荐符合个人口味的商品。这种个性化推荐不仅提升了购物的便捷性，更让顾客感受到了被重视和被尊重。

传统商务在顾客体验方面存在诸多局限。店面位置的选择、营业时间的限制以及服务水平的差异，都让顾客在购物过程中感受到了诸多不便。而数字商务突破了这些限制，电子商务平台为顾客提供了更为广阔的购物空间和更为优质便捷的服务体验。

六、数据分析与应用差异

在当今数字化快速发展的时代，数字商务在数据分析与应用方面展现出了显著的优势。电子商务平台凭借先进的技术手段，能够实时收集并分析顾客行为、销售数据等海量信息，从而为企业制定精准的市场策略提供有力支持。

首先，电子商务平台通过数据收集技术，能够实时监控顾客的浏览记录、购买行为以及反馈意见。这些宝贵的数据资源不仅反映了顾客的需求和偏好，还能呈现市场趋势和竞争态势。通过深入分析这些数据，企业可以更加准确地了解顾客的需求，进而优化商品结构，提升商品与市场的匹配度。其次，数据分析在价格策略调整方面发挥着重要作用。电子商务平台可以根据市场供需情况、竞争对手的价格水平以及顾客的购买能力等因素，制定出更具竞争力的价格策略。通过数据分析，企业可以及时发现价格不合理或需要调整的情况，从而确保商品定价既能满足顾客需求，又能实现企业的盈利目标。此外，数据分析还能帮助企业提升营销效果。通过分析顾客的购买行为和偏好，企业可以精准地推送个性化的营销信息，提高营销活动的针对性和有效性。同时，数据分析还能帮助企业评估营销活动的成效，以便及时调整策略，提高营销效果。

相比之下，传统商务在数据收集和分析方面显得相对滞后。由于缺乏先进的技术手段，传统商务难以实时获取并分析顾客行为和销售数据等信息。这导致企业在制定市场策略时往往缺乏足够的数据支持，难以把握市场需求和竞争态势。因此，传统商务在提升竞争力方面往往面临较大的挑战。

通过实时收集和分析顾客行为、销售数据等信息，企业可以更加精准地制定市场策略，优化商品结构，调整价格策略，提升营销效果等。这将有助于企业在激烈的市场竞争中脱颖而出，实现可持续发展。

随着信息技术的持续进步和普及，数字商务将继续保持快速发展的势头。未来，数字商务将进一步融合人工智能、大数据等先进技术，提供更加智能化、个性化的购物体验和服务。同时，数字商务也将不断拓展新的应用领域，为经济发展注入新的活力。而传统商务则需要加快转型升级步伐，积极拥抱数字化趋势，以适应市场变化和满足顾客需求。

总之，数字商务与传统商务的对比分析揭示了数字商务在多个方面的优势。随着数字技术的不断进步和市场的日益成熟，数字商务将继续发挥在商业交易中的引领作用，推动商业模式的创新和变革。同时，我们也需要关注并解决企业在数字商务中面临的挑战和问题，确保其可持续发展。展望未来，数字商务将继续深化与各行各业的融合，创造更加丰富的应用场景和商业价值。随着人工智能、大数据、物联网等技术的不断发展，数字商务将实现更加精准的客户画像、进行更加智能的决策分析和更加高效的资源配置。

同时，数字商务将推动社会经济的数字化转型。通过数字技术的广泛应用，数字商务将促进传统产业的升级和转型，推动经济结构的优化和升级。数字商务还将催生新的产业形态和就业机会，为经济发展注入新的活力。然而，在追求技术创新和商业发展的同时，需要注重数据的隐私保护和网络安全问题，加强法律法规的监管，确保数字商务的健康发展。此外，还需要关注数字鸿沟问题，努力推动数字技术的普及应用，让更多人享受到数字商务带来的便利和机遇。

综上所述，数字商务与传统商务的对比分析不仅揭示了两者之间的差异，也指明了未来商业发展的方向和趋势。未来应该积极拥抱数字商务带来的变革和机遇，不断创新优化商业模式，推动商业的繁荣和发展。

本章小结

数字商务的发展并非一蹴而就，而是经历了一个漫长而复杂的进程。从早期的电子商务兴起，到如今的数字商务全面发展，每个阶段都伴随着技术革新和市场变化，体现了商业生态的深刻转型。

在数字商务的快速发展中，创新与变革是其持续前进的动力源泉。未来，数字商务将在多个领域实现创新和突破，为经济社会带来更为深远的影响。数字商务将进一步实现跨界融合，智能化将成为数字商务发展的核心动力，数字商务将强化数据安全和隐私保护。

数字商务与传统商务在多个方面呈现出鲜明的差异。长久以来，传统商务依赖于实体店面、面对面的交易以及烦琐的纸质流程，其运营模式和效率受到地域和时间的限制。数字商务则以互联网技术为基础，实现了信息的快速传递、交易的便捷完成以及资源的优化配置，极大地改变了商业生态和消费者行为。随着信息技术迅猛发展，数字商务已渗透至经济和社会生活的各个领域。与传统商务相比，数字商务在交易方式、运营效率、成本控制、市场覆盖范围、顾客体验、数据分析与应用等方面存在显著优势。

案例分析

从电子商务到数字商务——从"十四五"规划看数字商务新发展

"十三五"时期,中国电子商务迎来持续高速增长,从2015年到2020年,全国网上零售总额从2015年的38 773亿元增长到117 601亿元,增长203.3%;其中实物商品网上零售额从32 424亿元增长到97 590亿元,增长201.0%,占社会消费品零售总额的比重由10.8%提高到24.9%,5年提高14.1个百分点;全国快递业务量从206.7亿件增长到833.6亿件,5年增长4倍。当前,电子商务发展已经常态化,图书、电子产品等商品的销售,电子商务已经成为最重要的渠道,2020年新冠疫情以来,电子商务普及率进一步提高。在此背景下,"十四五"规划对电子商务谋划的重点已经从促进电子商务业态发展转向更深层次的电子商务生态体系建设,特别是在加强快递物流建设、畅通供应链方面高度重视,也提出了传统商业数字化的总体方向,这就意味着电子商务的发展向数字商务全面转型,加快推进整个商贸服务业的数字化、网络化、智能化进程,成为数字生活的重要体现和数字中国的重要组成部分。

从电子商务到数字商务,意味着电子商务的定义将从目前的狭义概念EC(Electronic Commerce,互联网上的交易)向广义概念EB(Electronic Business,电子化的交易)延伸,以电子化为基础,以数字化为特征,以网络化为载体,以智能化为方向,加快实现数字技术与商业及其关联产业深度融合和线上线下一体,将销售端与供应链、产业链、价值链紧密相连,商贸流通业态与模式不断创新,全渠道满足消费需求。同时,在规划中可以体会到电子商务需要转型升级,以加快高质量发展的趋势。电子商务发展过程中的野蛮生长惯性、不规范不健康的恶性竞争、长期存在的销售假冒伪劣产品等问题,饱受社会各界诟病,必须加强治理,相应部署也体现在《"十四五"数字经济发展规划》(以下简称《规划》)中。例如,作为电子商务重要载体的平台经济,《规划》中出现3次,分别指向规范、监管和健康发展,而2021年4月10国家市场监管总局向阿里巴巴开出的182.28亿元巨额罚单,也正是对其"二选一"垄断行为的依法监管,对促进整个平台经济和电子商务的健康发展有着里程碑式意义。对在线旅游,同样提出要规范经营服务。而对新出现的数据垄断、数据壁垒问题,也提出数据开放的政策方向。

资料来源:中国日报网。

复习思考

1. 数字商务的发展趋势及可持续发展表现在哪些方面？
2. 对比分析数字商务与传统商务的运营模式。

第三章 数字商务环境

学习目的与要求

- 掌握数字商务环境的基本概念、特征
- 分析数字商务环境对商业模式的影响
- 掌握技术环境、经济环境、社会环境和自然环境的分析

引导案例

语言文字的差异

各个国家的语言习惯、文字构成是不同的,即使是同样说英语的国家在一些表达上也有很大的差异,如"Coes like bomb"在美国和英国的含义就完全相反,该句意在美国表示的是一位只说不做的人,含贬义,而在英国则表示很有生机、很生动的意思。如果要将同一句话用两种语言进行直译,含义也会不同,如"喝百事,百事兴"(Come alike with Pepsi),直译出来则是"跳出坟墓"。所以酒类企业在开展跨国营销时须研究进入国的语言文字,特别是译音要符合当地的语言习惯和心理,如"人头马一开,好事自然来"的法国名酒人头马,在进入中国市场时对中国的语言文字就进行了深入的调查研究。中国酒在面对一个可能完全陌生的世界市场时,起一个适配他国语言且有意义的名称是进入国际市场的第一步。由于语意理解会给酒类营销带来困难,各酒类企业就必须与进入国相关机构如代理商、大众传媒、律师等各方面进行沟通,以保证营销工作的顺利进行。

数字商务环境是一个多维度的复杂体系,涉及技术、经济、社会、自然等多个方面,这些因素相互交织,共同影响着数字商务的发展和运行。

资料来源:根据公开资料整理。

第一节　数字商务环境的概念及其特点

一、数字商务环境的基本概念

数据是数字商务的核心基础。数字商务本质是通过数据驱动商业运营，从而实现商业价值的新型模式。数字商务环境是数字商务外部不可控因素总和，主要是指数字商务环境中影响目标群体的所有因素的集合，涵盖电子交易活动所依托的技术、政策、文化、社会和经济背景等方面。这个环境包括了互联网基础设施、电子交易平台、支付系统、物流网络、法律法规、消费者行为、市场趋势等。数字商务环境不仅为电子交易活动提供了必要的支持保障，还对其产生了深远的影响。

数字商务环境涵盖的内容比较广泛，主要分为技术环境、经济环境、社会环境、自然环境等四大类（图 3.1）。

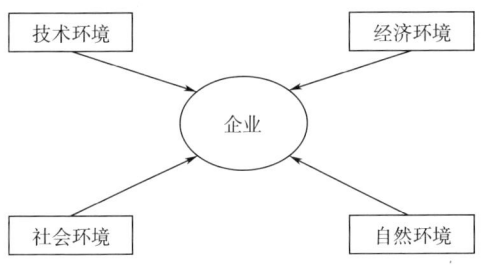

图 3.1　数字商务环境

二、数字商务环境的特点

（一）复杂性

数字商务环境是一个动态系统，影响数字商务环境的诸多因素会随着社会经济的发展不断变化。1999 年至 2002 年，中国的电子商务还停留在浏览商品的阶段，主要是浏览页面，收发电子邮件。2003 年至 2006 年，当当、淘宝、阿里巴巴等企业改变了人们购物的方式，"网商"的概念应运而生，B2B 模式初步成型。2007 年至 2014 年是中国电子商务向纵深发展的七年，B2B、B2C、C2C 领域进入了规范化、规模化的发展期，电子商务环境日趋成熟。互联网成为电子商务发展的核心力量。2015年到2020年，电子商务成为消费者常态化、固态化的消费方式，特别是2020年新冠疫情以来，电子商务普及率进一步提高。2020年迄今，数字化成为电子商务的主流。电子化、数字化、网络化、智能化驱动数字商务的发展，供应链、产业链、价值链促进数字商务日益成熟。数字商务环境的持续演变，既为满足了消费者的多元化需求，也为企业创造了更多的机遇。

（二）客观性

数字商务环境不以企业的意志为转移，对企业电子商务活动具有强制性和不可控性，企业只能去适应而不能去改变①。这种变革并非由单一企业所主导，而是由整个市场、技术、消费者行为等多重因素共同推动的。一般来说，企业无法摆脱环境的影响，通常处于被动适应的地位，无法完全按照自身的意愿去改变或塑造这个环境。例如，数据保护法规要求企业禁止滥用客户数据，隐私政策要求企业明确告知客户如何收集、使用和保护其个人信息。这些规范对企业进行电子商务活动构成了强制性要求，企业必须遵守，否则企业将面临法律风险和声誉损失。由此体现出数字商务活动的客观性特征。

（三）动态性

数字技术的快速发展和消费者需求的不断变化，使得数字商务环境充满高度的动态性和不确定性。从最初的电子商务网站，到现在的移动支付、人工智能推荐系统、增强现实和虚拟现实（AR/VR）等，为企业带来了新的机遇和挑战。企业难以精确预测未来的市场走向和消费者行为，也无法控制数字商务活动中的各种运营变量。

新的竞争者的涌入可能会重塑市场格局，在数字商务环境下，由于技术门槛的降低和市场进入成本的减少，新的竞争者可能随时出现。这种不可控性令企业在电子商务活动中面临着巨大的挑战和不确定性，迫使企业不断适应和调整自身的策略。

三、数字商务环境对商业模式的影响

随着数字技术的快速发展和广泛应用，数字商务环境持续推动着商业模式的创新与变革。

（一）价值链的重构

在数字商务环境下，企业的价值链正经历深刻变革。传统的价值链模式已经

---

① 马述忠，廖红. 国际企业管理［M］. 3版. 北京：北京大学出版社，2013.

无法适应新的市场环境,而需要基于数字技术实现重构。波特在《竞争优势》一书中指出,价值链是由一系列线性连续的活动构成的,包括基本活动和辅助活动两大类。基本活动涉及内务后勤、生产、外务后勤、市场营销和售后服务等,而辅助活动则包括企业基础管理、人力资源管理、技术开发和投入采购等。在这个模型中,每一个环节都在创造价值的同时占用成本,偏重于以单个节点企业的视角来分析企业的价值活动、企业与供应商和顾客可能的连接,以及企业从中可获得的竞争优势①。

相比之下,数字商务价值链的模式存在着诸多不同之处。

一是技术的运用不同。数字商务更强调利用诸如云计算、大数据、人工智能等数字化手段来提高价值链的效率和创新。

二是线性结构不同。数字化商业价值链突破传统的线性结构,实现网络化、协同化、动态化的价值创造活动。价值创造已扩展到包括供应商、制造商、分销商、零售商以及客户在内的整个供应链上,数字商务已经成为企业内部的价值创造。

三是定位决策的基础不同。为了实现更精准的市场定位与个性化的产品和服务,数字商务价值链模式更加注重客户体验和数据驱动决策。

(二) 商业模式创新

数字商务拓宽了商业活动的范围和可能性。传统的商业模式往往受地域、时间、空间等因素的影响,消费者需要在实体门店与商家进行面对面的交流,通过现金、汇款等进行产品或服务交易,而数字商务则打破了这些限制。数字商务通过信息流、资金流完成交易,通过电商平台、社交媒体等渠道跨越地理限制,采用网上宣传推广模式,使消费者实现随时随地浏览商品、获取信息,并与商家进行实时互动,实现24小时不间断营业。此外,基于大数据和人工智能的持续发展,数字商务推动了共享经济、跨境电商等新兴业态的发展,为商业领域注入了新的活力。

与传统商业模式相比,以数字化手段为基础的数字商务使得商业活动变得高度透明和可追溯;商家能够以更高效的方式管理库存物流等环节,提高经营可靠性;企业还能以数字技术为基础,探索出一系列新的商业模式,例如分享经济模式、订阅经济模式、平台经济模式等;这些创新经济模式既可以为商家拓展更多的商业机会和市场占有率,又可以提升企业的竞争力和品牌影响力,因此具有十

---

① 姚建文. 基于功能提升视角的产业升级研究 [J]. 经济问题探索, 2007 (8): 93-96.

分重要的意义。

(三) 客户共创机制

相较于传统的商业模式，数字商务模式具有非常高的客户参与度。传统的商业模式，客户往往是被动地接收信息、商品以及服务，这些信息、商品或者服务是企业展示给消费者的；数字商务通过数字技术，利用在线平台、社交媒体等渠道，实现了和客户之间的无障碍沟通，突破了沟通壁垒，客户可以在社交媒体上对商家发表评论、分享购物体验、与商家互动，甚至可以参与到产品的设计、服务的改进等产品链的上游，这种客户共创机制，激发了消费者的创造激情，提高了消费者的积极性，增强了消费者对企业品牌的忠诚度。

第二节 技 术 环 境

数字商务的技术环境是其发展的基石，在互联网和数字技术的支持下，企业借助更多的智能化工具开展商业活动。

华夏航空为了促进产品收益、提高集团运营效率、提升客户体验，实现精准营销，启动产业互联大数据智能客户平台项目。产业链的打通实现了多产业的融合及集团资产治理、集团千万级用户管理。依托大数据智能客户平台，华夏航空的用户数据资产实现了统一、合规、安全及按照场景的消费，并为航空业长时间无法解决的主营客票、套票及辅营产品相关后续场景化使用提供了完整的企业用户数据资产。该客户平台通过人工智能数据模型实现了不同业务体系下的 ID 映射及为航空业航线销售、定价、增值等一线业务应用场景提供客群分布、结构洞察等诸多功能性支持[1]。

一、基础网络技术

互联网和移动网络技术是数字商务发展的基础[2]。互联网与移动网络技术的迅猛发展，正在深刻地改变着我们的社会经济生活，它们使得信息传输速度更快、传播途径更广泛、传递方式更多元化。

(一) 互联网技术的普及为数字商务提供了广阔的发展空间

互联网的全球性及开放性，助推企业不受地域限制开展业务活动，并在全球

---

[1] 中国日报网. 2021-04-21. https://cn.chinadaily.com.cn.
[2] 史达，胡世宏. 电子商务与网络经济 [M]. 大连：东北财经大学出版社，2001.

范围内进行销售商品、提供服务、传播信息等各方面的活动。利用互联网，企业能够以更加便捷高效的方式与全球客户进行沟通和交流，了解他们的需求反馈情况，从而对市场需求有更准确的认识并作出相应的调整从而高效开展经营活动。因此，互联网对于企业的全球商业活动具有重要意义。

（二）互联网技术的发展推动了数字商务的创新变革

数字商务的运营模式和服务方式随着云计算、大数据、人工智能等技术的持续应用而不断革新。云计算技术为企业高效管理客户信息，分析市场趋势，从而制定更精准的营销策略，提供了强大的数据存储和处理数字商务的能力。大数据技术则帮助企业对客户资料进行深度挖掘，发现潜在的市场商机，为企业运营提供强大支撑。AI 技术帮助顾客在线上试穿衣服，查看不同款式和颜色的效果，减少了因为尺码不合适而导致的退换货问题，提升了购物体验。

（三）移动网络技术的快速发展推动了数字商务的兴起

随着智能手机的普及和移动网络技术的升级，人们可以通过手机随时随地进行购物、支付、社交等活动，让数字化的商业变得更加便捷；企业可以更好地满足消费者个性化需求，提升品牌影响力，通过开发手机应用，优化手机终端用户体验。随着5G、6G等新一代通信技术的持续演进，为数字商务提供更加高效、稳定的网络环境，网络速度得到进一步提高。

（四）互联网与移动网络技术的融合扩展了数字商务的边界

新兴技术，特别是物联网和区块链技术的飞速发展，使得数字商务不断扩大其边界。由于物联网技术将各类设备和物品相互连接并促进信息的分享与互通，从而为数字商务的多个环节，从信息流到物流再到资金流都提供了更为可靠的基础保障；区块链技术所特有的去中心化安全可信的优势，可为数字商务中的各个环节提供更为可靠的技术支撑。随着人工智能与物联网的深度融合发展，数字商务也以更加智能及个性化的方式满足消费者多样化的需求，从而不断进化与革新。

（五）互联网与移动网络技术助力数字商务企业实现国际合作与交流

企业可以利用跨境电商平台开拓海外市场，达到全球化运营的目的；另外，企业还通过移动网络技术助推跨国交流与协作，提升企业的国际竞争力，这是目前很多公司都在做的工作，也是未来的趋势之一。

然而，互联网与移动网络技术的发展也伴随着一系列的风险与隐患——网络安全问题、数据泄露风险、技术更新换代带来的成本压力等，都需要引起重视并加以解决。互联网与移动网络技术是数字商务发展的重要物质支撑与动力，因此要合理运用这些技术来促进数字商务的创新发展，同时要加大力度进行技术研发与革新，确保互联网与移动网络在数字商务中持续平稳运行，并创造更为良好的技术环境来支撑数字商务的持续发展与变革。

二、大数据与人工智能决策技术

大数据与人工智能技术是数字商务智能决策的核心引擎和灵感之源。大数据使人工智能有了充足的数据资源，从而可以最大限度地挖掘人工智能算法的潜能；而人工智能对大数据进行智能处理和分析，从而为数字商务在提升决策精准性和高效性的同时，也改变了传统的商业运作方式，将数字商务提升到了一个全新的高度。

（一）大数据技术为数字商务提供了丰富的数据资源

传统商业模式下，企业往往受限于有限的市场调研和销售经验来分析市场需求和消费者行为。在大数据时代，企业可利用大数据分析技术从各种渠道获得大量消费者行为数据、交易数据和社交媒体数据等，这些资料数量多而且种类丰富，涵盖了消费者的各方面，通过深度挖掘分析这些资料，企业对消费者的需求、消费者购买习惯以及市场动向有更准确的把握，从而为制定更精确的营销策略和产品定位战略提供依据。因此，在大数据时代，企业的营销与产品定位策略将更具精准性。

（二）大数据技术为企业提供了高效的决策支持

在数字商务中，企业面临的市场环境和竞争形势是复杂多变的，所以快速做出正确的决策必不可少。大数据技术能够运用对客户以往数据和潜在数据的分析整理，绘制客户画像，从而为企业的战略和业务调整提供有力支撑。从客户画像的建立到精准营销的实施，从产品推荐的个性化到供应链管理的智能化管理等等，企业都能通过大数据技术来为客户提供更贴合其购买意向的产品和更满意的服务。通过对比历史数据和预测未来市场趋势，企业还可以及时调整战略和业务方向，实现运筹帷幄。这样企业就可以更加科学地制定预算和方案，从而提高经营效率和盈利水平。

（三）人工智能技术进一步提升了数字商务的智能化水平

人工智能的引入令数字商务发展有了更广阔的想象空间，因为它可以对大数据进行深度学习和处理，发现数据之间的内在联系和规律，从而为企业提供更加智能化的决策支持。如企业决策方面，通过机器学习算法自动分析消费者的购买历史和浏览行为来预测其购买意向和潜在需求，从而为企业推荐更加精准的产品和服务。另外，人工智能还能应用于智能定价和智能库存管理等方面，助力企业实现更高效更精准的运营，从而创造更大的商业价值。

（四）大数据与人工智能技术的结合为数字商务提供了坚实基础

企业将大数据与人工智能技术进行深度应用，提高对市场的预测和决策支撑的准确度，从而促进企业经营效率和盈利能力的提高。很多企业特别是电商平台利用人工智能技术，通过自动化客服与智能问答系统来提升客户服务的效率与质量，从而为客户提供更为优质的购物体验和服务。另外，在企业供应链管理和物流配送等环节，大数据与人工智能技术也起着关键的作用，帮助企业进行准确的预测和有效的协同工作，以促进企业的高效运转。因此，大数据与人工智能技术对于企业的经营管理具有不可低估的作用，对于企业的可持续发展具有十分重要的意义。

三、物联网与供应链技术

物联网与供应链技术是数字商务的协同引擎与效率加速器。在数字商务的快速发展中，物联网技术发挥着举足轻重的作用，它们不仅提高了供应链的透明度和效率，更提升了供应链的商业价值。

（一）物联网技术的广泛应用变革了数字商务的供应链管理

物联网通过无线传感器、RFID标签、GPS定位等技术手段，实现了对供应链中各个节点的实时监控和管理。从原材料的采购、生产、制造，到产品的分割、组配、流通的追踪，物联网技术使得企业能够实时获取供应链各节点的数据和信息[1]。这不仅提高了供应链的透明度，降低了供应链的需求变异扩大效应，让企业能够更准确地掌控供应链的运作状态，还为企业的决策提供了有力的数据支持。在数字商务中，物联网技术的应用使得供应链管理更加智能化和透明化。通过物联网技术，企业可以实现对库存的实时监控和存量预警，防止库存积压和缺货现象的产生；优化运输路线，降低运输成本；追溯产品质量和防伪溯源，保障消费者的权益和安全。

---

[1] 敖毅菲. 快递配送中心农村配送路线优化研究［J］. 福建质量管理，2019（19）：284-285.

(二）供应链技术的发展推动了数字商务的供应链协同与整合

在市场竞争加剧、消费者需求多样化的情况下，要实现资源共享和优化配置，就要求企业在供应链各方之间进行更高效的协同。供应链节点的信息共享和协同作业是供应链技术通过信息化手段实现的。通过供应链管理系统，企业可以实时了解供应商、制造商、分销商、零售商、终端客户等各方的情况，从而实现供应链的协同规划与执行（synchronic）。供应链技术的应用，让企业在数字商业中更好地满足客户的需求。企业通过整合供应链，能够在产品结构和生产计划上实现快速反应和及时调整。此外，供应链协同也能促进企业与合作伙伴，如供应商、物流商等的深度合作，实现共赢发展。

（三）物联网与供应链技术的应用推动了数字商务的创新发展

物联网通过其万物互联的感知能力，使供应链上的每一个环节都变得透明可见，从而使企业对供应链整体运作的掌控力得到了极大的提升。在整个供应链上，物联网与供应链技术通过高效的协同整合，促使供应链各方在应对市场变化与挑战的过程中，能够更加紧密地协同工作。它们为数字商务的发展注入了强大的动力，通过提高供应链的透明度和效率，促进供应链的协同和集成。

具体地说，物联网技术通过部署各种传感器和通信装置，实时收集和传输供应链上的物品、装置和环境等信息。这些信息既包括物品的位置、状态等基本信息，也包括温度、湿度、压力等环境参数，还包括设备的运行状态、维护需求等详细介绍设备的运行状况、维护保养的信息。企业可以通过分析处理这些信息，实时了解供应链的运作情况，提升供应链的效率和可靠性，从而及时发现问题、解决问题。供应链技术则为数字商务的发展提供了强有力的支持，通过优化供应链的流程、降低运营成本、提高反应速度。例如，企业可以通过供应链协同平台，以缩短产品上市时间、降低库存成本、提高客户满意度等方式，实现与供应商、物流商等合作伙伴的信息实时共享、协同运作。同时，企业还可以通过先进的供应链管理工具和方法的应用，进一步提升供应链生产力，从而实现精细化管理，持续优化供应链。

四、网络安全技术

随着移动互联网的蓬勃发展和广泛应用，数据安全问题已经成为企业面临的重要挑战之一。在这个数字化、信息化的时代，保障交易数据的安全性和完整性，已成为企业稳健发展的关键要素。网络安全技术作为数字商务的守护神和信赖基石，发挥着举足轻重的作用。网络安全技术涵盖了数据加密、身份验证、防火墙、入侵检测等多个方面的安全技术。通过各自的方式，这些技术共同构筑起一道安全防线，为数字商务保驾护航。通过加密处理交易数据，数据加密技术在传输、存储过程中保证了数据的保密性；身份验证技术通过对用户身份的验证来防止非授权状态下的接入登录；通过拦截恶意流量和攻击等手段，防火墙技术保护企业网络免受外部威胁；入侵检测技术则可以及时发现和应对潜在的安全隐患，保证系统稳定运行。

（一）网络安全技术的创新与应用为数字商务构建了安全屏障

安全技术在数字化业务实践中成效显著。零信任安全模型、多重因素验证、加密货币，无一不为数字商务提供更为严密的安全保证。通过采用先进的网络安全技术，很多企业成功地防止了网络攻击、资料外泄等安全事件的发生，为用户的隐私安全和企业的正常运转保驾护航。同时，网络安全技术也为创新发展数字商务提供了强大的后盾。比如区块链技术，它能够实现交易数据的去中心化存储和验证，提高数据的可靠性和可信度；能够实现智能识别和防御网络攻击，提升安全防御效率和精准度。

（二）网络安全技术保障数字商务的合规性

在数字商务领域，业务的合规性与经营有法律保障对企业的稳定发展起着举足轻重的作用，而网络安全技术可以帮助企业遵守相关法律法规并保护用户隐私与数据安全。具体地讲就是企业可以利用数据加密与匿名化处理方式来守护用户数据的安全与用户隐私，从而避免因数据泄露而带来的法律风险问题。

（三）网络安全技术能够促进数字商务的创新发展

数字化时代，创新是企业保持竞争力的关键，网络安全技术除了为数字商务提供安全保障之外，也为企业的创新实践提供了强有力的支撑。例如，企业通过区块链技术来构建去中心化的信任机制，在降低交易成本、提高交易效率的同时，通过应用人工智能技术来实现对网络安全的智能监控和预警，在提高企业自身安全保障的同时，也促进了企业的创新。

随着网络的普及和数字化进程的加快，交易数据呈现爆炸式增长的同时，数字商务的涉及面也在不断增加，对企业正常运营构成严重威胁的网络攻击、数据泄露、恶意软件等网络安全事件也频频发生。所以，应对网络安全的挑战，确保数字商务健康发展，采取网络安全技术防护已成为企业的必然选择。

五、数字商务技术环境的重要性

数字商务技术环境对于企业来说具有极其重要的意义。它不仅提高了企业的运营效率和市场竞争力，还为企业带来了更多的商业机会和发展空间。因此，企业应积极拥抱数字化转型，不断提升数字商务能力。

数字商务技术环境为企业提供了电子交易所需的平台。在互联网和数字技术的支持下，企业能够更高效地进行商业活动，包括在线销售、支付、客户服务等。这不仅打破了地域限制，让企业能够触达更广泛的客户群体，还大大提升了商业活动的效率和便捷性。

数字商务技术环境有助于企业实现智能化和自动化运营。通过采用物联网、大数据、人工智能等先进技术，企业可以实时监控设备状态、预测故障可能性，实现更有效的维护和减少停机时间。这不仅可以提高生产效率和产品质量，还可以降低数字商务企业的运营成本。

数字商务技术环境有助于企业了解客户需求并快速响应市场变化。企业利用大数据来分析客户的反馈和行为，对产品设计和服务流程进行相应调整，以不断满足客户的个性化需求，从而在竞争激烈的市场上提升企业的竞争力。这是以客户需求为导向的经营模式，成功与失败的分水岭也由此产生。

数字商务技术的发展，使企业有机会探索新的业务模式，并在云计算、虚拟网络等技术的支持下实施分散制造、定制化服务等创新性商业模式，从而开拓新的市场领域并扩大收入来源。而企业在此过程中也得以提升自身竞争力。因此，数字商务技术环境是企业发展的重要依托。

第三节　经　济　环　境

数字商务经济环境通常指影响数字商务发展的经济因素，如消费者收入与支出水平、市场经济发展状况等。经济环境的变化会直接影响数字商务的市场需求，随着全球经济的波动、市场需求的变化以及竞争格局的调整，数字商务企业需要持续调整经营策略和商业模式以应对不断变化的经济环境。在经济繁荣时期，消费者信心增强，网络购物等数字商务活动趋于频繁，企业会面临更多的市场机遇。在经济下行时期，企业需要更加注重成本控制和风险管理，提高企业抗风险能力，通过优化业务流程、提升运营效率等措施，实现降本增效。

一、收入与支出情况

（一）收入

消费者收入是消费者在一段时间内（通常为一年）所获得的实际货币收入，通常采用购买力平价法来比较不同区域的实际收入水平和实际购买力。市场是由购买者、购买欲望以及购买能力三个要素构成的。只有当购买者同时具备购买意愿和支付能力时，才能产生购买行为。其中，可支配收入是尤为重要的指标。根据国家统计局的定义，可支配收入是指个人可最终消费支出和储蓄的总和，即个人可用于自由支配的收入，既包括现金收入，也包括实物收入①。按照收入的来源划分，可支配收入包括工资性收入、经营净收入、财产净收入和转移净收入。

消费者收入是消费需求的一个主要决定因素。

第一，收入水平的高低直接决定着消费者购买力的强弱，从而对消费需求产生显著的影响。一般来讲，收入水平的提高会促使消费需求上升，因为较高的收入会给予消费者更多的可支配资金用于购买商品和服务。反之，收入水平的下降会促使消费需求降低，因为收入下降会使得消费者的可支配资金减少，从而削弱购买能力。

第二，按照收入水平划分的消费者对商品需求的侧重点存在差异，即不同收入层次的消费者对商品的要求各不相同，这种区别在企业设计定价营销策略等方面都会得到体现。因此，在考虑定价营销策略的时候，要考虑到目标消费群体的收入情况。

第三，消费者的消费观念、消费行为均会受到收入水平的影响。高收入消费者可能更倾向于选择享受型、发展型的消费，如旅游、教育、娱乐等；低收入消费者可能更关注食品、衣物、住房等生存型的消费。市场需求结构和行业发展方向也会受到此类消费理念差异的影响。

第四，收入并非唯一影响消费需求的因素。在某些情况下，消费者可能会因为对未来收入预期的不确定而减少消费，以应对可能出现的风险，例如在经济萧条时期。因此，消费者的心理预期、宏观经济环境等因素也要在分析收入对消费需求的影响时加以考虑。

2023 年，全国居民人均可支配收入为 39 218 元，比上年名义增长 6.3%，扣

---

① 熊家丽. 8 省份居民收入增长跑赢经济增速［C］廊坊市应用经济学会. 对接京津：京津乐道绿色廊坊论文集. 廊坊：廊坊市应用经济学会，2018.

除价格因素，实际增长 6.1%。分城乡看，城镇居民人均可支配收入 51 821 元，增长 5.1%，扣除价格因素，实际增长 4.8%；农村居民人均可支配收入 21 691 元，增长 7.7%，扣除价格因素，实际增长 7.6%（图 3.2）。

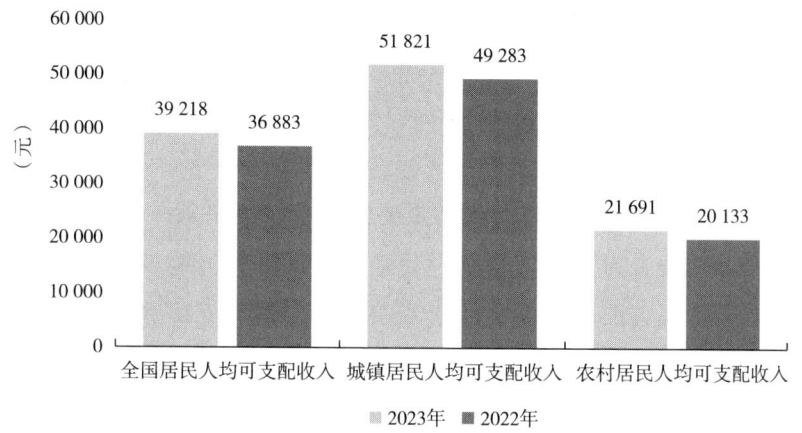

图 3.2　2023 年全国及分城乡居民人均可支配收入

资料来源：国家统计局. 2023 年居民收入和消费支出情况［EB/OL］.（2024-01-17）［2024-12-31］. https：//www.stats.gov.cn/sj/zxfb/202401/t20240116_1946622.html.

（二）支出

消费者支出是指消费者收入变动与需求结构之间的对应关系，即常说的支出结构①。消费支出是指个人用于满足家庭日常生活消费需要的全部支出，既包含现金消费支出，也包含实物消费支出。消费支出具体包括食品烟酒、衣着、生活用品及服务、交通通信、教育文化娱乐、医疗保健以及其他用品及服务八大类②。在收入一定的情况下，消费者会根据需求的紧急程度，对消费项目进行优先级排序，通常优先满足排序在前的消费项目，这类消费项目即为主要消费。

消费支出的影响因素众多，主要包括以下几个方面：

1. 收入水平

收入水平是影响消费支出的最主要因素。一般来说，收入水平较高的人群拥有更多的消费选择和更强的消费能力，能够选择更高档次的消费品，并在同类消费场所中花费更多的钱。消费者绝对收入的变化，如工资收入、财产价值的变

---

① 刘卫东. 市场营销理论与实务［M］. 北京：对外经济贸易大学出版社，2009.
② 王志文，李玥. 从消费倾向看增加收入对 GDP 的乘数效应［J］. 现代经济信息，2017（14）：3.

化,以及政府税收政策、企业经营状况等因素引起的个人收入变化,都会直接影响商品的消费品种、数量、结构及消费方式。

2. 就业状况

就业状况对消费支出的影响十分显著。稳定的工作能够提升消费者整体的收入水平,从而间接增强消费支出的能力。相反,就业不稳定的人群的消费支出能力可能会受限。

3. 物价水平

物价水平是影响居民消费支出的重要因素。在其他条件不变的情况下,物价水平越高,消费者为了维持原有生活水平,货币支出越多[①]。如果物价涨幅超过货币收入涨幅,消费者的实际收入将下降,消费支出会随之减少;反之,则会增加。

4. 家庭财产

家庭财产的多寡直接影响消费支出。财产较多的家庭,其消费档次和消费支出通常较高,这被称为财富效应。当家庭收入暂时下降时,若其积累的财产较少,其消费支出可能会出现大幅度下降。

5. 利率水平与消费者信用状况

利率与消费者信用这两项的因素对消费者开支具有显著影响。比如,较低的利率可能会对消费信贷产生刺激作用,从而使消费者开支增加。

6. 消费者的年龄构成

处于不同家庭生命周期或不同年龄段的消费者,其消费支出方式也会存在较大差异。

7. 预期的消费者收益

目前的消费支出会受到消费者对未来收入预期的影响。若消费者预期收入上升而忧虑降低,则可能令现时的消费开支上升;相反,如果预期收益不乐观,他们可能会提高储蓄,以备不时之需,从而减少现在的消费开支,即使现在的收益不错[②]。

此外,消费者的消费支出还可能受到政府财政政策、社会保障制度完善程

---

① 吴文盛. 宏观经济学 [M]. 北京:清华大学出版社,2007.
② 吴文盛. 宏观经济学 [M]. 北京:清华大学出版社,2007.

度，以及消费者的所在地等因素的影响。例如，政府可以通过调整消费税来刺激消费，优化税率结构，完善社会保障制度。

2023年，全国居民人均消费支出为26 796元，比上年名义增长9.2%，扣除价格因素影响，实际增长9.0%。分城乡看，城镇居民人均消费支出32 994元，增长8.6%，扣除价格因素，实际增长8.3%；农村居民人均消费支出18 175元，增长9.3%，扣除价格因素，实际增长9.2%（图3.3）。

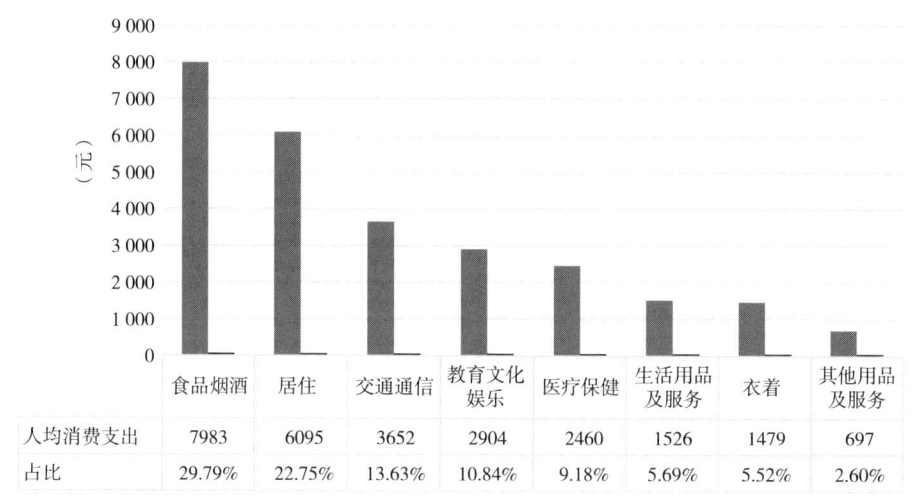

图3.3 2023年居民人均消费支出及构成

资料来源：国家统计局.2023年居民收入和消费支出情况［EB/OL］.（2024-01-17）［2024-12-31］.https：//www.stats.gov.cn/sj/zxfb/202401/t20240116_1946622.html.

（三）消费者行为变化

消费者行为的变化是数字商务经济环境中不可忽视的关键因素。随着科技的快速发展和互联网的普及，消费者的购物习惯、需求和期望发生了深刻的变化。数字商务企业需要紧密关注这些变化，持续创新以满足日益增长的个性化、便捷性消费需求。

1. 消费者对个性化产品的关注程度日益提高

市场上已经有的、规范的产品和服务，过去消费者仅能被动接受。但随着技术的进步，以及消费者自我认知的提升，他们不再单纯地追求价格或品牌，而是希望自己的消费选择能体现自己的个性与品位。通过大数据分析以及人工智能技术，数字商务企业对消费者的兴趣偏好有了深入的了解。企业通过分析消费者浏

览记录、购买历史、社交媒体互动等数据，为消费者提供个性化的商品推荐、定制化的服务，以及与众不同的购物体验，从而精准把握消费者需求。比如，根据消费者的购买历史、浏览行为等，电商企业可以通过电商平台为消费者推送个性化商品广告和优惠信息。同时，数字商务企业正利用新的技术升级用户体验。例如，消费者通过手机 App，不受时间、地点的限制，随时随地都可以进行购物；消费者可以通过多样化的支付手段，在提高购物便捷性的同时，选择最适合自己的结账方式；企业通过强化售后服务，提升消费者满意度和忠诚度，对消费者的需求问题作出及时回应。

2. 消费者对便利性的需求持续提升

消费者希望在快节奏的生活中，享受到高效优质的服务，能够在最短的时间内完成购物。随着移动互联网的普及，消费者对购物流程的便捷性要求更高，无论何时何地都可以在手机上进行购物。通过对购物流程的不断优化和操作步骤的简化，数字化商务企业减少了消费者的等待时间，降低了购物过程中的操作难度。例如，企业可以帮助消费者更快地找到所需商品并完成购买，通过简化注册流程，提供一键登录功能，优化搜索、筛选功能。此外，商家还针对不同消费者的支付需求，提供在线付款、货到付款等多种支付方式。在物流配送方面，通过无人机配送、智能仓储等智能物流技术的引入，数字商务企业在物流效率、服务质量等方面得到进一步提升。同时，商家还为消费者随时了解订货状态，提升购物透明度和信任度，提供实时物流查询功能。

3. 消费者对购物互动和社交体验的需求日益凸显

消费者不再满足于单向购物行为，而是希望通过购物平台，分享购物心得，获取更多购物建议和资讯，与商家和其他消费者进行互动交流。通过社区平台的搭建，数字商务企业为消费者提供了沟通和互动的空间。消费者可以通过社区平台，发表购物心得，对商品质量和服务水平进行评价，相互交流购物心得，共享优惠信息，形成良性互动社区；商家可发布吸引消费者眼球的新品资讯、促销活动等。社区平台也可以在商家和消费者之间架起一座沟通的桥梁。企业通过定期发布内容，对消费者提出的问题进行回应，通过举办线上活动，增强消费者的归属感和忠诚度，从而拉近与消费者之间的距离。

数字商务环境将随着消费者行为变化而持续演进，这要求数字商务企业必须与时俱进。数字商务企业必须持续探索新的商业模式和服务方式，以适应市场变化和满足消费者需求。企业必须加强技术研发和人才队伍建设，以提高自身的竞争力和创新能力，为数字商务的发展作出更大贡献。

二、市场经济发展状况

（一）经济全球化

经济全球化为数字商务企业带来了前所未有的挑战和机遇，随着经济全球化的加速推进，数字商务企业需要面对更加复杂多变的市场环境和竞争态势。

1. *经济全球化弱化了国家间的经济边界*

经济全球化使得世界各国和地区之间的经济活动相互依存、紧密关联，形成世界范围内的有机整体，它打破了地理和国界的限制，使得各国和地区之间的经济活动不再是孤立的。这种趋势使得资源、技术、信息、资本等在全球范围内得以自由流动，极大地促进了世界经济的繁荣与发展。在这种背景下，数字商务作为新型的商务模式，充分利用了互联网、物联网、无线通信等先进的信息技术，以及数据分析等现代科技手段，将传统商务流程进行了全面的数字化改造。这种改造不仅提升了商务活动的便捷性和高效性，还使得企业能够更快速地参与到全球经济活动中，从而推动数字商务的发展。

2. *经济全球化促进跨国公司的崛起与发展*

跨国公司是推动世界经济发展的重要力量，其资本雄厚，技术先进，市场网络广泛，在全球范围内开展业务。跨国公司需要面对更加复杂多变的市场环境，面对全球化背景下的竞争局面。它们需要借助数字商务平台，实现信息的快速传递，实现资源的最优化配置，才能保持竞争优势。凭借高效便捷的优势，数字商务平台为跨国公司提供了强有力的支持。跨国公司可以通过数字化的商业平台，在全球范围内方便地与供应商和客户进行交易，使交易过程大大简化，交易成本也随之降低。数字商务也提供多种付款方式，令跨国公司的账务结算更为方便快捷。其次，数字商务为跨国公司做到对供应链进行有目的的管理，透过数字商务平台可以实时掌握供应链的情况，对供应链进行系统性的精准管理。此举不但会提高供应链的办事效率，而且会降低库存成本从而提高资金运用效率。另外，数字商务也提供市场分析以及客户管理等功能，透过数字商务平台可以收集、分析市场需求以及竞争状况，做到心中有数，从而在策略上做到有的放矢。总结而言，数字商务有助于跨国公司提高办事效率，降低企业成本，提高资金运用效率，为企业开拓市场提供有力的支持。数字商务也能帮助跨国公司更好地管理客户关系，提升客户满意度和忠诚度，而这是数字商务的主要目标之一。

3. 经济全球化推动贸易自由化与便利化

数字商务的兴起打破了地域的限制，使企业在进军国际市场、拓展业务领域方面变得更加游刃有余。传统商业模式拓展国际市场往往受地域、时间等因素制约，难以做到速度快、效率高。数字商务则通过互联网技术，提供丰富的市场信息和数据分析工具，在全球范围内实现信息共享和资源共享，也有助于企业更好地了解市场需求和竞争态势，从而使企业与全球客户和合作伙伴建立起跨越国界的联系，促进贸易自由化和便利化，从而实现业务的快速增长。

4. 经济全球化深化国际经济合作与交流

企业利用互联网和电子商务平台向全球市场推出产品和服务的同时，主动寻求跨国合作与交流的机会，以获得更广阔的合作空间与发展空间。这一跨国合作与交流不仅促进了数字商务技术的发展，而且给企业带来了更多的合作与成长机会。在全球化的大背景下，企业间合作与交流日趋频繁。利用数字商务平台，企业能够与全球各地的供应商和客户进行信息共享和资源优化合作，共同开发新产品、开拓新市场，在分享经验和资源的基础上实现互利共赢。

5. 经济全球化加剧市场竞争

经济全球化如同一把双刃剑，在为企业带来机遇的同时，也加剧了全球市场竞争。在全球化背景下，客户需求日益多样化、个性化，数字商务企业需要在产品、服务、营销等方面不断探索新的思路和方法，以差异化的竞争优势吸引客户。数字商务企业通过开发具有独特功能的产品、提供个性化定制服务、运用创新营销策略等方式，在市场竞争中保持优势。在全球化市场中，竞争对手可能来自世界各地，具备不同的优势和资源。数字商务企业需要密切关注市场动态和竞争对手的动向，了解它们的战略意图和业务布局，持续优化自身战略和业务模式，以在激烈的市场竞争中保持领先地位。随着经济全球化的不断深入和数字技术的不断进步，数字商务将继续发挥重要作用，为企业的全球化发展提供有力支持。

（二）产业结构优化

产业结构的优化升级对数字商务发展起到了重要的推动作用，高新技术产业、服务业等新兴产业的崛起为数字商务提供了新的增长点。

1. 高新技术产业为数字商务提供技术支撑

随着云计算、大数据、人工智能等前沿技术的持续革新，数字商务在数据处理、智能化推荐、客户行为分析等方面的能力得到了显著提升,为客户提供了更便捷、个性化的购物体验。海量的交易数据、用户信息以及市场动向,在云计算的助力下得到了高效处理与分析。这不仅提升了数字商务平台的运行效率,还为商家提供了精准的市场洞察,帮助他们更好地把握商机。大数据技术的深入应用使得数字商务在智能化推荐方面取得了显著进展。数字商务平台通过分析客户的浏览记录和购买行为等数据,能够根据客户的兴趣和需求,为客户推荐更符合其偏好的商品,极大地提升了客户的购物体验,也使数字商务平台更具智能化,从而在智能客服的实时响应智能营销等方面为客户带来前所未有的便捷与高效。高新技术产业为数字商务的创新发展注入了源源不断的动力,帮助数字商务平台不断优化算法提高服务质量和用户满意度,为数字商务的持续发展提供了强大的技术支撑。从最初的在线交易到今天的智能推荐乃至虚拟现实购物等,数字商务的边界在不断地拓展,为客户带来更多元化、更个性化的购物选择的同时,也为商家和消费者带来了更大的商业机会。

2. 服务业发展为数字商务创造市场空间

消费者不再满足单纯的商品购买,而是追求更加个性化、便捷化的服务体验,随着社会的进步和人们生活水平的不断提高,消费者对服务的质量和附加值的要求越来越高。数字商务企业能够满足消费者多样化的需求,通过互联网和电子商务平台提供各种服务产品。在教育领域,打破传统教育时空限制、让优质教育资源广泛传播的在线教育服务,已经由数字商务企业推出。在医疗领域,数字商业企业提供的在线医疗服务让消费者便捷地获得医疗咨询、预约挂号、购药等服务,在缓解传统医疗机构压力的同时,也将更高效便利的就医体验带给消费者。此外,针对消费者日益增长的个性化需求,数字商务企业还推出了丰富多样的旅游、娱乐、金融等领域的服务产品。这些服务产品的推出,不仅使数字商务企业的经营范围得到拓宽,市场竞争能力也得到了增强。

3. 数字商务与传统产业深度融合

数字商务将传统产业的生产、管理、营销等各个环节通过运用云计算、大数据、人工智能等先进技术实现数字化转型。这不仅可以提高传统行业的效率和质量,降低经营成本,而且可以使产品的生产流程得到优化。数字商务可以帮助企业在制造领域实现生产效率和产品质量的智能制造和柔性生产;在农业领域,数字商务能够促进农业信息化、智能化,提高农业生产效率和农产品品质。传统行业通过电子商务平台可以打破地域的局限,拓展市场空间;企业通过数据分析,可以对市场需求和消费者喜好有更准确的把握，制定更有效的营销策略；企业通过线上线下一体化，能够提供更便捷、更个性化的服务，提升消费者体验。在推动传统行业转型升级的同时，数字商务与传统行业的深度融合也为其带来更多发展机遇。数字商务企业通过跨界合作与创新发展，不断拓展经营领域，增强市场竞争能力，实现可持续发展。

(三) 经济周期波动

经济周期波动对数字商务市场影响显著。数字商务企业可以通过加大市场推广力度、扩大生产规模或进行技术创新等方式提升品牌知名度，在经济周期上升阶段，市场需求旺盛、消费者信心增强的情况下提升竞争力。数字商务企业在经济周期进入下行阶段、市场需求放缓、消费者购买力下降的情况下，为了应对市场需求的变化，需要对市场策略进行调整，更加注重成本控制和风险管理，对供应链进行优化，寻找新的增长点。

1. 经济周期波动影响市场供求

经济周期通常分为四个阶段，即经济扩张阶段、经济衰退阶段、经济萧条阶段和经济复苏阶段，各阶段对数字商务市场的影响各异。在经济扩张时期，数字商务市场的交易量和活跃度通常会出现显著提升，经济活力旺盛，市场需求增长，消费者购买力增强。当经济进入衰退或萧条期，市场需求减弱、消费者购买力下降、交易量下降、市场竞争更加激烈时，数字商务企业可能面临更大的经营压力。数字商务企业的投资策略和长期发展也因经济周期的波动而受到深刻影响。企业在扩张时期可能会加大投入、扩大经营规模，而在不景气时期，为了应对潜在的市场风险，需要在资金管理和风险控制上多下功夫。

2. 经济周期波动影响企业投资决策

企业的投资行为和策略会在经济周期的不同阶段表现出明显的分化。经济扩张时期，市场景气、消费者信心及市场需求均表现乐观。企业为了抓住市场机遇，扩大市场份额，提高竞争力，往往会在数字商务平台技术升级、市场拓展、品牌宣传等诸多方面加大投入。在经济周期进入低迷期、市场需求转弱、消费者购买力下降的情况下，因应可能出现的营运困境，企业为保持现金流往往缩减投资，这可能不利于数字商务市场的长远发展。

3. 经济周期波动影响消费者行为

在经济增长时期，经济环境比较宽松，消费者信心增强，购买能力增强，消费者往往更愿意去尝试新的购物方式和体验。由于方便快捷、多样化、个性化等特点，网络购物、数字支付等新型消费方式受到了广大消费者的青睐。消费者可以通过数字化的商业平台，随时随地对各类商品进行浏览选购，享受到灵动自如的购物体验。这一趋势在促进数字商务市场快速发展的同时，也促使更多的企业在数字商务领域加大投资力度，使市场供应进一步丰富，服务质量得到提升。然而，在经济周期的不景气时期，消费者的购物行为和消费习惯会发生明显变化，对数字商务市场的交易量产生明显的负面影响，具体表现在以下几个方面：第一，面对经济压力和购买力下降的情况，消费者对价格和质量的重视程度会有所提高，在减少非必要的在线消费的同时，可能会更倾向于选择传统的线下购物方式，以便更直观地了解商品的质量和性价比；第二，由于对数字商务平台上的商品更加关注价格优惠和促销活动等因素，为获得更大的消费价值而减少了在线购物的频率和金额。所以，在不景气的经济周期中，为了更好地满足消费者的需求，商家们应该积极采取相应的促销策略来吸引消费者的购买兴趣。

4. 经济周期波动影响宏观经济环境

政府通常会采取一系列刺激政策来应对经济下滑的压力，推动经济在衰退或萧条时期的复苏。这些政策可能包括旨在提升市场信心和活力、刺激企业投资和消费者消费的政府开支增加、货币政策等。这些政策可能会对数字商务市场带来直接或间接的冲击。政府开支上升可能带来公共采购机会，带来新业务需求的数字商务市场；而利率的下调，对于有利于其扩大规模、提高竞争力的数字商务企业来说，可以降低其资金成本。比如央行降息，市场的资金成本相应下降，而有利于其业务扩张和创新的数字商务企业，其获得低成本融资的可能性可能更大。反过来，市场的融资环境可能会在央行收紧信贷的情况下变得紧张，数字商务企业可能会面临资金方面的压力，需要对资金风险进行更谨慎的管理。

三、数字商务经济环境的重要性

数字商务经济环境为企业提供了更加便捷、丰富的商务发展空间和机遇，有助于企业在激烈的市场竞争中脱颖而出，实现持续、健康的发展。数字商务经济环境为企业提供了便捷的商务交流和合作方式。通过数字技术和网络平台，企业可以轻松地实现远程办公、在线会议、电子合同等，极大地提高了工作效率和协作能力。这不仅有助于企业降低成本，还能加快业务进程，提升竞争力。数字商务经济环境为企业提供了更加丰富的营销手段和推广渠道，借助大数据、云计算、人工智能等先进技术，企业可以精准地分析市场需求和消费者行为，制定更加精准的营销策略。通过社交媒体、搜索引擎、电子商务平台等多元化的推广渠道，企业可以迅速扩大品牌知名度和影响力，吸引更多潜在客户。数字商务经济环境还为企业提供了更加创新的商业模式和服务方式，在数字化浪潮的推动下，企业不断探索新的商业模式，如共享经济模式、订阅经济模式、平台经济模式等，以满足市场不断变化的需求，同时借助数字技术提升服务质量和客户体验，为客户提供更加个性化便捷的服务。这是企业随着市场变化而持续创新的一个重要方向，也是企业应对竞争压力提升自身竞争力的重要途径。

第四节 社会环境

一、文化差异

数字商务对社会的文化形态影响深远，不仅改变了人们的消费方式和习惯令文化的传播变得更加便捷和高效，而且促进了文化的多样性和包容性。文化差异也会深刻影响数字商业。在进行跨国数字商业活动时，为制定适合当地市场的营销策略，企业必须对文化差异有深入的了解和尊重。

（一）文化差异影响消费者的需求、偏好和行为

人们的价值观、信念、审美观念在不同的文化背景下存在显著差异，而这些不同会影响其购物决策和日常消费习惯，从而在很大程度上影响数字商务企业。不同的文化对同一商品的看法和期望，从价值观的角度来讲是不一样的。比如，某些文化背景的消费者更看重产品的实用性和性价比，而在其他文化中可能更注重品牌形象。消费者在选择产品时侧重点不同，会影响企业产品定位和市场战略。消费者的购买行为也会受到信仰差异的影响。在某些文化中，可能会有特定的信仰或宗教习俗禁止或限制使用某些物品。这就要求企业在进入新市场时必须充分考虑当地的信仰和文化风俗，避免推出与之相抵触的产品或服务。另外，影响消费者需求的一个重要因素是审美观念的差异。不同文化对美的定义和追求存在差异，这体现在产品的外观、设计、包装等方面。数字商务企业为了设计出更符合当地消费者口味的产品，需要深入了解目标市场消费者的审美喜好。

（二）文化差异影响企业营销策略的制定

企业在不同国家开展数字商务活动时，必须结合当地文化特色和社会习俗制

定有针对性的营销策略，以与目标市场建立更紧密的联系。文化特色在营销策略中具有举足轻重的地位，因其直接影响着人们的审美观念、价值理念与消费行为。因此，企业必须深入研究目标市场的文化特点，把当地的文化元素巧妙地融入产品设计和营销活动中，通过增加产品的文化内涵，与目标消费者产生更多共鸣，从而提升企业的品牌影响力和认知度。节日庆典是营销策略中的重要考虑因素。各个国家和地区都有独特的节日和庆典活动，这些活动往往伴随浓厚的文化氛围和消费热潮。企业在制定营销策略时，可以充分利用当地节日的契机，推出与节日主题相关的产品或活动，吸引消费者关注。例如，在春节期间推出具有中国特色的产品或活动，或者在圣诞节期间推出符合西方节日氛围的促销活动，都能有效地提升销售额和品牌影响力。此外，社会习俗也是影响营销策略的关键因素。不同国家和地区的社会习俗各异，这些习俗往往涉及人们的日常消费行为。企业在制定营销策略时，需要充分考虑到当地的社会习俗，避免与之冲突或产生误解。同时，企业可利用这些习俗制定更具针对性的营销策略，例如，针对当地人的饮食习惯推出特色食品或饮品，或者根据当地的婚嫁习俗推出定制化的产品和服务。

（三）文化差异在国际数字商务活动中引发沟通障碍

企业需要注意文化差异带来的沟通障碍，以保障跨国交流与合作的顺利进行。语言的不同是沟通障碍中最直接也最普遍的一种。各国和地区使用各自的语言，即使是同一语言，方言和口音的差异在不同地区也可能存在。这就要求企业具备使用合作伙伴或客户熟悉的语言沟通、交流的多语言能力。否则，即便双方有合作意愿，但由于语言不通，也难以达成共识。在交往效果方面，礼仪差异也是商务合作重要影响因素。从见面问候到业务洽谈，从餐桌礼仪到社交习俗，不同文化背景下的礼仪规范差异显著。如果企业对这些文化分歧缺乏理解和尊重，就有可能在不经意间冒犯对方，导致沟通不畅乃至合作破裂。不同的文化背景塑造了人们不同的思维方式和不同的价值观念，令人们看待问题和处理事务的角度不同，方式方法也不同，如果企业无法理解和适应这些差异，就有可能造成误解，在交流中产生矛盾，从而影响合作的顺利进行。企业需要深入了解并尊重文化差异，制定适合当地市场的营销策略，以确保跨国数字商务合作的成功；企业应持续提升跨文化沟通能力，应对全球化市场中日益复杂的文化挑战。

二、教育水平提高

随着教育普及程度的提高，消费者的知识和技能也得到了提高，而这正是推动数字商务发展的要素。数字商务带来了教育产业的革命性变化,通过电子商务平台,更多的人享受到优质的教育资源,更广泛地传播和分享教育资源。数字商务促进了教育模式的创新,而对于企业来说,教育水平的提升意味着他们需要在客户体验和服务质量上更加重视数字商务平台。他们需要为消费者提供清晰易懂的产品信息和操作指南。为了满足消费者不断增长的需求和期望,企业还要加强售后服务和客户关系管理。

(一) 消费者更加熟悉和了解互联网与数字技术

消费者能够更加熟练地使用各种数字商务平台,进行在线购物、支付、评价等操作。这为企业提供了更广阔的市场空间,可通过数字渠道将产品和服务推向更广泛的消费者群体。

(二) 消费者的信息获取和处理能力提升

消费者能够更加理性地分析产品信息、比较价格、评估商家信誉等,从而做出更明智的购买决策。这有助于提升数字商务市场的透明度与公平性,也为企业提供了更多与消费者沟通互动的机会。

(三) 消费者对数字商务的信任和接受度增强

随着消费者对数字商务的认知不断深化,对其安全性、便捷性等方面的认可度也越来越高。这对于降低数字商务市场的风险、增强市场的稳定性和持续性具有重要意义。消费者教育水平的提升,有力地支持了数字化业务的发展。为了满足消费者对数字商务的需求和期望,实现可持续发展,企业需要抓住这一机遇,持续提升数字化业务能力和服务水平。

三、政策法规的支持

政府的支持和监管政策对数字商务发展至关重要。政府对数字商务的支持和监管政策不仅为行业发展提供了有力保障,同时也为企业提供了明确的合规框架,有助于企业降低风险并享受政策红利。

(一) 政策红利为数字商务营造良好发展环境

政府出台了一系列扶持数字商务的政策。这些政策包括鼓励企业加大对数字商务的投入,促进技术创新和产业升级的税收优惠、资金支持、市场准入等方面的措施。这些帮助企业降低经营成本、提高市场竞争力的政策红利,对于企业的发展至关重要。比如,规范市场秩序,保护消费者权益,政府推动电子商务立法；政府加大了对数字商务基础设施的投入力度，提升了数字商务的普及率和应用程度。各国政府在提高环保意识的同时，纷纷出台了要求企业减少碳排放，减少能源消耗，促进可持续发展的严苛环保政策。作为新兴商业模式的数字商务同样需要遵守这些政策。企业在战略规划中，需要关注环保政策的变化。企业通过采用节能技术，推广绿色包装和物流，既可降低运营成本，又能为吸引更多具有环保意识的消费者而提升品牌形象。

（二）监管政策为数字商务建立可持续发展的宏观背景

政府对数字商务的监管政策，对规范市场秩序和保护消费者权益均起到不可忽视的作用。政府为使企业的经营行为有法可依，制定了相关法律法规以明确数字商务领域的各项规则和标准，确保企业有章可循。政府还加大力度对数字商务市场进行监管，严厉打击违法违规行为，维护公平竞争的市场环境，从而提升消费者的信任度。另外，由于数字商务的迅猛发展，政府会适时根据市场情况和行业发展要求调整相应的政策，以适应市场变化。因此，企业要密切关注政策动向，及时对经营策略作出相应的调整以适应政策变化。同时，企业要时刻把握政策导向，对政策的走向有充分的认识和把握，这样在数字商务的发展过程中才能抓住市场机遇，规避潜在的风险。

（三）依法合规经营为数字商务提供重要保障

依法合规经营是企业享受政策红利、降低风险的重要保证，企业一定要按照有关政策法规的要求，规范经营行为，把好产品质量安全关。这样企业不仅可以树立良好的企业形象，提高消费者对企业的信任度，而且为企业的长期发展打下坚实的基础，从而获取更多政策支持。所以，企业一定要关注政策法规的动向，坚持依法合规经营。政府要进一步加大对数字经济政策的支持，在监管制度上要加大力度，以促进数字商务的健康发展。政府要支持企业在数字经济领域中的创新与发展。

四、社会信任度

社会信任度在数字商务中具有重要的地位。由于数字商务的虚拟性和匿名性，如何处理消费者与商家之间的信任问题尤为重要。为了建立消费者信任，企业需要采取一系列有效措施提升企业品牌形象和客户满意度。

（一）透明、真实的信息是建立消费者信任的基础

企业应确保在数字平台上发布的产品信息、服务内容、价格等准确无误，杜

绝虚假宣传与误导消费者行为。同时，企业还应积极回应消费者的疑问与产品投诉，及时解决问题以增强消费者对企业的信任感。

（二）保障交易安全是维护消费者信任的关键

企业应采用先进的加密技术和安全措施，保护消费者的个人信息和交易数据免遭泄露或滥用。此外，企业还应建立完善的售后服务体系，为消费者提供便捷的退换货、维修等服务，降低消费者购物风险。

（三）第三方认证和评价系统加强消费者信任

企业为证明自身实力和信誉，应积极参与质量认证、信用等级评定等各种活动。商家应鼓励消费者在平台上评价商品和服务，分享购物心得，为其他消费者提供更多的购买决策参考。企业要通过优质的产品和服务，赢得消费者的认可和信赖。建立消费者信任是企业加强品牌建设的重要方式。企业要与消费者建立更紧密的联系，可借助新媒体渠道，如社交媒体、短视频等，多方面开展品牌推广和互动营销。

（四）优质的客户关系管理可提升消费者满意度

企业要建立完善的客户关系管理体系，对消费者反馈和消费需求进行及时地收集和分析，这样才能更好地符合他们的期望。企业只有持续优化产品和服务，提高消费者满意度和忠诚度，才能巩固和扩大市场份额。数字商务所处的社会环境是需要政府、企业以及社会多方合力推动的。通过加强文化建设，深化教育改革，加大政策扶持等措施，进一步促进数字商务在社会环境中的积极作用，实现数字商务的可持续发展。

第五节　自　然　环　境

中国首钢集团有限公司（以下简称"首钢"）距北京市中心天安门只有17公里，地处城市西部上风向的首钢涉钢系统，在北京石景山地区集中了焦化、烧结、炼铁、炼钢和轧钢等高耗能、耗水及高排放的生产工序。首钢产能与产业规模的不断扩大，对北京市区空气环境质量产生了巨大的负面影响，使得首钢的发展与首都环境及产业结构的矛盾日益突出。2005年2月18日，国家发展改革委经报请国务院批准，正式作出批复，原则同意首钢实施压产、搬迁、结构调整和环境治理的方案，并同意在河北省唐山市曹妃甸区建设一个具有国际先进水平的钢铁联合企业作为首钢搬迁的载体。首钢的环境投资欠账太多，所有的环保投资都只能属于"补课"性质。截至 2005 年，10 年时间，首钢累计投入 15 亿元人民币用于治理环境污染，仅 2002 年环保投入就达 2.41 亿元，几乎相当首钢一年利润的 50%。但是，相比投资 110 亿元的"造芯"计划，环保投资还是少而又少。最后，"新型"产业并未能使首钢转型（北京的芯片产业也最终没有撑起来），还不得不使钢铁主体产业彻底搬家。

数字商务的自然环境主要是指从事数字商务行为所需要或者受影响的自然资源。就当前形势而言，自然环境发生以下几个变化趋势：一是自然资源日益枯竭；二是自然环境遭受严重污染；三是政府在自然资源管理上加强了干预。数字商务活动既受自然环境的影响，亦需对自然环境的变化负责任。

一、能源供应

数字商务活动对电力、水资源、原材料等资源具有高度依赖性。这些资源的获取成本直接受到自然环境的影响。比如，能源供应不稳定会影响电商平台运营的稳定性，水资源短缺则导致数据中心冷却成本上升。因此，制定合理的成本控制策略，企业需要充分考虑能源供应。

（一）能源价格直接影响企业的运营成本

电力成本是企业运营成本的重要组成部分，特别是在数据中心和服务器运行方面。如果能源价格大幅上涨，企业需要增加投入来确保电力供应，这会导致企业利润下降或寻找更经济的能源替代方案。

（二）能源供应短缺会引发数字商务服务中断

在电力供应不足的情况下，企业需要采取限电措施，这会导致服务器停机、交易平台无法访问等问题。这种服务中断不仅会影响企业的正常运营，还将影响消费者的信任度，甚至引发客户流失。

二、地理环境

地理环境对数字商务的物流和配送环节具有显著的影响，数字商务企业的"第一公里"以及"最后一公里"建设可能制约数字商务的发展。

（一）地理位置偏远性

在地理环境复杂的地区，由于道路建设的相对滞后、交通十分不便，对物流运输效率造成直接的影响；在天气条件较为恶劣，如经常发生暴风雪或沙尘暴的地区，致使物流运输风险与运输成本同步攀升。因此开展物流运输时，应充分考虑地区的地理环境和气候条件，并制定相应的对策方案；同时应加强对这些地区的物流信息化和智能化建设，提升物流效率；通过技术赋能保证物流效率与安全性。

（二）偏远地区物流基础设施建设滞后

偏远地区物流基础设施滞后表现在仓储设施不足，配送网络薄弱，信息技术应用水平低下。很多物流公司可能不愿意把大量资源投入偏远地区进行基础设施建设，因为投入的成本更高，回报的周期更长。基础设施建设难以匹配数字商务要求所以偏远地区的物流效率和服务质量相对较低。

（三）地理环境影响消费者购物习惯

在偏远地区，由于交通不便和信息闭塞，消费者更倾向传统的购物方式，对数字商务的接受度相对较低。同时，这些地区的商品需求普遍具有地域特色，需对物流体系进行针对性的调整和优化。

（四）地域特色为数字商务提供了丰富的商品选择

一些地区特有的农产品、手工艺品等可以通过数字商务平台销售到全国各地乃至全球市场。此举既能满足消费者的个性化需求，亦可促进地域文化传播与交流。

三、可持续发展

全球环保意识日益提高，令作为经济活动重要参与者的数字商务企业的环境影响和可持续发展措施备受关注。企业既需运用创新技术来降低成本，又应积极采取可持续发展措施，以提升自身社会形象和品牌价值。数字商务企业在运行过程中会产生大量的能源消耗和碳排放，对环境造成了一定的压力。企业可积极采用可再生能源来优化数据中心和物流中心的能源使用效率，减少不必要的能源消耗，以有效地降低数字商务企业对环境的影响。推广绿色包装和绿色物流，减少使用一次性塑料制品，降低废弃物产生量，优化配送路线和方式，有助于减少运输过程中的碳排放，实现可持续发展。实施绿色战略不仅可以吸引环保意识强的消费者，还能提升品牌形象和市场竞争力。

四、自然灾害

自然灾害如地震、洪水、飓风等可能破坏数字商务的基础设施，导致业务中断。此类事件除影响企业的正常运营外，还可能造成消费者对企业的信任度下降与企业市场地位受损。因此企业需要评估自身对自然灾害的抗风险能力,并采取风险管理措施,如建立备份数据中心、制定应急预案等,以保障业务的连续性。长期而言,企业可通过增强抗自然灾害能力,确保市场地位不受灾害的影响。

自然环境对数字商务的影响虽具间接性,但企业仍需充分考虑其潜在影响,并制定针对性应对策略。通过合理利用自然资源、降低灾害风险、遵守环保政策、挖掘地域特色等方式,企业可在数字商务领域实现更优发展。

本章小结

数字商务环境是一个多元化的生态系统,复杂而又千变万化。这一环境涵盖了多个维度,交织在一起,相互影响,共同构成数字商业发展的基础,包括技术环境、经济环境、社会环境和自然环境。数字商务发展的核心驱动力是数字商务技术环境。快速发展的互联网、移动通信、大数据、云计算等技术,不仅使商务活动的形式和内容发生了变化,而且使效率和便捷程度得到了提高。数字商务发展的重要依托是经济环境。数字商务的市场空间广阔,商业机会广阔,全球化和市场化深入发展。同时,数字商务的发展速度和发展方向直接受到经济环境变化的影响。同样不容忽视的还有社会环境对数字商务的冲击。消费者行为、社会文化、法律法规等因素都会对数字商务的运营模式和市场战略产生影响。数字商务的运营基础设施可能会受到能源供应、地理环境及自然灾害的影响。

案例分析

Geofeedia 的位置之战

在新闻发生之际,尽管众多社交媒体平台和工具能够呈现事件的"who(主体)"、"what(内容)"和"why(原因)",但关键词与标签搜索往往使得对新闻发生地的即时社交媒体更新的追踪变得颇为棘手。然而,Geofeedia 这一社交媒体工具却为我们带来了新的解决方案。它专门收集并展示来自特定地点的用户社交媒体信息,涵盖 Twitter、YouTube、Flickr、Picasa 以及 Instagram 等平台。订阅了 Geofeedia 的编辑部能利用这一平台,精准捕捉特定区域周围的全部社交媒体动态,且这些结果会在其初次发布后的短短 30 秒内迅速呈现。

Geofeedia 自 2011 年在芝加哥成立以来,其联合创始人兼 CEO(首席执行官）Phil Harris 观察到，如今越来越多的企业开始深刻认识到位置信息的重要性。他曾表示，在数年前，尽管人们会对 Geofeedia 的能力表示惊叹，但真正购买的意愿却并不强烈。而到了 2015 年，公司的新增客户数量达到了 200 家，年度收入与上一年相比更是激增了 250%。如今，Dell、CNN、Mall of America 以及 NCAA 等众多知名企业，均已成为 Geofeedia 的忠实用户。

Geofeedia 的产品功能强大，能够协助客户洞察用户在 Instagram、Twitter、新浪微博等社交媒体上分享的位置信息。一旦 Twitter 或其他社交媒体用户设定了自己的位置，其后续的更新便会自动附上相应的地理坐标，这为 Geofeedia 等服务提供了实现的可能。随着智能手机在全球范围内的普及，位置数据变得无处不在，记者们得以利用这些信息从远方获取实时资讯，以第一人称的视角接触新闻资源，甚至获取可用于新闻网站展示的用户生成内容。Geofeedia 更是提供了基于地点、关键词、时间、社交媒体平台、用户或其他内容的搜索功能。但值得注意的是，由于搜索结果未经筛选，记者们仍需对信息进行核实。用户在查看结果的时候可以选择地图模式或者时间顺序模式两种模式进行选择。用户还可以创建 Geofees，即将小镇、城市或地区的全部信息以时间轴的形式展现出来。更方便的是，用户甚至可以将自己的搜索区域直接绘制在地图上保存起来，以备不时之需。

这家专注于获取社交媒体实时位置信息的创新企业在 2019 年获得 B 轮融资，融资规模高达 1 700 万美元。Phil Harris 表示，他们开创了社交数据整合的新途径。相比其他分析工具，Geofeedia 更专注于位置信息，主要基于关键词和话题数据。Phil Harris 强调，他们技术的核心优势在于，能够在一个基于地图的界面上，快速捕捉内容中的位置信息并将其呈现出来。此外，他还透露，现在营销、新闻、商业运营等很多领域都在广泛使用这些信息。比如，一家全国性的连锁酒店，迫切需要对人们热议的各个分店周围的情况有所了解。产品管理副总裁 Talyor 也指出，新资金的注入将使 Geofeedia 不再局限于社交媒体，进一步扩大位置信息的获取范围。他说："我觉得这是一个机会，可以让我们和更多的竞争对手在基于位置的市场推广上展开竞争。"

资料来源：根据公开资料进行整理。

根据以上案例，请回答：对于依赖位置数据的数字商务企业而言，如何在保护用户隐私和获取必要数据之间找到平衡？

复习思考

1. 数字商务环境的概念。
2. 数字商务环境具有哪些特征？
3. 简述数字商务技术环境的重要性。
4. 在数字商务环境下消费者行为是如何变化的？

第四章
数字商务的关键技术

学习目的与要求

● 了解云计算在数字商务中可应用的领域、物联网技术在未来数字商务中的趋势、区块链与无线通信在数字商务中的应用和发展

● 理解大数据分析在数字商务中的应用、云计算与数字商务的未来发展路径

● 掌握大数据分析在数字商务中的核心价值、云计算与数字商务的未来深度整合的发展、挑战及解决措施、物联网技术在数字商务中的关键功能

引导案例

鲁班平台：向新而行

鲁班平台隶属于中国中铁集团，作为中铁集团核心的数字商务平台，始终坚持自主研发和自主运营。近年来，平台紧随技术潮流，深度整合并广泛应用了尖端的智能科技，如大数据和云计算。借助高科技的驱动、高效的运营模式以及卓越的发展表现，它引领了新型生产力的迅猛增长，不断塑造"创新前行"的新局面。

该平台的首要任务是推进"系统智能化分析能力提升"项目，目标是借助尖端的数据处理技术和算法，对采购生命周期的各个阶段进行深度精确和高效的数据支持。首先，系统对采购方数据进行深度清洗和集成处理，然后针对系统内分散字段，定制高效查询算法，用于生成定制化业务报告。此外，其引入采购数据和风险监控模块，以数据可视化的大屏呈现方式，全面展现平台运营全貌，数据驱动决策，将风险数据直观化，从而实现精细化的管理体系。其专注于实施"服务新兴业务"的前瞻性策略，目标在于显著提升"系统应用能力的整体效能"。根据系统升级手册进行培训，线上线下教学同步进行：网上课堂与在线直

播并举。定制化培训满足各部门独特需求，培训流程标准化，课件清晰明确，课程结束后有评估体系确保教学质量。平台通过用户反馈智能优化服务流程，并提供专业运维支持，旨在拉近各机构和层级间距离，强化平台内部及与生态链的连接，推动价值链的整体提升。鲁班平台通过增强系统应用和全面的采购链数据分析能力，实现了关键性的进步，推动其持续稳健发展。

资料来源：《现代物流报》。

思考：鲁班平台在数字商务中具体应用了哪些关键技术？它们如何推动企业的创新与发展？

第一节　大数据分析

大数据分析在数字商务中扮演着至关重要的角色。它不仅是海量数据的收集和存储，更是通过高级分析技术，挖掘这些数据背后的隐藏价值，为企业的决策提供有力支持。在数字商务领域，大数据分析帮助企业更好地理解消费者行为，预测市场趋势，优化产品和服务，从而提高竞争力。大数据分析通过对用户行为数据的深入分析，揭示消费者的偏好、购买习惯和需求趋势。企业可以利用这些信息，为消费者提供更加个性化的产品和服务，提升用户体验，增强用户黏性。同时，大数据分析还能帮助企业发现潜在的市场机会，制定更加精准的市场策略，提高市场份额。此外，大数据分析在数字商务中还具有优化运营效率、降低成本的潜力。通过对供应链、库存、物流等数据的实时分析，企业可以更加高效地管理资源，减少浪费，提高整体运营效率。例如，通过数据分析，企业可以更加准确地预测库存需求，避免库存积压或短缺，从而降低库存成本。

一、大数据分析在数字商务中的应用

（一）提升用户体验

大数据在消费者行为分析中展现了显著效能。借助大数据分析技术，数字商务企业能迅速且大规模地分析用户在数字商务平台的行为。

1. eBay

每天，eBay 处理着巨量的消费者数据，通过多元化的服务满足全球数亿活跃用户的各类需求。该商务平台的数据存储量庞大到超过 250TB，日处理数据工作量极其繁重，每日写入和读取量总计超过十万亿次。因此，该公司迅速采纳了高效的大数据处理技术，抓住每一个效率提升的机会。

2. Etsy

Etsy 紧随数字商务潮流，不断优化其网站，平均每个月服务超过 3.7 亿位访问者，提供产品与技术，同时注重卓越的客户体验和高效的技术支持。

（二）消费者行为分析

利用大数据来分析消费者行为，准确定位目标客群，做精准营销预测。根据市场动态，优化资源配置，调整预算策略，选效益最好的运营环境，还能找准高盈利的新受众。数字商务企业市场占比越大，就越依赖定向营销，让消费者体验更个性化，这样企业利润就能实现增长。收集数字商务客户的偏好，比如常搜的类别、浏览习惯，然后据此制定个性化广告，直接满足消费者需求。

更多实例证实了大数据在数字商务中对消费者行为分析的价值。广告优化视频类平台利用大数据分析来优化广告位置，以针对合适的受众群体。数字零售业借助大数据洞察市场动态、消费者喜好及竞品数据，全面理解客户对商品和服务的期望需求。大数据分析社交媒体数据、客户评价及网络论坛内容，以洞察消费者需求。时尚零售商通过分析销售动态及竞品情报，旨在发掘时尚新潮流并据此调整产品开发策略。

（三）金融风险管控

随着越来越多的消费者倾向于在线购物，无论是个人还是商业交易，对数据安全保护的需求日益增长。若忽视数据安全，数字商务企业将面临重大法律隐患。大数据技术具备高效欺诈防范和识别能力，保障企业及用户在线交易安全无忧。大数据反欺诈系统识别并防范网络欺诈风险，保障用户在购物过程中享受安全无忧的体验。在处理多地交易或巨额交易时，大数据反欺诈系统运用高级大数据分析工具和机器学习算法，监控客户异常行为，比如识别购买模式的突然变化或关键账户资料的频繁调整。

（四）合理平衡价格

大数据分析市场中有效讯息、历史及实时价格数据，为优化定价提供依据。大数据技术可实时监控竞争对手的产品定价及营销策略，不断为企业创新营销与定价策略提供即时的市场洞见，紧抓市场动态。这一点的核心在于，企业能够针对特定的消费者群体实施精准的定价差异化策略。淘宝平台凭借先进的数据分析和深入挖掘技术，精确匹配买家与卖家需求，实施个性化定价策略，为消费者量身定制了丰富多样的、满足其需求的购物方案。

（五）客户管理

在数字商务交易中，智能客服聊天机器人用大数据为企业收集用户信息。通过快速分析，企业能按重要程度给数据做优先级排序，长期下来能省不少资源和精力。大数据技术还能深入分析、监控客户满意度，找出订单处理和订单交付中的问题，助力企业进行客户管理。

面临日益严峻的行业竞争，企业获取新客户的成本呈现出显著上升趋势，因此，维持现有客户关系显得尤为宝贵。数字商务模式拉近了消费者与商家之间的距离，大数据分析通过处理海量产品信息为消费者提供理性消费建议。数字商务企业借助大数据可提高客户认可度和满意度。

（六）物流管理

物流在数字商务的稳定发展中扮演着关键角色，其重要性不言自明。在实际操作中，制造业企业运用供应链数据分析提升交货效率，精确设定再补货点和安全库存，从而显著改善订单执行，成功避免缺货现象。

（七）综合案例分析

大数据如何为数字商务企业创造价值，可通过实例具体探讨大数据的应用价值并深入剖析其应用效果。

1. 阿里巴巴

阿里巴巴是多元化的数字商务巨擘，自营B2B及B2C在线交易平台，并坐拥强大的技术支撑团队。凭借尖端的服务体系，其平台涵盖了订单处理、高效商品管理、快速安全的支付和全方位客户服务，其目标是构建一体化供应链平台。阿里巴巴在业务运作中深度融合了数据挖掘与客户行为分析，精确解析客户在线行为，透彻洞悉客户需求。凭借这种精准度，定制高效的营销策略，从而显著增强阿里产品在市场中的竞争优势和市场份额。阿里巴巴的数字商务平台运用尖端的机器学习技术，深入挖掘客户的浏览和购买历史数据，建立精准的客户兴趣预测模型，从而准确预估客户潜在的下次购物意向。在当前的营销领域，阿里巴巴凭借其强大的数据处理和挖掘技术，精确划分消费者群体，已实现对目标市场的精确锁定，从而执行个性化营销策略。

2. 网易严选

网易严选，作为网易集团的子公司，专营生活家居产品。2017年4月，数字商务巨头网易严选凭借其出色的业绩赢得了腾讯、高瓴资本和创新工场三家重量级投资方的青睐，一举收获了总额达 10 亿美元的 A 轮融资。网易严选高效整合线上线下多元数据，深度融入精细选品流程。网易严选凭借尖端大数据分析技术，精准预测消费者对各类商品的需求趋势，据此进行个性化的产品设计与生产，直接满足消费者的多元化定制需求。当前，大数据在网易严选中的关键作用不言而喻，它能精确帮助管理成本、优化运营，同时通过精确预测，有效避免库存积压问题。网易严选已成功进军实体店领域，在北京、上海、天津和杭州等地已经开设了多家实体店，并同步发展它的线上数字商务平台，构建了涵盖两千余家实体店的多元销售渠道网络，截至 2025 年 3 月，网易严选的多元销售渠道网络已经覆盖了 100 家实体店。在瞬息万变的数字时代，网易严选凭借其独特大数据策略，在竞争激烈的市场中脱颖而出。

3. 小米

小米公司创立于 2010 年 10 月，依托互联网为业务核心，将手机作为主要产品线，根植于北京的创新科技中心。通过对海量数据的深度挖掘，小米精确把握目标用户的喜好和需求，据此制定策略，量身定制符合用户实际需求的产品。小米凭借深度用户研究和前瞻性市场洞察，精准把握热销产品动态及新兴趋势，实现快速响应、产品线的灵活调整与更新。小米手机刚入市时，大数据分析显示，用户普遍倾向高性价比的时尚智能手机。小米公司紧跟市场趋势，成功打造了价格实惠且性能出众的红米系列手机。

4. 美团

美团作为本土生活服务的移动互联网翘楚，管理海量客户数据、业务涵盖广泛：餐饮外卖、住宿旅行、休闲娱乐、出行交通和票务，以及快速崛起的社区团购，旨在全方位满足消费者日常生活需求。在短短几年内，美团展现了显著的扩张实力，2015 年 10 月 8 日，它合并了大众点评，随后以"美团点评"的新面孔示人，并同步将公司名改为"美团"，自此开启了其全新的发展篇章。鉴于其业务广泛、大数据精准分析可以触达消费者生活服务的各个层面，这家公司自然被视为全球最大的数字商务巨头。美团点评运营着全球最大的中文餐饮外卖及本地生活服务数字商务平台，其服务覆盖广泛，在行业处于领先地位。美团点评的商业联盟规模已超过 2 000 万家，且合作伙伴活跃度不断攀升。

5. 唯品会

唯品会是中国大型的特卖数字商务平台，专门为女性消费者设计，卖各种潮流、高品质的东西,并保障正品,满足她们的购物和时尚需求。唯品会用数据技术挖掘和分析,能够很了解目标消费者,然后精准定位,优化商品,保证质量。通过细致管理库存,缩短了供货时间,降低了成本,提高了运营效率,盈利也随之稳步提升。唯品会还用大数据分析技术,读懂消费者的购物行为和想法,能快速跟上市场变化。因为大数据分析能力强,唯品会能够定制精准的营销策略,活动效果良好。比如,研究目标客户的购买习惯、消费特点,唯品会就能定制营销策略,提高销售,优化库存,减少资金风险。

6. 携程

1999年成立的携程,是中国在线旅游的顶尖公司,给消费者提供全面的旅行预订,包括机票、酒店、度假套餐等。携程持续改进服务,让客户更满意,也让客户更忠诚。2003年12月10日,携程在纳斯达克上市。2015年,携程收购了艺龙网,在中国在线旅游市场的地位就更稳固了,成了新领头羊。大数据分析对企业推广和风险管理很重要。携程用大数据分析,了解用户喜欢去哪儿玩,然后分用户类型,比如按地方、年龄、收入和消费方式,给每个用户提供定制服务。携程还利用大数据分析技术,快速排查旅行中的风险,发现威胁和欺诈,然后及时解决这些潜在问题。携程构建了全面的风险防控体系,能实时、严格地监控和管理所有业务。

第二节 云 计 算

一、云计算的应用与优势

云计算作为一种先进的计算模式,在数字商务中的应用日益广泛,不仅提升了企业的运营效率,还为消费者带来了更加便捷、高效的服务体验。除了在社交媒体分析、金融风险管控、价格优化、客户管理、物流管理等方面的应用外,云计算在数字商务中还展现出其他诸多优势。

通过云计算,企业可以灵活调配计算资源,应对业务高峰期的需求波动,从而确保服务的稳定性和可靠性。同时,云计算平台提供的强大计算能力,使得企业能够迅速处理和分析海量数据,挖掘出有价值的信息,为决策提供有力支持。此外,云计算还促进了数字商务的创新发展,推动了新业务模式的诞生和成长。

(一)云计算在数字商务中的应用领域

政府领域:云计算的运用显著增强了政府网站的安全保障,推动了在线服务如申报、审批等流程的高效进行，实现了"一站式"政务服务理念，最大程度地减少群众跑动次数。教育领域：云计算支持在线教育平台和庞大的云端课程资源，无论何时何地，只要有网络连接，即可进行学习。医疗领域：云计算在医疗领域大显身手，支持远程诊疗、电子健康档案管理和高效临床影像处理，让患者就诊无需担忧资料缺失问题。

(二)云计算与数字商务结合发展的优势

云计算削减数字商务公司开销，减少了IT人员需求：高额的运维成本促使企业转向云服务。云计算减少硬件投入：企业无需购置和维修硬件，就能通过租赁方式取得云服务。在激烈的数字商务竞争中，任何数据中心或网络系统的哪怕微小故障，都可能对数字商务平台带来毁灭性的打击，云计算因其高度的可靠性而至关重要。云计算提升数字商务企业的管理效率，实现了数据共享与协同：该技术革新解决了部门间数据孤立的问题，显著提升数字商务企业的运营效率。在业务高峰期，数字商务企业无需购置新硬件，只需向服务供应商租用按需调整的计算资源，即可迅速提升处理大数据的能力，并享有高效的数据存储服务，从而最大化资源使用效率。在多重身份验证环节，消费者需进行强化保护即每日登录需通过密码结合至少一种额外验证方式，如短信验证码、生物识别技术（指纹、面部识别或虹膜扫描），以确保安全，防止欺诈行为。云计算采用高级别的非对称加密算法保障安全。云计算助力软件升级与维护：传统上，数字商务企业在软件升级时常遭遇烦琐的调试难题，但云计算技术的引入轻松化解了这一困扰。该技术可实现自动软件更新及基础设施维护。

(三)融合云计算与数字商务

1. 云计算引领数字商务飞速发展

(1)云计算提升运营效率。云计算可提供数字化、企业可灵活运用智能的资源调度，根据即时的需求和环境调整计算资源，按实际使用量计费，从而大幅削减资本开支。

云计算可缩减硬件设备初次购置和维护成本。借助云计算，数字商务企业无需预先投入大量资金购置和维护昂贵的服务器硬件，转而采取灵活的租赁模式，按需付费，显著降低了运营成本。

云计算可降低电力和冷却成本。顺应数字化商务绿色转型潮流，云计算凭借其高效的节能设备和策略，如节能型服务器和应用可再生能源供电，显著推动了节能减排。

（2）云计算同步实现数据存储与备份。云计算技术既便于扩展又便于调整，能提供很强的计算力和超大的存储空间。对企业而言，数据安全可靠很重要，所以数字商务平台借助云计算可实现专门的数据备份系统和恢复。

（3）云计算改革商业模式，开发新销售渠道。很多数字商务企业都用云计算技术来定制服务。通过仔细挖掘数据和分析用户行为，企业能准确知道消费者的偏好和习惯，从而提供个性化服务，满足每个用户的需求，还能促进跟用户的关系使之更紧密，让业务一直向好发展。

2. 云计算支持下的数字商务实施途径

（1）SaaS 模式。SaaS 软件即服务（Software as a Service）。云计算平台用 SaaS 模式，让用户不用自己装软件及管理软件，节省了软件开发和维护的支出。

（2）PaaS 模式。PaaS 平台即服务（Platform as a Service）。云计算帮企业建设 IT 环境，让企业更方便地管理数字商务应用。

（3）IaaS 模式。IaaS 即基础设施服务（Infrastructure as a Service）。这个模式给企业提供全套的基础架构服务，包括计算、存储这些重要的功能。它还能纠正自身的运算错误，保证数字商务应用运行顺利和数据安全。

二、云计算与数字商务的未来发展路径

云计算是驱动新业态繁荣的关键驱动力，可提供多元化的云服务，如云存储、云端办公和云安全等，涵盖云存储与云办公等领域。此外，云计算还能提供更加灵活多样的服务模式，如按需付费、弹性扩展、多租户支持等，以满足数字商务企业多样化的需求。云计算是驱动数字商务升级换代的核心动力，云计算平台将与数字商务应用紧密结合，开发出一系列创新性的解决方案，如智能推荐系统、精准营销平台、实时数据分析工具等。

阿里云的机器学习和人工智能技术，令淘宝在数字商务方面的资源配置更高效，不仅实现了效益增长，也提升了创新动力。这项技术还帮企业运营管理新兴产业和新业态。通过整合产业结构，增强竞争力，构建新的数字化商业价值链，让企业更有竞争优势。云计算推动了中国数字化，政府治理和科技一起让现代化进程加快了，也支撑了智慧城市和数字社区的建设。

为了加强用户隐私保护，可借助云计算提高数据安全管理。云计算通过高级加密算法，把用户私密信息和交易数据都加密，保证传输和储存时的安全。云计算通过匿名化处理，让用户身份和行为数据分开，降低隐私泄露风险。

三、云计算综合应用案例

腾讯云支持永辉超市发展的实例充分体现了云计算如何为数字商务企业创造出多元价值。

(一) 腾讯云支持永辉超市发展

国内零售业巨头永辉超市积极推进数字化转型,致力于通过强化数字化手段提升运营效率和执行能力。永辉超市敏锐捕捉市场机会并适应零售业转型的趋势,与腾讯云合作,逐步实现了全业务流程的高效数字化升级。

1. 腾讯云的助力路径

腾讯云给永辉超市提供了完善的方案,包括提升门店效率、建智能会员系统、分析消费者行为,还有推动线上线下融合的业务创新。永辉超市利用云计算,实时监控各门店,精细管库存,大大提高了供应链效率。在数字化趋势下,永辉超市结合大数据和AI,深入了解消费者,提供个性化的购物体验。腾讯云不仅为永辉超市提供了超强的计算能力,还利用弹性伸缩和资源共享技术,帮它在促销或假日这种高峰时,应对流量猛增的问题。

2. 腾讯云应用的成果与效益

永辉超市借助腾讯云的创新数字化解决方案,运营效率提升了30%,直接推动了销售额上涨20%,成效显著。永辉超市通过云计算技术实现了与供应商、制造商等各方伙伴的无缝数据协同与高速信息交流,显著提高了供应链运营效率。

(二) 华为云支持襄阳市小微企业会计综合平台建设

襄阳市为中小微企业建设了一个一站式的会计服务管理系统,包括会计处理、财务管理等功能,还包括最新政策解读,助力企业日常运营。为了服务更快、用户体验更好,襄阳市中小微企业和华为云合作,采用了最尖端的云计算技术来构建会计系统。

1. 华为云助力路径

华为云通过其卓越的云计算和大数据技术,搭建了高效的工作平台,能实时处理数据、深度分析,还能存储和管理海量的会计数据。云计算扩展性好,保障华为会计系统能应对业务高峰的数据。

2. 华为云应用的成果与效益

华为会计系统依托华为云技术,会计服务自动高效。企业用华为云平台,会计核算和财务报表生成都很快捷自如，效率提高了50%。平台还用大数据分析技术，给企业决策支持，帮企业了解市场，优化经营。

（三）Azure 云助力金融机构

Azure 云给金融机构提供了很多高端云计算服务，包括存储、计算，还包括大数据分析、人工智能和机器学习技术，推动它们创新升级。

1. Azure 云的助力路径

Azure 云可处理实时数据。金融机构利用 Azure 云的大数据分析工具，能实时分析很多业务数据，像交易和用户行为，来优化决策，提高运营效率。这样，金融机构就能快速跟上市场，懂客户需求，制定合适的策略。

Azure 云智能管理风险。金融机构借助 Azure 云的 AI 和机器学习技术，构建了智能风险管理系统，能实时监控和预测信贷、市场等风险。这样，机构就能提前发现风险，制定管理措施。

Azure 云可提供个性化客户服务。金融机构利用 Azure 云的数据处理和分析工具，能了解客户的消费习惯、兴趣和需求，然后提供个性化的金融服务和产品，让客户更满意。

Azure 云可提供弹性扩展。Azure 云有着良好的可扩展性，能适应金融行业的动态需求，自动调配资源，保证高效运营。这样能管理好业务高峰的流量，让服务稳定可靠。

2. Azure 云应用的成果与效益

Azure 云提升服务效率。金融机构借助 Azure 云的强大运算能力和海量存储，成功提升数据处理效率，实现迅速分析，显著加速服务执行。

Azure 云提升风险管理效能。现代金融业广泛应用智能风险评估技术，精准识别潜在风险，从而有效降低经济损失。最新数据揭示，风险识别的精准度已大幅提高，提升了超过 30%以上。

Azure 云提升客户满意度。金融机构借助 Azure 云强大的数据处理与分析能力，实现了个性化服务的深度定制，显著提升了客户满意度并强化了服务品质。数据显示，通过 Azure 云服务金融机构客户满意度提高了 20%以上。

Azure 云降低了金融成本。Azure 云可扩展性好，金融机构能灵活调动资源，避免浪费。数据显示，比起传统 IT 设施，Azure 云在金融行业的运营成本省了 30%以上。

(四) 惠普的云端服务器方案

1. 惠普云服务器的助力路径

惠普推出全面云服务器系列产品。惠普为中国市场精心打造了一系列的云服务器产品，全面满足企业多样化的需求升级。HPSpectrum 和 HPProcessor 作为高效能产品，为企业提供数据存储和计算工作的强大支持。

惠普数据中心的建设。在中国设立的惠普公司总部设立在北京，各个分部设立在包括广州、上海等多座城市，旨在高效处理和分析全球企业客户广泛分布的数据流量。

惠普云技术和数字商务的融合。惠普将云技术与数字商务平台融合建设，创新商业模式带给企业带来新机会。

2. 惠普云服务应用的成果与效益

惠普云服务有效降低了成本。惠普的云服务器方案能够帮企业降低 IT 基础设施的成本。

惠普云服务数据处理和存储功能强大。HPSpectrum 和 HPProcessor 数据处理和存储都很快，支持企业用大数据和做业务。

惠普的云服务器方案安全性高，保护企业数据不被窃取。

惠普云服务器客服随时在线。惠普数据中心客服全天 24 小时在线，令企业运营更顺畅，高效处理问题令客户更满意。

业务增长快，具备长期发展优势。惠普的云端服务器方案进行了云计算和数字商务的融合，让企业有更多增长机会和优势，数字化转型更成功。

(五) 亚马逊云服务助阵数字化商业的提升

亚马逊云为亚马逊的数字化商业给予了强大的助力，其中依托的是云计算和多种云服务。这样还带来了好多好处，比如成本更低，数据分析、挖掘能力更强，扩展能力也更灵活。

1. 亚马逊云助力的路径

亚马逊云计算。亚马逊用云计算技术来运营数字商务，技术稳定快捷，计算资源能根据需要灵活的调度，处理交易和数据都很快，高峰时也不需要担心。

亚马逊多种云服务。云存储让亚马逊能安全存储大量的数据，数据库服务保护数据安全和隐私，分析服务帮亚马逊从数据里提炼信息，令决策更有依据。

2. 亚马逊云应用的成果与效益

亚马逊云降低了企业成本。亚马逊云服务将数字商务企业从必须选购和维护保养高昂的硬件设备中解放出来。通过云服务，亚马逊减少了企业硬件投资，降低了企业维护成本，提高了资源利用率。

亚马逊云提升数据分析与挖掘能力。亚马逊利用云服务深入探究消费者行为的隐藏动因，更准确地了解市场需求和消费者偏好。数据分析结果为亚马逊的产品开发、市场营销等策略提供了数据支持，提高了决策的科学性和准确性。

亚马逊云增强灵活扩展能力。云服务赋予亚马逊强大的弹性扩展能力，允许企业根据瞬息万变的业务需求动态调整资源。无论是业务扩张还是应对突发流量高峰，亚马逊都能够迅速调整资源，确保业务的稳定性和连续性。

（六）京东云构建供应链智慧系统

1. 京东云的助力路径

京东用京东云作为云计算平台，从基础存储到操作分析，制定全套解决方案。

保障京东服务更快更安全。京东云计算助力交易更快捷自由，令京东数字化商业运营更快更安全，保证业务的平稳运营。

供应链系统更智能。京东云平台助力京东优化供应链，整合各环节（如供应商和仓储）数据，分析预判销售和洞察市场更为精准。

2. 京东云应用的成果与效益

京东云提升供应链效率。优化库存管理，提升库存周转速度。优化物流运作，加快物流速度。

京东云显著提升运营效率。通过京东云无缝连接各环节和整合供应链，显著提升企业整体运营效率。

京东云精准预判销售前景与洞察市场。借助京东云的数据分析和预测技术，企业实现了精准的销售预测，帮助京东做出更明智的商业决策。依托市场洞察，助力京东把握市场动态，抓住商业机遇。

（七）阿里云与淘宝

1. 阿里云的助力路径

阿里云与淘宝的定制服务。阿里云为淘宝定制云计算服务方案，辅助淘宝优化数字商务平台。

应用阿里云计算技术，令淘宝实现智能化运营，比如个性化推送，交易系统在高并发时也能平稳的进行运营。

2. 阿里云应用的成果与效益

淘宝业务效率得到显著提高并且更加智能。阿里云计算和智能技术助力淘宝提升了业务效率。淘宝的用户体验好，其销售表现更好。

阿里云计算确保了淘宝交易高峰突发时系统稳定，响应快速及时，保障系统运行平稳。

阿里云防护体系维护了淘宝的品牌信誉，保护了用户数据，降低了网络交易风险。

第三节　物联网技术

物联网技术的发展呈现出多元化和智能化的趋势。随着5G、AI、大数据等技术的不断进步，物联网将实现更广泛、更深入的应用，推动各行业向智能化、数字化转型。

在硬件方面，物联网传感器设计会更加微型化、智能化，能够实时监测和采集各种数据，为数字商务提供更精准、更全面的支持。同时，物联网设备的连接性也将得到加强，会实现设备间的高效协同，为数字商务创造更多价值。

在软件方面，物联网平台将更加注重数据的处理分析能力，通过AI算法和大数据技术，深入挖掘数据价值，为数字商务提供更精准的决策支持。此外，物联网平台还将加强安全防护，确保数据的安全性和隐私性，为数字商务的健康发展提供有力保障。

一、物联网发展

（一）技术层面的发展趋势

1. 5G技术

5G技术将大幅提升物联网设备的连接能力，为智能商务平台汇聚多元数据并深度分析用户行为，推动精准营销与个性化服务的提升。

2. 人工智能和机器学习

物联网环境中，海量且多样化的数据（如用户历史行为）会通过AI算法得以高效处理。例如，实现个性化商品推荐；能处理亿级数据量，优化商品推荐精度。同时，数字商务平台集成的图像和语音识别技术，如在购物体验中运用，显著提升了用户便利性。

3. 数据安全与用户隐私保护

物联网未来发展的一个关键点必定是强化数据安全与用户隐私保护。鉴于物联网应用中的数据安全至关重要,必须采取加密传输等严谨措施确保用户数据安全。未来物联网发展要强调对用户隐私保护的严谨态度,明确数据收集的限定目的和相关规则。

4. 边缘计算

物联网为了优化系统性能并加快对命令的响应,必须采用边缘计算策略。物联网本地分析处理技术消除了设备对云上传的限制,显著降低了数据传输中的延迟和对网络环境的高要求,节省了数字商务企业的运营时间和成本。智能摄像头在本地就能实时分析视频内容,一旦检测到重要信息,可立即作出识别并执行命令,无须每次都依赖云服务进行烦琐处理。

(二)从分散到集中,再到精细化运用

物联网技术专业分工明确,包括电子标签、射频识别技术和传感器组件等多个领域。随着技术持续发展,产业链企业将加强协同,显著提升产品兼容性,催生更多高质应用场景。

物联网技术的最终目标是构建全球物联网。起初,物联网各部分技术网络各自发展,然后慢慢统一标准。先从本地网络变成中等规模的网络,再合起来建成全球互联的网络。最终物联网技术融入信息技术产业链的各个环节,重构产业链从而给全球各行业都创造了巨大的市场商业机会。

二、物联网在智能商务中的功能分析

物联网技术为智能商务带来了新机会,推动传统商业模式转型智能化发展。例如利用物联网技术,家电都能远程控制。只需手机点一下,用户就能查看和调度家里的设备,家居生活变得更智能了。

(一)建设智慧物流

第一,实现物流信息实时更新。物联网技术可使物流信息实现实时更新与管理。

第二,物联网助力智能化配送管理。采用物联网技术可实现智能优化配送路径。

第三，物联网助力自动化仓库运营管理。借助物联网技术，可达到仓储操作的全自动管理。

(二) 提升供应链管理效率，推动各环节配合

第一，物联网技术助推供应链可实现可视化。

第二，物联网技术助推智能采购管理。

第三，物联网技术助推供应链协同规划运营。

(三) 物联网数据分析

第一，用户行为分析。企业利用物联网技术采集用户行为数据，仔细分析，理解用户需求和偏好，为定制营销策略提供准确数据。

第二，市场趋势预测。企业利用物联网技术可做到实时采集市场动态数据，深入分析预测趋势，辅助智能商务企业制定市场策略。

第三，分析销售数据。企业通过物联网技术分析销售数据，例如销量、销售额等信息，可以做到实时监控，及时反馈。

(四) 无人值守销售

第一，借助物联网技术可实现自动化处理，顾客选购商品后能自动完成结账流程。

第二，物联网智能货架具备动态补货功能。智能货架可根据实际运营需求分析补货需求，并能按管理者设定，定期分析消费者购物习惯，优化采购策略。

(五) 位置服务 LBS 的营销应用

物联网中的 LBS（Location-Based Services Marketing）营销就是以用户的位置信息辅助营销的新方法。例如，星巴克的 Mobile Pour 服务，让用户以 App 定位，然后点咖啡，星巴克员工会送到用户指定的地点，从而促进品牌和用户的互动。

三、物联网促进数字商务变革

第一，物联网优化供应链效能。物联网提升供应链精准度，通过实时监控与追踪，有效削减仓储等运营成本。

第二，物联网助推用户体验升级。物联网技术支持智能商务平台分析消费者的购物习惯，预测消费者需求。

第三，物联网创新商业模式。例如，智能家居和数字商务平台融合发展，创造了数字智能的新模式。

四、物联网与智能商务结合的实例

(一) 二维码的应用实践

1. 电子折扣券

电子折扣券是能够享受购买折扣的凭证,消费者购买东西或服务时可以享受对应的优惠。电子折扣券本质为身份认证并且便于复制和分享的二维码,商家靠它进行口碑营销,获取客户资源。

2. 电子凭证

电子凭证的广泛应用离不开二维码技术的支持。作为专享服务的关键凭证,用户通过生成有独特的二维码 VIP 卡,每张卡都内含用户的唯一标识,确保了准确的辨识度和个性化服务体验。例如,医院提供的可快速获取专家问诊优先服务的电子二维码。

3. 电子回执

完成手机支付后,用户通常会收到详尽的电子收据确认,作为交易凭证。消费者能轻松通过电子二维码收据,要求商家提供正式发票,并进一步获取全面的售后支持服务。

4. 应用实例

长沙移动公司已正式启动智能商务二维码服务的试点项目,相关应用平台正在进行严格的测试及试运行阶段。近年来,长沙市区引入了麦当劳的二维码电子优惠券试用点,特别是在火车站启用的 VIP 快速通道服务,均采用二维码技术。这些智能化举措深受移动用户的喜爱和好评。

(二) 麦德龙的创新零售模式

麦德龙的购物设备装备了触摸屏接口,设计在手推车上,以直观的界面服务用户。设备内置触屏和键盘,侧边特设高效读写接口。该设备规定,顾客在购物时必须强制使用消费卡进行结算。该系统高效支持消费者搜索商品,内置读写器能即时获取并显示商品详尽资料与数据。系统会实时追踪用户购物动态,自动展示商品最新价格及购物总计,所有信息会自动同步至个人购物账户(PSA, Personal Shopping Assistant)。PSA 系统不仅聚焦于产品信息的供给,更增设了导航服务,同时能个性化地追踪用户的购物历程和积分状态等数据。购物流程简化,只需轻点"支付"按钮,数据瞬间无缝衔接至结账阶段。在结账环节,收银台高效生成收据，顾客通常在收据生成后迅速选择现金或刷卡进行支付。消费者能够通过加入购物社团途径，获取详尽的电子购物清单。现今，消费者只需在家中或办公室的电脑上简单建立电子购物清单，即可迅速通过网络将其消单发送至预先设定的商店。对于即将去线下购物的消费者来说，他们只需借助智能系统激活预先设定的购物清单，就能轻松实现购物。

为了全方位满足顾客的多样化购物体验，麦德龙设有专门的肉类区、葡萄酒展示台、婴儿商品部、丰富的蔬菜水果摊位，还有各类音像制品区，每个区域都配备有专属的信息终端设备。当代电子设备详尽展示商品详情、营养信息和零售价，且持续更新家居生活相关内容，如创新食谱、饮品配对推荐，甚至提供个性化饮食咨询。如今，消费者能轻松通过语音或光盘介质获取详尽产品信息，智能终端设备无缝对接投影设备，并内置导航系统，精准导航至所需商品展示区域。

(三) 斑马物联网

斑马物联网是专注国际数字商务物流解决方案的提供商，专为全球进行数字商务的卖家和买家服务。其主营业务包括但不限于海外代收、进出口清关等一系列定制化服务。

斑马e代收服务：注册用户可创建并保存多个特定收货地址及享受免费存储空间，用户通过唯一的标识登录后，即可轻松在线购物。一旦从本地零售商处收到快递追踪号，只需简单操作，即可发送寄送指示。仓库团队会依据订单需求，提供专业高效的服务处理。

斑马e仓储服务：e仓储，即全球海外仓储与直接配送服务，该数字商务企业采取批量运输策略，将商品先存入海外仓库，随后高效地进行商品分拣，直接送达消费者，简化了整个物流流程。

第四节　其他关键技术

一、区块链

除了支付解决方案，区块链技术还在数据透明性与不可篡改性方面展现出巨大潜力。这些特性确保了交易的真实性和完整性，为数字商务领域带来了前所未有的信任基础。通过区块链，交易各方能够实时追踪和验证交易信息，大大降低了交易欺诈和错误交易的概率。

（一）区块链在数字商务领域的功能

1. 支付解决方案

借助区块链技术构建的新支付系统可以不用第三方平台，用户直接交易，费用少，交易快，商务活动更实时。比特币、以太坊就是这种新支付系统的例子。

2. 身份验证保障信息安全

区块链技术在数字商务里，让身份验证和数据加密更严谨安全。传统方式要靠中心认证机构验证身份，相对风险高。区块链身份验证系统保证个人信息安全，用户自己管理数据能做到防盗、防篡改。

3. 供应链跟踪

区块链给数字商务供应链带来了新追踪方法。企业用区块链，能实时追踪产品从生产到流通的全过程。供应链跟踪记录详细，透明可追溯，简化查询流程，提升企业竞争力，树立企业品牌形象。

4. 数字资产交易

在区块链交易这种模式下，数字资产像加密货币、数字证券，不受地理限制，交易者更自由灵活。区块链技术保障交易环境更稳定，更透明。

（二）区块链技术对数字商务的影响

区块链的应用颠覆了传统商业模式，给数字商务带来新机会，推动行业转型，加速商业模式创新和业务效率提升。区块链的开放性、可编程，激发创新，推动了数字商务发展。

1. 智能合约的应用

智能合约是区块链里的自我执行协议，是数字商务中的新应用方式，其优势在于不借助第三方，系统自行验证和执行条款，交易成本更低，且更高效。区块链的智能合约技术不仅可用于供应链、保险业务，还在数字资产交易等新兴行业起核心作用，提升了交易效率，增强了可靠性。

2. 循环改进供应链操作

区块链本质是把透明度和可追溯性融入供应链管理，自动记录数据，实时监控跟踪。区块链技术帮助消费者了解商品来源，打击假冒伪劣商品，树立企业信誉。

3. 数据安全和隐私保护

区块链信息不能修改、加密高级，可防止数据被篡改盗窃，为用户隐私和数据安全提供保障。分布式数据存储处理架构有效地提高了数据防护效率,加强了数据安全隐私保护。

(三)区块链在数字商务中应用

1. 电子发票

电子发票是一项创新实践,其核心在于区块链技术,凭借分布式账本和智能合约的特性,旨在通过区块链强化电子发票的管理与追踪效能。由区块链驱动的电子发票在其整合"税务、凭证和发票"核心流程中,具有鲜明的优势。电子发票系统助力税务系统实现全面数字化,确保数据真实无篡改。电子发票在交通、住宿、餐饮、零售及娱乐等多个领域被广泛应用,简化了开票流程。

2. 数字版权保护

网络技术的蓬勃发展促进了数字内容产业的空前繁荣,但同时也令数字版权保护面临严峻考验。数字版权难以得到有效保护成为数字内容行业扩张的主要瓶颈。数字版权保护领域的法律体系存在诸多问题,如法规陈旧、数字内容复制传播渠道过于便利,这些法律问题阻碍了数字版权产业的健康发展。鉴于版权登记成本高昂且效率低下的现状,数字版权登记难以为继,市场竞争异常激烈。

区块链技术因为其去中心化和数据不能修改的特点,正好满足数字版权保护的需求。区块链技术利用哈希算法,将数字作品变成不能改的实体。哈希算法加密后的二进制字符串,一旦加密完成就上链存储,不得篡改。分布式数据库让所有人都能快速、直接地查到作品的原始数据,信息公开透明,且很安全。区块链在数字版权保护上技术先进,能及时确认权益、追踪侵权行为,从而确保版权资产交易顺畅、收益分配公正,对保护数字内容版权至关重要。区块链对数字版权管理的辅助效用明显,利用智能合约实现版权确认、权益保障和交易的自动进行,提升了效率和安全性。

艺术品市场已经开始广泛基于区块链的数字版权保护平台进行交易。在艺术品市场,如OpenSea、Rarible等平台允许艺术家将数字艺术品转化成NFT(Non-Fungible Token,非同质化代币)并进行买卖,每件NFT都对应着区块链上的一条唯一记录,包含艺术品的元数据、作者信息、交易历史等,依托智能合约技术,实现交易与版权验证的自动化流程。在音乐平台,如Audius等平台利用区块链技术让音乐制作人直接与听众互动,从而促进版权的直接交易和创作分成。音乐作品被转换为音频指纹并存储在区块链上,当有用户上传音乐作品时,系统会自动比对指纹以判断用户是否存在侵权行为。在游戏领域，如 Axie Infinity 等游戏允许玩家交易游戏内的虚拟物品，这些虚拟物品的归属权被记录在区块链上，游戏资产被转化成 NFT 并通过交易平台进行交易，并且智能合约可确保交易的公平性和透明性。

3. 跨境支付

在传统全球贸易时期，买方与卖方依靠中间商沟通合作，但这种集中式的结构交易信息不透明，效率低下。为解决这个问题，各国都在研发和测试利用区块链进行跨境支付的新方法。

早在 2012 年，Coinbase 作为全球数字货币交易的先驱，就开始探索区块链技术的潜力，其核心目标在于加速国际交易的执行并提高效率。2018 年 7 月，全球知名数字货币交易平台 Coinbase 联手顶级支付业伙伴推出一款名为 Currency 的创新区块链基础跨境支付项目。该系统的初始构想是利用区块链技术的独有特性，如实时追踪和数据防篡改，从而显著提升交易执行效率并强化金融安全。货币交易系统广泛采用分布式账本技术，其去中心化设计确保了所有用户的交易记录都能被详尽保存，并实现交易信息的公开透明存储。其独有架构可自动实现数据智能分类，同时拥有强大备份和恢复能力，确保信息的绝对安全与高效管理。Currency 已与全球过百家支付机构建立了稳固的协作网络。

此外，还有很多跨境支付的应用实例。比如 Visa B2B Connect 平台，Visa 推出的区块链 B2B 支付平台旨在提高国际企业对企业的支付方式，通过提供明确的成本、快捷的交付时间及对交易流程的可见性从而节省银行及其企业客户发送和接收业务支付所需的投资和资源。

4. 供应链管理

国内外已有许多区块链在供应链管理方面应用的实例。沃尔玛食品安全协作平台，沃尔玛与 IBM 合作开发的基于区块链的食品安全协作平台用于追踪食品从农场到商店的整个过程，提高了食品监测的效率并增强了消费者对食品安全的信心。戴比尔斯开发的 Tracr 区块链平台用于追踪钻石的整个供应链，从开采到零售，提高了钻石供应链的透明度并确保了钻石品质的真实性。马士基和 IBM 联合开发的 TradeLens 平台可为全球航运供应链提供区块链解决方案，实时共享运输信息并提高了全球航运供应链的透明度和效率。京东利用区块链技术建立的防伪追溯平台用于追踪商品的来源和真实性，加深了消费者对商品质量的信任并杜绝了假冒伪劣商品的流通。

5. 共享交易技术支持

在现代共享经济模式中，传统的"一对一"编码方法明显无法适应共享交易对高效与灵活性的迫切需求。区块链技术，以其分布式、不可篡改及追踪性的特性，恰好能有力解决传统共享经济模式中的问题，并提升共享交易实效性。例如，共享出行，区块链技术可以用于记录和管理共享出行车辆的租赁历史、维护记录以及车主和租客之间的交易信息，提高交易的透明度和信任度。共享住宿，区块链技术可以用于记录和管理房源信息、房东和房客之间的交易记录以及房源的维护历史等，确保房源的真实性和安全性。

二、无线通信

5G技术的引入，预示着无线通信领域将迎来一次重大的技术革新。5G网络以其超高速度、超低延迟和大规模连接能力，极大地推动智能商务的发展。高速网络实现了实时数据传输和处理，为高清视频会议、虚拟现实购物体验等提供了强大的支持。此外，5G技术促进物联网设备的更广泛连接，进一步提升智能商务的智能化水平。

未来，随着6G等后续通信技术的研发和应用，无线通信领域将持续推动智能商务的变革。这些新技术将带来更高的带宽、更低的延迟和更强的网络连接稳定性，为智能商务提供更高效、更可靠的网络基础设施。这些信息技术有助于智能商务企业更好地满足消费者需求，提升市场竞争力，推动数字商务持续发展。

（一）无线通信在数字商务中的地位

1. 移动应用

依托5G等先进技术，移动应用支持用户随时随地在线购物、支付及社交，并提供稳定且高速的网络连接。

2. 移动支付

新型支付方式显著提升用户消费体验，促进线上线下场景无缝融合。

3. 物联网

在物联网领域，无线通信技术至关重要。无线传感器网络作为信息传输的核心，大幅提升了设备间通信效率。

4. 无线营销

商家通过短信推送、地理位置服务等策略，驱动数字商务创新与业务增长。

5. 远程办公

无线通信技术使视频会议、远程桌面共享等快捷的办公方式得以广泛应用。

6. 无线客户服务

移动应用整合社交媒体平台，构建实时反馈系统，用户可随时通过移动设备或社交平台提出问题和建议，实现高效沟通，企业亦能及时响应，提升服务品质。

(二) 未来的发展动向

1. 6G 技术

5G 技术的问世被数字商务界视为无线通信领域的革命性突破。未来，6G 技术以其卓越的高速率、几乎无延迟的传输和巨大的网络容量加速实现高效数据传输与沟通响应速度，进一步推动数字商务的发展。

2. 网络安全与隐私保护

随着数字商务的飞速增长，网络安全和隐私保护的需求日益凸显。在未来技术过程中，6G 技术的安全性和隐私保护须备受关注并优先改进。通过对通信协议、不断优化的加密算法和强化的身份验证技术，保障用户数据和个人交易的安全，为数字商务的稳步发展提供强大支撑。

3. 实现跨平台和设备的无缝对接

未来在任何时间、任何地点，不同设备上都能通过 6G 技术无缝接入数字商务平台，用户体验如一。

本章小结

大数据分析在数字商务中的核心价值体现在改善用户体验、精准分析消费者、管控金融风险、合理平衡价格、优化客户管理、提升物流管理效率，在企业实践中体现出其广泛应用和显著成效。这些价值共同推动了数字商务的快速发展和创新变革。因此，大数据分析技术成为数字商务企业在竞争中占据优势的重要驱动力。

云计算。云计算在数字商务中广泛应用于政府、教育、医疗等领域，能够有效增强服务效率与安全性。云计算是驱动数字商务的核心动力，云计算平台将与数字商务应用紧密结合，开发出一系列创新解决方案，如智能推荐系统、精准营销平台、实时数据分析工具等。云计算与数字商务的未来深度整合主要体现在人工智能技术、大数据和跨界融合。

物联网技术与智能商务的融合。在智能商务中，物联网的优势主要体现在建设智慧物流、提升供应链管理效率，推动环节间协同配合、数据分析，智能硬件普及、无人值守销售，位置服务（LBS）的营销应用。

对于其他关键技术及在数字商务中扮演的角色，本章主要论述了区块链与无线通信技术。区块链在数字商务领域的功能主要体现在支付解决方案、智能合约、身份验证保障信息安全、供应链跟踪和数字资产交易方面。无线通信在数字商务中发挥重要作用的领域主要在于移动应用、移动支付、物联网、远程办公等，未来通信的发展动向主要是 6G 技术、网络安全与隐私保护，实现跨平台和设备的无缝对接。

案例分析

商业科技创新应用案例——美华"关贸云"综合服务平台

近日，商务部电商与信息化司公布了第二批 35 个"商业科技创新优秀应用案例"，上海市美华"关贸云"平台（见图 4.1）等 5 个案例被评选，来自上海市的案例入选数量是全国城市中的第一。这些案例有智慧商圈、跨境商贸、钢铁数据、时尚网购社群等，都用了区块链、人工智能、扩展现实这些新技术，很有

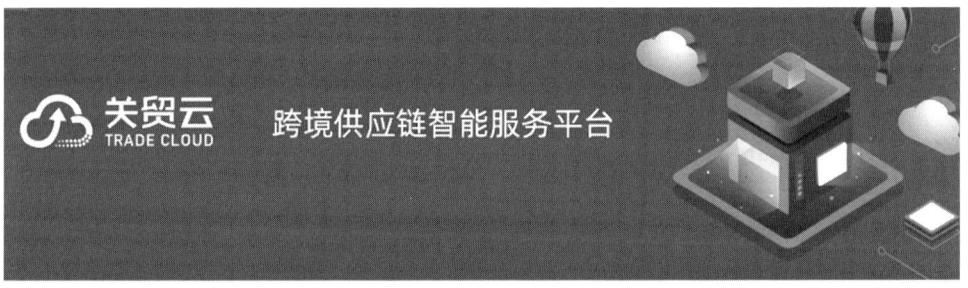

图 4.1 美华"关贸云"综合服务平台简介

引领性、创新性和典范性。

1. 美华"关贸云"平台简介

上海美华系统有限公司（以下简称"美华"）创立于1998年，主营业务为开发、制作、销售企业管理软件、电商网络软件，并提供相关维护、技术培训和技术咨询服务。公司已参与全国80%港口信息平台的咨询、规划、建设和运营工作。

针对跨境贸易服务企业在订单处理、通关、退税、物流、金融等环节中遇到的制单缓慢、审单困难、时效低下、成本高、风险难控等问题，美华基于关贸服务的各关键环节，运用汉字分词、语义分析、机器学习、深度学习等技术，构建了一套人工智能工具集，并开发了美华"关贸云"综合服务平台（以下简称"关贸云"平台）。该平台有效提高了处理效率，降低了操作成本和贸易风险，开创了国际贸易和物流服务的新模式。

2. 场景创新应用实践

美华"关贸云"综合服务平台建成后，与公司跨境供应链智能服务平台实现集成应用，解决了操作复杂、服务效率低、贸易风险管控不成熟、单证录入错误率高、商品归类难、贸易管理手段落后、外贸金融风控体系不完善、客服水平不高等问题。该平台实现了商品归类自动化、关务管理全程电子化，操作准确率提升至100%，整体工作效率提高了两倍（见图4.2）。

图4.2 美华"关贸云"综合服务平台操作页面

2.1 荷兰皇家壳牌贸易合规方案

荷兰皇家壳牌集团在中国采用了智能归类贸易合规管理方案，利用"关贸云"平台仅用5个月时间就完成了对全国5家企业一般贸易和加工贸易的全面系统部署,协助企业按时完成了各地海关的AEO认证工作,并提升了企业的日常业务管理和合规管理能力。

2.2 上海浦航石油储罐管理方案

上海浦航石油有限公司在管理方面存在"看不明、数不清、管不住"的难题,实际进出口通关数据与仓库出入库数据难以匹配。"关贸云"平台结合海关对液气态储罐仓库的管理要求,利用风控模型库和组件集为浦航石油制定了针对性的风控管理方案。该方案实现了浦航石油对保税液气态化工品的进、出、转、存物流信息的全面监管,提高了企业的有效监管能力,减少了对人力管理资源需求,提升了化学品的风险监控和预警能力,确保了浦航的实物流和信息流畅通无阻,构建了一个快捷、安全、可靠的储罐管理平台。

3. 取得的成果

截至2022年9月,"关贸云"平台项目已产生直接经济效益895.18万元,预计未来三年内将实现直接销售收入6 000万元,带动间接经济效益1.8亿元。此外,该项目填补了人工智能技术在贸易和物流领域应用的空白,将向全社会的跨境贸易服务企业及其代理服务商开放和共享,加快企业进出口业务办理速度,降低通关风险;同时有效降低进出口监管部门的贸易行政执法成本,全面提升国际贸易和物流行业的产业水平,促进国际贸易和物流行业的快速发展。

资料来源:sww.sh.gov.cn/.

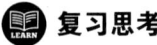

复习思考

1. 请详细阐述一个大数据分析推动数字商务企业发展的案例,并深入分析其成功要素都有哪些?
2. 云计算对数字商务的发展起到什么作用?
3. 你认为在未来会出现哪些新兴的数字商务技术?

第五章 数字商务的主要发展形式

学习目的与要求

- 了解数字商务的三大主要发展形式——电子商务、移动商务和社交商务
- 理解数字商务发展形式的特征和价值
- 了解数字商务发展的最新趋势

> **引导案例**

华为的数字港

随着全球贸易的繁荣和物流行业的飞速发展,港口作为物流链的关键节点,其运营效率、安全性和智能化水平对于整个物流体系至关重要。华为凭借其在5G、云计算等先进技术的深厚积累,与全球多家港口合作,成功地为港口行业提供了数字化转型的解决方案,提升港口的智能化、自动化水平。通过构建全面的数字化平台,华为帮助港口实现了从船舶进港到货物出港的全流程数字化管理。

1. 5G网络覆盖。华为在港口区域部署了高密度的5G基站,实现了港口区域的全面网络覆盖。通过5G网络,港口内的各种设备可以实现高速、低延迟的数据传输,为智能化、自动化运营提供了强有力的网络支持。

2. 云计算平台。华为利用云计算技术,为港口构建了强大的数据中心和云计算平台。通过云计算平台,港口可以实现数据的集中存储、处理和分析,为决策提供支持。同时,云计算平台还可以提供灵活的资源调度和扩展能力,满足港口业务不断增长的需求。

3. 物联网技术。华为通过物联网技术,将港口内的各种设备、传感器等连接起来,实现数据的实时采集和传输。这些数据可以用于监测设备的运行状态、货物的位置和状态等,为港口运营提供实时的数据支持。

4. 智能化应用。基于以上技术，华为为港口开发了多种智能化应用，如船舶自动识别系统、智能调度系统、智能装载系统等。这些应用可以帮助港口实现船舶资源的智能调度、货物的智能装载和运输等，提高港口的运营效率和服务质量。

华为通过引入5G、云计算等先进技术，提高了港口的运营效率和服务质量，展示了数字商务在传统产业转型升级中的重要作用。华为5G数字化智慧港口案例也证明了数字技术与商业模式升级相结合的重要性，通过技术创新和模式创新相结合，可以实现产业的可持续发展和竞争力的提升，为其他传统产业的数字化转型提供了有益的借鉴和参考。

思考：数字商务在传统产业转型升级中起到了哪些重要作用？

第一节 电子商务

一、电子商务概述

（一）电子商务的概念

电子商务是一个内涵丰富的概念，既包括技术层面，也包括商业和行政层面。它代表了一种新的业务流程和作业方式，将传统的纸介质数据处理、传递和存储方式替换为电子方式或无纸技术。这种转变不仅是对于技术工具的使用，更是关于商业模式和流程的改变。

不同的国家和机构对电子商务的定义略有不同，但都强调了电子商务涉及内容的广泛性和多样性。总体而言，电子商务是一种基于电子技术和网络技术的商业运作方式，涵盖了整个贸易活动的自动化与电子化。它不单指在线销售和产品宣传，还涉及从信息采集到售后服务等整个过程。电子商务的兴起引发了经济结构的变革，并对现代经济活动产生了深远影响。电子商务具有多种显著特征，彰显了它与传统商务的优势。

（二）电子商务的特征

1. 交易便捷性

互联网贸易使得交易过程快捷高效，从原料采购到产品销售、银行汇款等环节都可以在短时间内完成，无须人员干预。电子交易的低成本、高精确度和快速处理速度大大缩短了交易时间，提升了交易便捷性。

2. 交易虚拟化

电子商务交易完全在网络上进行，买卖双方无须见面，但交易本身是实实在在的。通过信息互动、电子合同签订和在线支付等方式，在虚拟环境中完成整个交易过程。

3. 交易连续性

电子商务的交易空间和时间都不受限制，消费者可以根据自己的需求与时间安排进行交易。这种连续性使得消费者可以随时随地进行交易，不会因为时间和地点的限制而中断。

4. 产品丰富性

电子商务平台上的产品种类非常丰富，从衣食住行到娱乐消费等，涵盖了人们日常生活的各个方面。消费者可以通过网络购买到各种需要的产品，而且可以在不同的网站平台上进行选购，提升了消费者选择的便利性。

5. 安全性

电子商务的安全性是交易可信赖的基础。现代电子商务平台采用了多种安全措施，如加密机制、数字签名、防火墙等，以确保交易过程的安全可靠性，保护用户的交易和个人信息不受非法侵害。

(三) 电子商务的构成要素

电子商务的构成要素包括技术要素、商业要素和行政要素等，这些要素相互交织，共同促成了电子商务的运作和发展。

1. 技术要素

计算机技术。计算机技术是电子商务的基础，包括硬件设备（如计算机、服务器）、软件系统（如电子商务平台、网站）、数据库等。

网络技术。互联网和其他网络技术是电子商务实现的关键，包括网络基础设施、网络协议、网络安全等。

通信技术。通信技术支持信息的传递交换，包括电子邮件、即时通信、移动通信等。

2. 商业要素

产品与服务。电子商务涉及的产品和服务种类繁多，包括商品销售、服务提供、信息咨询等。

市场营销。电子商务需要通过市场营销手段吸引用户，包括广告推广、搜索引擎优化、社交媒体营销等。

支付与结算。电子商务需要支持在线支付和结算，包括信用卡支付、第三方支付平台、电子货币等。

客户服务。电子商务提供良好的客户服务体验，包括售前咨询、售后服务、投诉处理等。

3. 行政要素

法律法规。电子商务发展要遵守相关的法律法规，包括电子商务法、消费者权益保护法等。

政策支持。政府部门需要制定支持电子商务发展的政策措施，促进电子商务产业的健康发展。

监管机制。政府部门需要建立电子商务的监管机制，保障市场秩序和消费者权益。

技术要素、商业要素、行政要素这三方面构成要素共同作用，推动电子商务的持续发展。同时，随着技术和商业环境的变化，电子商务的构成要素也在不断演化和完善。

（四）电子商务平台的功能

电子商务平台作为一个综合性的商业交易平台，具有多种功能，能够满足商家与消费者在交易过程中的各种需求。

1. 销售功能

电子商务平台为商家提供了一个线上销售渠道，消费者可以通过电子商务平台方便地浏览、选择和购买商品，实现便捷的线上购物体验。

2. 信息功能

电子商务平台提供了大量的产品介绍、价格对比和促销信息，帮助消费者了解产品特性、价格趋势和最新优惠。商家可以通过电子商务平台向消费者传递产品信息、品牌故事和营销资讯，提高品牌曝光度和产品知名度。

3. 支付功能

电子商务平台支持多种在线支付方式，包括信用卡支付、第三方支付平台、电子钱包等，方便消费者完成交易支付。商家可以通过电子商务平台快速安全地接收到消费者的支付款项，提高资金回笼速度和交易支付安全性。

4. 客户服务功能

电子商务平台提供了多种客户服务功能，包括在线客服、售后服务、投诉处理等，为消费者提供全方位的售后支持。商家可以通过电子商务平台与客户进行及时沟通和互动，解决售后问题，打消客户疑虑，提升客户满意度和忠诚度。

5. 物流配送功能

电子商务平台提供了快捷高效的物流配送服务，为消费者提供快捷的商品送货上门体验。商家可以通过电子商务平台实现订单物流跟踪、库存管理和订单配送，提高订单处理效率和物流配送准确性。

6. 市场营销功能

电子商务平台支持各种营销活动和促销手段，包括搜索引擎优化、社交媒体营销、电子邮件营销等，提升品牌曝光度和销售转化率。商家可以通过电子商务平台开展个性化的营销活动，吸引目标客户群体，提升销售业绩和市场份额。

7. 数据分析功能

商家可以通过电子商务平台实现数据挖掘和用户行为分析，优化产品推荐、营销策略和服务体验，提升企业经营管理效率和商业决策能力。

这些功能共同构成了电子商务平台的核心功能，为商家与消费者提供了便捷高效的线上交易和服务体验。

(五) 电子商务的作用

1. 促进经济增长

电子商务扩大了市场规模，促进了商品和服务的销售。通过电子商务，企业可以更便捷地开拓新的市场，拓展销售渠道，从而增加销售额和利润。这对于推动经济增长和创造就业岗位具有重要意义。

2. 提高市场竞争力

电子商务降低了市场进入门槛，使得中小型企业也能够利用互联网平台进行销售和推广。这样一来，市场竞争更加激烈，消费者有更多的选择，享受更优惠的商品价格，从而提高了市场竞争力。

3. 拓展市场边界

传统商业通常受制于地理位置，而电子商务可以突破地域限制，实现全球范围内的买卖交易。这使得企业可以轻松进入国际市场，拓展市场边界，实现全球化发展。

4. 提升消费者体验

电子商务提供了便捷的购物体验，消费者可以随时随地通过互联网进行购物,无须受制于时间和地点。同时,丰富的产品信息和多样化的选择也提升了消费者的购物体验。

5. 降低交易成本

电子商务令交易过程变得更加高效,可以大大降低商品销售的成本。与传统商务相比,电子商务不需要大量的人力物力投入,同时也减少了中间环节和物流成本,从而降低了交易成本。

6. 促进创新发展

电子商务不断推动着商业模式和经营方式的创新。通过互联网平台,企业可以与消费者更直接地互动,了解消费者需求,推出更符合市场需求的产品和服务,促进了商业创新和发展。

7. 提高信息透明度

电子商务平台提供了丰富的产品信息和客户评价,让消费者可以更全面地了解产品特性和质量,提高了购买决策的透明度和准确性,有利于建立信任关系。

二、电子商务的产生和发展

(一)电子商务的产生

电子商务的萌芽期是 20 世纪 70 年代末 80 年代初,它的起源涉及多个国家和地区。其中,美国被认为是电子商务最早兴起的地区之一。具体来说,美国的一些公司和组织在 20 世纪 80 年代初就开始尝试通过计算机网络进行商业交易。早期的电子商务包括企业之间的电子数据交换(Electronic Data Interchange, EDI)以及一些电子邮件订购服务。另外,一些电子商务的先驱性公司,如 CompuServe 和 Quantum Computer Services(后来成为 AOL),在 80 年代末 90 年代初开始提供在线购物和服务,这在一定程度上奠定了电子商务的基础。虽然美国是电子商务最早兴起的地区之一,但其他国家和地区也在相近的时间段内开始探索和发展电子商务,尤其是在互联网普及后,电子商务得到了更广泛的发展和应用。

中国最早的电子商务可以追溯到 20 世纪 90 年代初。1995 年,中国的第一个电子商务平台——中国计算机公司(China Computer Co.)的电子商务网站正式上线。该网站提供了一种新的购物方式,允许消费者在网上浏览并购买计算机和相关产品。此后,随着互联网的普及和技术的发展,中国电子商务逐渐蓬勃发展。1998年，中国的第一家B2C（企业对消费者）电子商务网站——中国书城网成立，这标志着中国电子商务迈入了一个新的阶段。随着时间的推移，许多其他电子商务平台如淘宝网、京东商城等相继涌现，成为中国电子商务发展的重要推动力。尽管中国电子商务起步相对较晚，但在90年代中期以后，随着互联网和技术的快速发展，中国电子商务行业迅速崛起，并成为全球最具活力和最具影响力的电子商务市场之一。

（二）电子商务产生的要素

电子商务的产生可以追溯到20世纪70年代末80年代初计算机技术和互联网的兴起，以下是电子商务产生的要素。

1. 互联网的发展

互联网的普及和发展为电子商务提供了基础设施。20世纪90年代初，互联网开始进入商业应用领域，为商家提供了一个新的销售渠道。

2. 电子支付系统的出现

随着电子支付系统的发展，如安全可靠的在线支付系统和信用卡支付系统，消费者可以在互联网上安全地进行交易，促进了电子商务的发展。

3. Web浏览器的诞生

万维网（World Wide Web）的发明使得网页浏览器成为可能，这为用户提供了直观易用的界面，方便他们在互联网上浏览和购买商品。

4. 电子商务平台的出现

电子商务平台如Amazon、eBay等的兴起，为卖家和买家提供了一个便捷的交易平台，使电子商务更加普及。

（三）电子商务的发展历程

电子商务真正的爆发是在互联网普及和技术进步之后。以下是电子商务发展的关键时间点和事件（图5.1）。

1. 20世纪70年代末至90年代

20世纪70年代末80年代初的电子商务包括企业间的电子数据交换（EDI），这是在计算机网络上进行的商业文档交换，但主要限于大型企业之间应用。90年代初互联网开始商业化，公司建立网站并提供在线服务，为电子商务的兴起提供了基础。1991年，世界上第一个网上购物系统建立，标志着对电子商务商业应用的开始。1994年亚马逊（Amazon）成立，开始作为在线图书销售商，

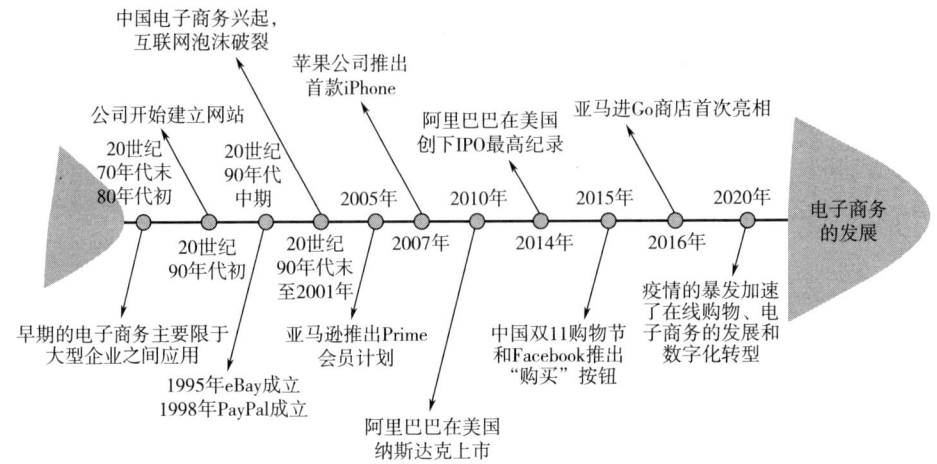

图 5.1 电子商务的发展

并迅速扩展为全方位的在线零售巨头。1995 年 eBay 成立，作为在线拍卖平台，为个人和企业提供了一个新的销售渠道。1998 年 PayPal 成立，为在线支付提供了更加安全和便捷的解决方案。

2. 20 世纪 90 年代末至 2001 年

1995 年，中国第一个电子商务网站中国计算机公司上线，1998 年，中国书城网成立，中国电子商务兴起。2001 年，互联网泡沫破裂导致许多互联网公司破产，但也为电子商务市场的调整改进奠定了基础。

3. 21 世纪第一个十年

2005 年，亚马逊推出了 Prime 会员计划，为会员提供免费快速配送等特权，成为电子商务订阅服务模式的开创者之一。2007 年，苹果公司推出首款 iPhone，引领了智能手机的革命，为移动电子商务的崛起奠定了基础。2010 年，阿里巴巴在美国纳斯达克上市，成为当时募资额最大的首次公开募股（IPO）之一，标志着中国电子商务巨头的崛起。

4. 21 世纪第二个十年

2014 年，阿里巴巴在美国上市募资 250 亿美元，创下当时全球最大规模的 IPO 纪录。2015 年，中国双 11 购物节成交额突破 1 000 亿元，创下了巨额的销售纪录，成为世界上最大的在线购物活动，引领了全球电子商务的消费热潮。2015 年，Facebook 推出"购买"按钮，将社交媒体和电子商务进一步整合，为社交电子商务的发展提供了新的契机。2016年，亚马逊Go商店首次亮相，展示了无人商店的概念，利用传感器技术和计算机视觉实现了无人收银和自助购物体验。2020年，新冠疫情全球暴发，导致线下零售受到影响，加速了在线购物和电子商务的发展，推动了数字化转型的加速。

（四）电子商务的发展特点

1. 移动电子商务的崛起

随着智能手机和移动互联网的普及，移动电子商务开始蓬勃发展。人们可以通过手机随时随地浏览商品、下订单和支付款项，这使得购物变得更加便捷和无缝化。

2. 社交电子商务的兴起

社交媒体平台的兴起为电子商务带来了新的发展机遇。社交电子商务结合了社交媒体和在线购物，允许商家直接在社交平台上展示和销售产品，如Facebook商店、Instagram购物等。

3. 跨境电子商务的增长

跨境电子商务成为全球贸易的重要组成部分。各国消费者可以轻松地购买来自世界各地的商品，而商家也能够更容易地进入国际市场，这促进了全球贸易的增长和国际经济的联系。

4. 电子支付与金融科技的创新

电子支付系统不断创新，包括移动支付、电子钱包、虚拟货币等。金融科技公司（FinTech）的兴起为电子商务提供了更多支付选择和资金解决方案，提高了支付的安全性和便捷性。

5. 人工智能和大数据的应用

人工智能和大数据技术被广泛应用于电子商务领域，用于个性化推荐、智能客服、营销优化等方面，提升了客户体验和营销效率。

这些趋势和创新使得电子商务行业变得更加多样化、智能化和全球化，成为推动经济增长和商业变革的重要力量。

三、电子商务的应用模式

电子商务的应用模式多种多样，选择何种模式主要取决于企业的定位、产品或服务类型以及目标市场。以下是一些常见的电子商务应用模式。

（一）B2C（企业对消费者）模式

<u>企业直接向个人消费者销售产品或服务</u>。这是最常见的电子商务模式，如亚马逊、淘宝等电商平台。这种模式通过在线商店、移动应用程序等平台提供产品或服务，消费者可以通过电子支付等方式完成交易。以下从六个方面来阐述 B2C 电子商务模式的主要特征及流程。

一是产品/服务展示。企业在在线平台上展示其产品或服务的详细信息，包括价格、规格、图片、描述等，以吸引消费者的注意。

二是订购/购买。消费者浏览在线商店或应用程序，选择他们感兴趣的产品或服务，并将其加入购物车。然后，他们可以选择结账并使用各种支付方式完成交易。

三是支付处理。一旦消费者确认订单并选择支付方式，企业会处理支付事务。支付方式包括信用卡、借记卡、电子钱包、支付宝、微信支付等。

四是订单处理。企业收到订单后，开始处理和准备产品或服务。这可能涉及库存管理、包装和分拣商品等流程。

五是物流配送。一旦订单准备好，企业安排物流服务将产品或服务交付给消费者。这可能涉及运输、包装、配送等环节。

六是售后服务。企业提供售后支持和服务，包括退货、换货、维修等，以确保消费者满意并建立品牌忠诚度。

在电子商务 B2C 模式中，企业通常致力于打造优质的客户体验、便捷的购物流程和良好的售后服务，以吸引消费者订购并促进重复购买。

（二）B2B（企业对企业）模式

B2B（企业对企业）是指企业直接向其他企业销售产品或服务。这种模式通常涉及批发和供应链管理，例如 Alibaba 和 Global Sources。B2B 是企业之间通过在线平台进行商业交易的模式。这种模式涉及从供应商到制造商、批发商到零售商等各种企业之间的交易。以下从七个方面来阐述 B2B 电子商务模式的主要特征及流程。

一是供应商注册。供应商企业在 B2B 电子商务平台上注册，并提供其产品或服务的详细信息，包括价格、规格、库存量等。

二是采购商搜索。采购商企业在 B2B 电子商务平台上搜索并筛选适合其需求的产品或服务，可以根据价格、质量、交货时间等条件进行选择。

三是询价/报价。采购商企业向供应商发出询价，请求获取产品或服务的报价和其他详细信息。供应商则根据采购商的需求提供相应的报价。

四是订单生成。一旦双方达成协议，采购商可以生成订单并在平台上完成交易。订单中包括产品或服务的详细信息、数量、价格等。

五是支付处理。采购商使用平台提供的支付方式完成支付，供应商收到款项后开始准备订单。

六是物流配送。供应商安排物流服务将产品或服务交付给采购商。这可能涉及运输、包装、配送等环节。

七是售后服务。供应商提供售后支持和服务，包括退货、换货、维修等，以确保采购商满意并建立长期合作关系。

在电子商务 B2B 模式中，企业通常会通过平台提供的搜索和筛选功能，快速找到合适的供应商或采购商，并进行高效的交易。此外，B2B 电子商务平台通常还提供数据分析、供应链管理、在线沟通等功能，帮助企业优化业务流程并提升效率。

（三）C2C（消费者对消费者）模式

C2C（消费者对消费者）电子商务模式是指个人之间直接进行买卖，通常通过在线市场或拍卖网站进行。它是个人之间通过在线平台进行买卖的模式，也被称为 P2P（个人对个人）交易。在这种模式下，平台提供了一个市场，让个人可以自由买卖商品或服务。以下从六个方面来阐述 C2C 电子商务模式的主要特征及流程。

一是注册/创建账户。个人用户在 C2C 电子商务平台上注册账户，可以是买家或卖家。他们提供必要的个人信息并创建自己的在线商店或商品列表。

二是商品发布。卖家在平台上发布自己的商品或服务的详细信息，包括价格、描述、图片等。买家可以通过平台浏览并搜索感兴趣的商品。

三是交易洽谈。买家可以通过平台与卖家进行沟通，询问商品的相关信息、交易条款等，并洽谈价格或其他细节。

四是交易完成。双方达成协议后，买家使用平台提供的支付方式完成交易。卖家收到款项后准备商品并安排发货。

五是物流配送。卖家安排物流服务将商品交付给买家。这可能涉及运输、包装、配送等环节。

六是评价与反馈。交易完成后，买家和卖家可以给对方进行评价和反馈，帮助其他客户了解商家信誉和服务质量。

常见的 C2C 电子商务平台包括 Ebay、淘宝闲鱼、Craigslist 等。这种模式为个人提供了一个便捷的渠道，可以在不同地域和时间进行买卖，同时也为用户提供了更多选择和竞争力。然而，由于卖家和买家都是个体，平台通常需要实施一些信任和安全措施，以保障交易的安全性和可靠性。

（四）O2O（在线到线下）模式

O2O（在线到线下）电子商务模式是指通过在线平台引导用户到线下实体店铺购买产品或服务。这种模式通过在线平台促进消费者在线上进行预订、购买等操作，然后在线下实体店铺或服务场所消费。通过将线上和线下渠道结合起来，提供更全面的购物体验和服务。以下从六个方面来阐述 O2O 电子商务模式的主要特征及流程。

一是在线预订/购买。消费者通过在线平台预订或购买产品或服务，例如预订餐厅、购买电影票、预约美容服务等。

二是线下体验/消费。消费者在线下实体店铺或服务场所享受产品或服务，例如就餐、观影、美容美发等。

三是优惠和促销。O2O 平台通常会提供优惠和促销活动，吸引消费者线上下单，并在线下消费。这些优惠包括折扣、代金券、礼品卡等。

四是积分和会员制度。为鼓励消费者使用 O2O 平台，一些平台会实行积分制度或会员制度，消费者在线上下单后可以获得积分或会员权益，例如折扣、生日礼品等。

五是线上线下数据整合。O2O 平台通常会整合线上线下的数据，通过大数据分析和智能推荐算法为消费者提供个性化的服务和推荐。

六是评价和反馈。消费者在完成消费后可以对产品或服务进行评价和反馈，帮助其他客户了解商品质量和体验。

常见的 O2O 电子商务平台包括美团、大众点评、饿了么等。这种模式结合了线上购物的便利性和线下消费的体验感，为消费者提供了更全面的服务。同时，也为线下实体店铺提供了线上曝光和增加客流量的机会，帮助它们吸引更多顾客从而提升销售额。

（五）平台模式

平台模式是指企业提供一个在线平台，让买家和卖家在上面进行交易，平台本身通常不直接销售产品或提供服务，而是通过连接买家和卖家来促成交易。平台模式电子商务通常通过收取交易佣金、广告费用或其他费用来盈利。以下从八个方面来阐述平台模式电子商务的主要特征及流程。

一是注册/创建账户。买家和卖家都需要在平台上注册账户,提供必要的个人或企业信息,并创建自己的账户。

二是产品/服务上架。卖家在平台上上架他们的产品或服务,提供详细的信息、价格、图片等,使买家可以浏览和选择。

三是搜索和筛选。买家使用平台提供的搜索和筛选功能,根据自己的需求找到合适的产品或服务,比如根据价格、品牌、地理位置等条件进行筛选。

四是交易洽谈。买家可以与卖家进行沟通,询问产品或服务的相关信息、交易条款等,并洽谈价格或其他细节。

五是下单和支付。买家在选择完产品或服务后,在平台上完成订单并使用提供的支付方式进行支付。平台通常提供安全的支付系统来保障交易的安全性。

六是订单处理。卖家收到订单后开始处理和准备产品或服务,这可能包括库存管理、包装、发货等流程。

七是物流配送。卖家安排物流服务将产品或服务送达买家手中,确保及时、安全地交付。

八是售后服务。平台通常提供售后支持和服务,包括退货、换货、维修等,以确保买家满意并保持品牌声誉。

平台模式电子商务的典型例子包括 Uber、Airbnb、eBay、阿里巴巴等。这种模式通过整合供应和需求,提供一个便捷的交易平台,为买家和卖家提供了更广阔的市场和更多的机会。

(六) 裂变模式

裂变模式指通过激励消费者分享产品或服务,吸引更多人加入或购买。裂变模式电子商务是一种营销策略,旨在通过激励现有用户吸引新用户,从而实现客户增长和销售增长。在这种模式下,企业通过奖励机制或优惠活动,鼓励现有客户分享产品或服务给其他人,使得新客户加入并购买产品或服务。以下从五个方面来阐述裂变模式电子商务的主要特征及流程。

一是奖励激励。企业向现有客户提供奖励或激励,作为鼓励他们分享产品或服务给其他人。这些奖励可以是折扣、优惠券、礼品或其他形式的奖励。

二是分享链接。现有客户通过分享唯一的链接或代码,邀请朋友、家人或社交媒体关注者加入,并注册购买产品或服务。

三是新用户注册。通过现有客户分享的链接或代码,新客户注册账户并购买产品或服务。这些新用户通常会得到特定的优惠或折扣，作为加入的奖励。

四是奖励发放。一旦新人完成注册和购买，企业会向现有客户提供奖励，例如返现、折扣、积分等形式的奖励。

五是追踪和分析。企业通常会追踪和分析裂变活动的效果，包括参与人数、转化率、销售额等指标，以评估活动的有效性并进行优化。

裂变模式电子商务的典型案例如 Dropbox 的推荐奖励计划，通过这种模式，Dropbox 鼓励现有客户邀请新人加入，并为每位新人的注册提供额外的免费存储空间，同时也给予现有客户奖励。这种裂变模式不仅帮助企业获得新客户，还能够增强现有客户的忠诚度，并通过口碑传播扩大品牌影响力。

（七）分销模式

分销模式电子商务模式是通过与其他零售商合作，在其平台上销售产品或服务，以扩大销售渠道。以下从七个方面来阐述分销模式电子商务的主要特征及流程。

一是合作伙伴关系建立。企业与分销商、零售商或其他合作伙伴建立合作关系，达成分销协议。这些合作伙伴通常拥有自己的销售渠道和客户群体。

二是产品供应。企业向合作伙伴提供产品或服务，通常以批发价格或特定的合作条件供应。这可能涉及产品的库存管理、配送等流程。

三是产品上架。合作伙伴将企业提供的产品或服务上架到自己的销售平台上，如在线商店、实体店铺等。

四是销售和推广。合作伙伴通过自己的销售渠道和营销手段推广和销售产品或服务。这可能包括在线广告、促销活动、展示陈列等方式。

五是订单处理。合作伙伴收到订单后开始处理和准备产品或服务。这可能涉及库存管理、包装、配送等流程。

六是物流配送。合作伙伴安排物流服务将产品或服务交付给最终消费者。这可能涉及运输、包装、配送等环节。

七是售后服务。合作伙伴提供售后支持和服务，包括退货、换货、维修等，以确保最终消费者满意并建立品牌忠诚度。

分销模式电子商务的典型案例包括亚马逊的市场合作伙伴计划（Amazon Marketplace）、阿里巴巴的批发市场平台等。这种模式通过利用合作伙伴的销售渠道和客户资源，帮助企业快速扩大销售规模，增加市场份额，降低销售成本，并提升品牌知名度。

四、电子商务的运作方式

电子商务的运作方式是指在线环境中企业进行商业活动的方式及流程。虽然电子商务的运作方式可能因企业的规模、业务性质和市场定位而异,但通常包括产品或服务定位、供应链管理、数字营销等几个核心内容,如图5.2所示,这些内容共同构成了电子商务的运作方式,企业需要在这些方面不断改进和优化,以适应市场的变化并取得长期成功。

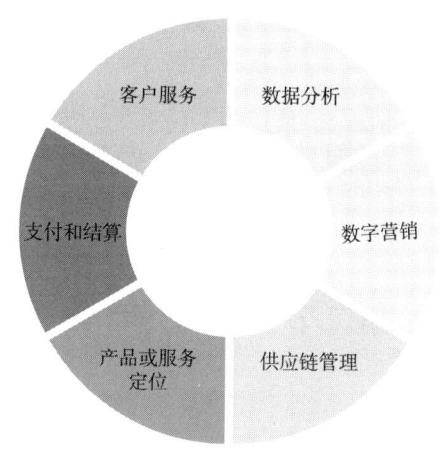

图 5.2　电子商务的运作方式

(一)产品或服务定位

企业需要确定自己要销售的产品或提供的服务,并明确目标市场和受众群体。在竞争激烈的电子商务市场中,产品或服务的定位至关重要,需要满足消费者的需求或解决其问题。

(二)供应链管理

对于销售实物产品的企业来说,供应链管理是至关重要的。这涉及与供应商的合作、采购、库存管理、物流配送等环节,确保产品能够及时、高效地交付给消费者。

(三)数字营销

在电子商务中,数字营销是至关重要的一环。企业需要运用各种在线营销手段,包括搜索引擎优化(SEO)、搜索引擎营销(SEM)、社交媒体营销、内容营销、电子邮件营销等,吸引流量并提高转化率。

（四）数据分析

数据分析在电子商务中扮演着重要角色，通过分析客户行为、销售数据等，企业可以了解市场趋势、优化产品或服务、调整营销策略，从而提升销售业务绩效。

（五）客户服务

优质的客户服务是电子商务成功的关键因素。企业需要提供多种沟通渠道，如在线聊天、客服热线、电子邮件等，及时解决用户问题和投诉，并提供售后支持和服务。

（六）支付和结算

电子商务平台需要提供安全、便捷的支付系统，支持多种支付方式，如信用卡、支付宝、微信支付等。同时，平台需要处理订单结算、退款处理等与支付相关的事务。

第二节 移 动 商 务

一、移动商务概述

（一）移动商务的概念

移动商务是指利用移动通信技术和移动互联网平台从事商业活动的过程和方式。简单来说，就是在移动设备上进行商务活动，包括购物、支付、营销、客户服务等。

（二）移动商务的特征

1. 便捷性和灵活性

移动商务的最大特征是便捷性和灵活性。移动商务允许用户随时随地通过移动设备进行商业活动，不再受限于时间和地点。用户可以在家中、办公室、公共交通工具上甚至是户外进行购物、支付和其他商务活动。

2. 实时性和互动性

移动商务提供了实时交流和信息传递的平台，商家和消费者可以即时获取和传递信息，进行实时的交易和互动，增强了客户体验感和参与度。这使得商家能够更快地响应市场需求和客户反馈，更及时地调整营销策略和供应链。移动商务提供了多种互动方式，包括社交分享、评论评价、在线客服等，客户可以与商家和其他消费者进行实时互动。这促进了客户之间的交流和信息共享，增强了用户对品牌和产品的认知与信任。

3. 个性化和定制化

通过收集和分析客户数据，移动商务可以实现个性化推荐和定制化服务，为客户提供更符合其需求和偏好的产品和服务。商家可以根据客户的偏好和行为习惯向其推荐相关产品和服务，提升消费体验和满意度。

4. 多样化的应用场景

移动商务涵盖了多种形式的商业活动，包括移动支付、移动广告、移动应用开发等，形成了一个多元化和复杂的商业生态系统。这为商家和消费者提供了丰富的选择和机会，也带来了激烈的市场竞争和挑战。

综上所述，移动商务作为一种利用移动互联网技术进行商务活动的方式，具有便捷性、实时性、个性化、多样性等特点，对商业模式、消费行为、社会经济发展等方面都产生了深远的影响，推动了商业模式和消费行为的变革，成为现代商务活动的重要组成部分。

(三) 移动商务的构成要素

1. 移动设备

移动设备包括智能手机、平板电脑和其他便携式设备，是移动商务的基础。这些设备允许用户通过互联网浏览商品、进行购买、支付账单等。

2. 移动应用程序

移动应用程序是在移动设备上运行的软件，提供了购物、支付、订购、预订等功能。这些应用程序可以是在线商店的移动版，也可以是第三方支付应用、预订应用等。

3. 移动支付

移动支付是指通过移动设备进行的支付交易，包括使用手机应用、NFC技术（近场通信）或其他无线支付技术。移动支付通常包括信用卡、借记卡、电子钱包等支付方式。

4. 移动营销

移动营销是指通过移动设备向消费者推广产品和服务的营销活动，包括短信营销、应用内广告、社交媒体营销等。移动营销通常利用移动应用程序、移动网站和社交媒体平台进行推广。

5. 移动安全

移动商务涉及客户的个人信息和支付信息，因此安全性至关重要。移动安全包括数据加密、身份验证、防止欺诈等措施，以保护用户信息不被窃取或滥用。

6. 优化客户体验

移动商务必须格外关注客户体验，包括界面设计、页面加载速度、内容呈现方式等方面，以确保客户在移动设备上能够轻松地浏览和购买商品。

以上移动设备、移动应用程序、移动支付、移动营销、移动安全、优化客户体验优化这六大要素共同构成了移动商务的基础，令消费者能够在任何时间、任何地点通过移动设备进行购物和支付。

（四）移动商务与电子商务的联系

二者的相同点：均为数字化平台，两者都利用数字技术进行商业活动，包括购买和销售商品或服务，支付交易等；无论是移动商务还是电子商务，都能够跨越地理和时间限制，全天候为全球客户提供服务；客户可以利用信用卡、支付宝、微信支付等在线支付方式完成交易；都提供了更为便捷的购物体验，消费者无需前往实体店面，只需通过互联网或移动设备即可完成购买。

二者的不同点：在访问设备方面，移动商务主要通过移动设备，如智能手机和平板电脑，进行访问；电子商务则可以通过各种设备访问，包括桌面电脑、笔记本电脑等。在客户体验方面，移动商务更注重简洁、直观的客户界面设计，以适应移动设备的特点；电子商务通常在桌面端有更复杂、功能更丰富的界面。在功能特点上，移动商务应用程序通常会充分利用移动设备的特性，如GPS、相机等，提供更加个性化和便捷的功能；电子商务网站也有其独特的功能，但在某些方面可能受到设备限制。在市场覆盖方面，移动商务更容易触达移动客户，尤其是那些更倾向于使用移动设备进行购物和交易的人群；电子商务虽然也可以通过移动设备访问，但市场覆盖更广泛，包括那些更倾向于使用桌面设备的客户。在交易环境方面，移动商务的交易环境更侧重于移动场景下的便捷性和个性化体验；电子商务则更多考虑桌面端客户的需求和使用习惯。

二、移动商务的产生和发展

(一) 移动商务的产生

1. 移动商务的起源

移动商务这一概念最早被认为是由日本的 NTT DoCoMo 提出的。NTT DoCoMo 是日本一家领先的移动通信运营商,于 1999 年推出了世界上第一个大规模商用的移动互联网服务——i-mode。i-mode 提供了一种全新的移动互联网体验,包括电子邮件、新闻、购物、银行服务等功能。通过 i-mode,客户可以利用移动设备访问互联网,进行各种在线活动,从而开创了移动商务的先河。

2. 移动商务产生的要素

移动通信技术的进步。随着移动通信技术的不断发展,从 2G 到 3G、4G 再到 5G,移动通信网络的速度、覆盖范围和稳定性不断提高,为移动商务的发展提供了可靠的网络基础。

智能手机的普及。智能手机的普及使得人们能够随时随地使用移动设备访问互联网,进行各种在线活动。智能手机具备强大的计算能力和丰富的应用程序,为移动商务的创新提供了技术支持。

移动应用程序的兴起。随着移动应用市场的蓬勃发展,越来越多的应用程序被开发出来,涵盖了从购物、支付、社交到娱乐等各个领域,为用户提供了丰富多样的移动商务服务。

消费者需求的变化。随着生活节奏的加快和消费习惯的变化,消费者对于便捷、高效的购物方式和个性化的服务需求不断增加,推动了移动商务的兴起和发展。

企业的响应和创新。企业意识到移动互联网的潜力,积极响应和创新,推出了各种移动商务解决方案,以满足消费者的需求,提升企业竞争力。

综上所述,移动商务的产生是多个因素相互作用的结果,包括移动通信技术的进步、智能手机的普及、移动应用程序的兴起、消费者需求的变化以及企业的响应和创新。随着移动技术的不断发展和应用场景的不断拓展,移动商务仍将持续发展并融入人们的生活和工作中。

(二) 移动商务的发展

移动商务的发展历程始于 20 世纪末的移动互联网时代,以下是其主要阶段

（见图 5.3）。

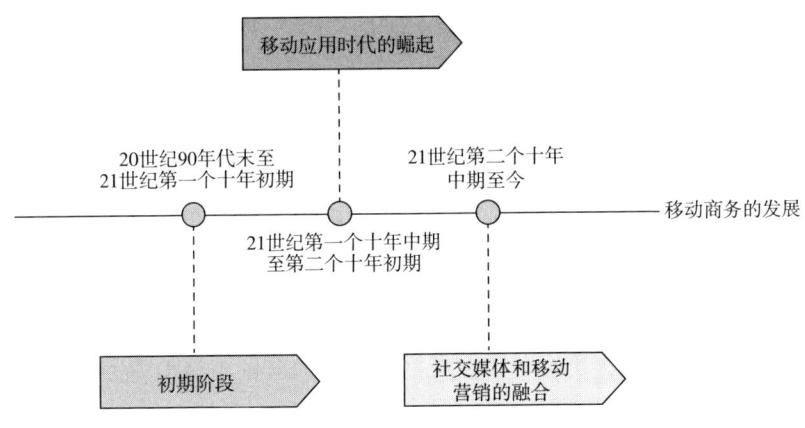

图 5.3　移动商务的发展阶段

1. 初期阶段（20 世纪 90 年代末至 21 世纪第一个十年初期）

这一阶段是移动互联网的萌芽期，奠定了移动商务的基础。手机开始具备上网功能，但由于技术限制和网络速度慢，移动商务的发展受到限制。主要应用包括短信服务、WAP 浏览器浏览网页和简单的手机支付等。移动商务的萌芽期建立在技术基础建设、短信服务的兴起、WAP 浏览器的出现、手机支付的尝试、商务应用的探索、技术标准的制定这六大条件基础之上的。

技术基础建设包括无线网络建设、手机上网技术的发展等。WAP（无线应用协议）技术是当时主要的移动互联网技术标准之一。在移动互联网初期，短信服务是主要的移动通信方式。企业开始利用短信推送广告、促销信息，为移动商务的萌芽打下了基础。WAP 浏览器是早期用于手机上网的浏览器，虽然功能有限，但为用户提供了一种在手机上浏览网页的方式，促进了移动商务的发展。早期的手机支付主要是基于短信的支付方式，客户可以通过手机发送短信完成支付，但出于安全性和便利性的考虑，发展并不迅速。在商务应用方面，一些企业开始尝试将传统的商务活动引入移动互联网，如提供手机订票、预订服务等，虽然功能简单，但为后来的移动商务奠定了基础。与此同时，一些行业标准和技术规范开始制定，以促进移动商务的发展，如 WAP 论坛（WAP Forum）的成立，推动了移动互联网技术的标准化和规范化。

2. 移动应用时代的崛起（21 世纪第一个十年中期至第二个十年初期）

随着智能手机的普及，移动应用开始崭露头角，为移动商务提供了更多可能性。移动应用市场如苹果的 App Store 和谷歌的 Google Play 等兴起，为开发者提供了推广和销售应用的平台。移动支付开始应用，通过手机完成支付成为可能，如 PayPal 等在线支付服务商的兴起，为移动商务的发展奠定了基础。移动应用时代的崛起是移动商务发展的一个重要阶段。

移动应用开发工具的不断进步使得开发各种移动应用变得更加自如高效，如苹果推出的 iOS 开发工具包（Xcode）和谷歌推出的 Android 开发工具包（Android Studio）。社交媒体和移动应用融合，Facebook、Twitter、Instagram 等社交媒体平台通过推出移动应用，使用户可以随时随地访问社交网络。随着移动支付技术的发展，用户可以使用移动应用完成购物和支付账单，移动支付平台如 PayPal、支付宝、微信支付等迅速普及。移动游戏成为移动应用时代的一大亮点，许多成功的移动游戏如《愤怒的小鸟》《神庙逃亡》等在 App Store 和 Google Play 上取得了巨大成功。这些事件共同推动了移动应用时代的崛起，使得移动应用成为人们日常生活中不可或缺的一部分，并对商业、社交、娱乐等各个领域产生了深远的影响。

3. 社交媒体和移动营销的融合（21世纪第二个十年中期至今）

社交媒体的崛起改变了传统的营销方式，企业开始将注意力转向社交媒体平台，通过发布内容、广告投放等方式与用户互动，推广产品和服务。移动广告成为主流的推广方式，通过定位技术和个性化推荐算法，广告可以更精准地触达目标受众。移动支付的普及进一步推动了移动商务的发展，消费者可以随时随地完成购买行为。随着物联网技术的发展，设备之间的连接变得更加方便自如，智能家居、智能穿戴设备等开始融入人们的生活，为移动商务带来了新的发展机遇。移动商务逐渐向更多领域渗透，包括健康医疗、智慧城市、智能交通等，为人们的生活提供了更多便利性。

移动广告不断创新，采用更精准的定位与更富创意的形式，以吸引用户的注意力。通过移动应用、社交媒体等平台进行的移动广告投放逐渐成为主流。

三、移动商务的应用模式

（一）移动支付模式

移动支付模式将手机作为支付工具，消费者可以通过手机完成购买行为，如使用支付宝、微信支付等移动支付平台完成线上和线下交易。移动支付模式是指通过移动设备（通常是智能手机）进行支付交易的模式。以下是移动支付模式的一些常见形式和特点。

NFC 支付。NFC（Near Field Communication，近场通信）支付是一种通过将手机靠近支持 NFC 技术的 POS 终端完成支付的方式。消费者只需将手机靠近 POS 机，即可完成支付，如 Apple Pay、Google Pay 等。

扫码支付。扫码支付是一种通过手机摄像头扫描商户提供的二维码完成支付的方式。用户使用支付宝、微信支付等移动支付应用扫描商家提供的二维码，然后输入支付密码或使用指纹/面部识别完成支付。

应用内支付。应用内支付是指在移动应用内部进行支付，用户在应用内浏览商品或服务，选择购买后直接使用应用内支付功能完成交易，无需跳转到第三方支付平台。

P2P 支付。P2P（Peer-to-Peer，点对点）支付是指通过移动支付应用直接向他人转账或付款，例如使用支付宝、微信支付等应用向朋友转账或付款购物。

手机银行支付。手机银行支付是指用户通过银行提供的移动银行应用完成支付交易，例如使用银行 App 进行转账、支付账单等操作。

预付卡支付。预付卡支付是指用户在移动支付应用中预先充值一定金额到账户中，然后使用账户余额进行支付交易，如购买游戏道具、支付应用订阅费用等。

(二) 订阅模式

在订阅模式下，用户通过移动应用订阅服务或内容，通常以月度或年度订阅费用为基础。在移动商务中，订阅模式是一种常见的商业模式，通过让用户定期支付一定费用以获得服务或访问的内容权利。以下是订阅模式的一些常见服务。

视频流媒体服务。许多视频流媒体平台采用订阅模式，用户可以通过支付每月或每年的订阅费用，获得对平台上的视频内容的无限访问权，如 Netflix、Hulu、Disney+ 等。

音乐流媒体服务。音乐流媒体平台也常采用订阅模式，用户支付订阅费用后，可以无限制地访问平台上的音乐内容，如 Spotify、Apple Music、Amazon Music 等。

新闻和杂志订阅服务。一些新闻和杂志应用采用订阅模式，用户支付一定费用后可以获取平台上的新闻报道或杂志内容，如 Apple News+、Texture 等。

应用和游戏订阅服务。一些应用和游戏也提供订阅模式，用户支付一定费用后可以获得应用内的高级功能、增值服务或解锁特权内容，如苹果的 App Store

订阅服务、Google Play Pass 等。

云存储和备份服务。一些云存储和备份服务提供订阅模式,用户支付订阅费用后可以获得更大的存储空间或更多的备份功能,如 Dropbox、Google One 等。

通过订阅模式,用户可以根据自己的需求和兴趣,选择订阅相应的内容,从而获得更多的便利、个性化的服务体验。对企业来说,订阅模式提供了稳定的收入来源,并可以持续提供服务或内容,增强用户忠诚度和品牌价值。

(三)社交电商模式

社交电商模式将社交网络和电子商务相结合,用户可以通过社交媒体平台浏览和购买商品。

社交媒体平台作为销售渠道。在社交电商模式中,企业通过社交媒体平台如 Facebook、Instagram、微信等,发布产品信息、展示商品图片和视频,吸引用户关注并促进销售。

社交化的销售流程。社交电商模式强调社交化的销售流程,例如通过朋友圈分享、评论互动等方式,让客户更愿意购买产品。客户可以在社交媒体平台上直接与卖家沟通、分享购买体验,增加交易的信任感和亲和力。

投放社交媒体广告。企业可以通过社交媒体平台的广告服务,进行针对性的广告投放,精准地定位目标受众,提高广告的曝光和转化率。例如,通过 Facebook 广告或 Instagram 广告进行产品推广,吸引潜在客户点击购买。

社交化的购物体验。社交电商平台通常提供社交化的购物体验,如在购物页面显示其他客户的购买行为、评价和分享,增加购物的趣味性和参与感。

社交分享和推广奖励。一些社交电商平台提供社交分享和推广奖励机制,鼓励客户通过社交媒体分享产品链接、邀请好友购买,从而获取额外的优惠或奖励,促进客户参与和推广。

社交化的营销活动。社交电商平台会结合各种社交化的营销活动,如限时特惠、抽奖活动、团购优惠等,吸引用户参与和购买。

社交电商模式的特点在于将社交媒体的社交性和电子商务的交易功能相结合,从而为用户提供更加个性化、社交化的购物体验,满足用户对社交化购物的需求,同时也为企业提供了更多的销售渠道和营销机会。

(四)共享经济模式

共享经济模式通过移动应用连接资源和需求,用户可以通过手机应用共享或租借资源,如共享单车、共享汽车、共享住宿等。在移动商务中,共享经济模式是一种基于互联网和移动技术的商业模式，通过共享闲置资源或提供共享服务，实现资源的最大化利用和效率提升。以下是共享经济模式的一些特点和实践方式。

共享出行。共享出行是共享经济中最为典型的应用之一，包括共享单车、共享汽车、顺风车等。用户可以通过移动应用租借自行车、汽车或乘坐他人车辆，实现出行的便利和经济性。

共享住宿。共享住宿平台如 Airbnb 提供了民宿和短租房屋的共享服务，用户可以通过移动应用找到合适的住宿地点，与房东直接联系完成预订和入住。

共享办公空间。共享办公空间平台如 WeWork、蛋壳公寓等提供了办公场所的共享服务，用户可以通过移动应用预订工作空间或会议室，实现灵活的办公安排。

共享物品。一些共享经济平台提供了共享物品的服务，如共享充电宝、共享雨伞、共享婴儿用品等。用户可以通过移动应用找到附近的共享物品，并进行租借使用。

共享技能和服务。一些平台提供了共享技能和服务的机会，如共享厨师、共享家政服务、共享美容师等。用户可以通过移动应用找到符合需求的服务人员，并进行预约和安排。

共享旅游体验。一些平台提供了共享旅游体验的服务，如共享旅游活动、共享导游等。用户可以通过移动应用找到感兴趣的旅游活动，并参与其中，与他人共享旅游体验。

共享经济模式通过移动应用和互联网技术，实现了资源的共享和利用效率的提升，为用户提供了更加灵活、便捷的服务体验，同时也为企业和个人提供了更多的商机和收入来源。

（五）定制化服务模式

定制化服务模式是一种基于客户个性化需求，通过移动应用提供定制化产品或服务的商业模式。以下是定制化服务模式的一些特点和实践方式。

个性化定制产品。企业可以通过移动应用为客户定制个性化的产品，例如定制化的服装、鞋子、首饰等。用户可以通过移动应用选择款式、颜色、尺寸等参数，定制出符合自己需求的产品。

定制化健康管理服务。健康管理类应用可以根据客户的健康数据和偏好，提供个性化的健康管理方案和建议。客户可以通过移动应用记录健康数据，接收定制化的健康管理服务，如饮食建议、运动计划等。

个性化定制旅游服务。旅游应用可以根据客户的出行偏好和兴趣，提供个性化的旅游线路和行程安排。客户可以通过移动应用选择目的地、景点、活动等元素，定制出符合自己需求的旅行计划。

定制化的教育培训服务。教育培训类应用可以根据客户的学习目标和学习习惯，提供个性化的学习内容和学习路径。客户可以通过移动应用选择感兴趣的课程、学习方式等，定制出符合自己需求的学习计划。

个性化定制娱乐内容。娱乐类应用可以根据客户的兴趣爱好和观看历史，推荐个性化的娱乐内容。用户可以通过移动应用选择喜爱的音乐、电影、书籍等，获取定制化的娱乐体验。

定制化的金融理财服务。金融理财类应用可以根据客户的财务状况和投资目标，提供个性化的理财建议和投资方案。用户可以通过移动应用记录财务数据、设定目标等，获取定制化的金融理财服务。

（六）融合物联网模式

随着物联网技术的发展，移动商务与物联网相融合，为用户提供更智能、更便捷的服务。以下是物联网与移动商务模式的一些实践方式。

智能家居与智能生活。物联网技术使得家居设备能够互联互通，客户可以通过移动应用远程控制家居设备，如智能灯光、智能门锁、智能家电等。企业可以通过提供智能家居解决方案和智能设备，开拓智能家居市场，为客户提供更便捷、舒适的智能生活体验。

智能穿戴设备与健康管理。智能穿戴设备如智能手表、智能手环等可以收集用户的健康数据，如心率、步数、睡眠等。通过移动应用，用户可以随时查看自己的健康数据，设置健康目标，并获取个性化的健康建议和提醒。企业可以通过提供健康管理服务和智能穿戴设备，参与健康管理市场，满足用户对健康管理的需求。

智能交通与智慧城市。物联网技术为城市交通管理带来了革命性的变化，如智能交通信号灯、智能停车系统等。用户可以通过移动应用获取交通实时信息、规划最佳路线、预约共享交通工具等，提高出行效率。企业可以通过提供智能交通解决方案和交通信息服务，参与智慧城市建设，提升城市居民的生活质量。

智能零售与智能购物。物联网技术为零售行业带来了智能化的转变，如智能货架、智能购物车、智能支付等。用户可以通过移动应用扫描商品条码获取商品信息、查看库存情况，并通过移动支付完成购买。企业可以通过提供智能零售解决方案和智能购物体验，优化购物流程，提升用户体验，增加销售额。

智能工业与智能制造。物联网技术为工业生产带来了智能化的革新，如智能生产线、智能仓储系统等。企业可以通过移动应用监控生产过程、管理物流和库存，实现生产流程的智能化和优化，提高生产效率和产品质量。

物联网与移动商务模式的融合使得用户可以通过移动应用实现对物联网设备的控制和管理，从而实现更加智能、便捷的生活和工作体验。同时，企业也可以通过提供物联网解决方案和相关服务，参与物联网市场的竞争，拓展商业领域，实现商业价值的创造。这些模式并非相互独立的，实际上很多移动商务平台会同时采用多种模式，以满足消费者的不同的需求。

第三节　社　交　商　务

一、社交商务概述

（一）社交商务的概念

社交商务的概念最早由 Sean Parker 在 2005 年提出的。Sean Parker 是 Napster 和 Facebook 的联合创始人之一，他在一次演讲中提出了将社交网络和电子商务结合起来的想法，从而形成了社交商务的概念。他认为，利用社交网络的力量，可以更加有效地进行商品推广和销售，因为人们更倾向于相信朋友和社交网络中的其他成员的推荐和意见。这一概念为后来社交商务的发展奠定了基础。

社交商务（Social Commerce）结合了社交媒体的互动性和电子商务的购买功能，允许用户在社交网络上浏览、分享、评论商品，并直接在社交平台上完成购买交易。通过社交分享和口碑传播，可以更加有效地推广产品和服务，增强用户对品牌的信任度。同时，社交商务也为消费者提供了更加个性化和便捷的购物体验，因为他们可以在社交媒体上直接与品牌互动、获取产品信息、参与社区讨论，并且在购买决策中得到朋友或关注者的建议和推荐。

（二）社交商务的发展历程

社交商务的发展历程如图 5.4 所示。

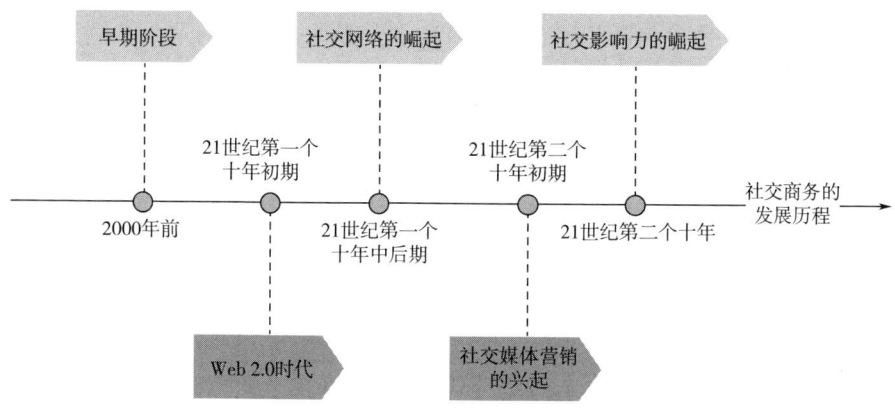

图 5.4　社交商务的发展历程

1. 早期阶段（2000 年前）

在互联网早期，电子商务主要集中在网站上展示产品和进行在线购买。社交因素较少，用户之间的互动局限于简单的电子邮件和在线论坛。在这个阶段，虽然互联网的普及已经开始，但社交网络尚未形成，电子商务也处于初级阶段，主要是通过建立网站展示产品和提供在线交易功能来实现的。这些网站通常是静态的，用户可以浏览产品信息并在网站上直接购买商品。随着电子邮件和在线论坛的使用，在没有社交网络的情况下，人们主要通过电子邮件和在线论坛进行互动和信息分享。企业可以通过电子邮件向客户发送营销邮件或提供在线客户支持。早期的电子商务主要依赖搜索引擎来吸引流量和促进销售。企业通过优化网站内容以及投放搜索引擎广告来提高在线可见性。但是，由于社交网络尚未普及，早期的电子商务缺乏社交元素。用户之间的互动和信息分享主要限于简单的电子邮件和在线论坛。社交商务在早期阶段主要集中在建立基础的电子商务平台上，缺乏社交网络的支持和社交元素的参与。随着互联网的发展和社交网络的兴起，社交商务逐渐演变为更加注重用户互动和社交分享的形式。

2. Web 2.0 时代（21 世纪第一个十年初期）

随着 Web 2.0 技术的出现，社交网络开始迅速发展。网站如 MySpace（2003 年成立）和 Friendster（2002 年成立）成为用户分享内容、建立个人资料并与朋友互动的热门平台，为社交商务的萌芽打下了基础。这一时期可以被视为社交商务发展的重要转折点。随着社交网络的兴起，Web 2.0 时代见证了社交网络的快速发展和普及。Web 2.0 的特点之一是用户生成的内容。社交网络的兴起促使用户开始分享更多的个人信息、照片、视频和其他内容，从而创造了丰富的社交交流环境。一些电子商务平台开始将社交元素整合到其网站中。例如，一些在线商店开始允许客户评论和评价产品，提供产品分享功能，并建立社区论坛。

Web 2.0 时代也见证了口碑营销的兴起。企业开始意识到口碑对产品销售的重要性，并采取措施通过社交网络和客户生成的内容来增强品牌形象。随着用户在社交网络上的活跃程度增加，广告商开始利用个性化推荐和定位广告来更精准地针对客户群体。这种广告形式在社交网络上得到了广泛应用。社交商务在 Web 2.0 时代开始蓬勃发展，社交网络的兴起为商业和客户之间的交流提供了全新的平台和机会。企业开始意识到社交网络的潜力，并积极探索如何利用社交元素来增强品牌形象、推广产品并与客户互动。

3. 社交网络的崛起（21 世纪第一个十年中后期）

Facebook、Twitter、LinkedIn 等社交网络的兴起改变了人们的社交方式，企业开始意识到在这些平台上建立品牌形象和与客户互动的重要性。这个时期被视为社交商务发展的重要阶段。Facebook 在 2004 年由马克·扎克伯格创立，很快就成为世界上最受欢迎的社交网络之一，其开放的平台架构和丰富的社交功能吸引了大量用户加入，为社交商务的发展提供了强大的基础。Twitter 于 2006 年推出，成为一个实时信息分享和社交互动平台，其独特的微博形式让用户能够快速地分享和获取信息，为企业和个人在社交网络上建立品牌形象提供了新的途径。LinkedIn 是一个专注于职业社交的平台，于 2003 年成立，它为企业和个人提供了一个专业化的社交网络平台，在职业发展、招聘和商业联系方面发挥着重要作用。在这个时期，社交网络的用户数量迅速增长。越来越多的人加入了各种社交网络，从而创造了一个庞大的在线社区，为社交商务的发展提供了更广泛的客户基础。企业开始意识到社交网络的潜力，并积极利用社交媒体平台来开展营销活动。社交网络的发展也催生了社交影响力的概念。社交影响者成为推动产品销售的重要力量，他们通过在社交网络上分享内容来影响消费者的购买决策。

总体而言，社交商务随着社交网络的崛起而蓬勃发展。社交网络的普及为企业和个人提供了更广阔的社交互动平台，促进了社交商务的发展并改变了商业和消费者之间的关系。

4. 社交媒体营销的兴起（21 世纪第二个十年初期）

随着社交网络的普及，企业开始利用社交媒体平台进行营销活动，通过发布内容、与用户互动和利用社交广告来吸引潜在客户。21 世纪第二个十年初期，社交媒体营销迎来了快速发展和兴起的时期。新的社交媒体平台如 Instagram、Pinterest 和 Snapchat 等开始崭露头角，这些平台吸引了不同类型的客户群体，为企业提供了更多的营销渠道。在社交媒体上，内容被视为吸引客户和建立品牌形象的关键。企业开始注重生产高质量、有趣、有价值的内容，并利用各种媒体形式如图片、视频和文字来吸引客户的注意力。

社交媒体平台开始推出广告服务，为企业提供了更多的营销选择。通过定位广告、个性化推荐和精准定位，企业可以更有效地将广告投放给目标受众。随着社交媒体的普及，社交媒体影响者成为推动产品销售和品牌推广的重要力量。总的来说，这一时期是社交媒体营销迅速发展和兴起的时期。社交媒体平台的多样化、内容营销的重要性、社交广告的兴起以及社交媒体影响者（Influencers）的崛起，都为企业提供了更多的营销选择和机会，推动了社交商务的发展。

5. 社交影响力的崛起（21世纪第二个十年）

随着社交网络的发展，个人和品牌的社交影响力变得越来越重要。社交媒体影响者成为推动产品销售的关键力量，在社交商务中社交影响力的崛起成为一个显著的趋势。社交媒体影响者成为广告和营销的重要力量，他们通过在社交媒体上分享内容、评价产品和提供建议来影响追随者的购买决策。微博博主、YouTube 博主、Instagram 网红等成为社交媒体影响者的代表。他们通过吸引大量粉丝和粉丝的信任，成为品牌合作的对象，为企业带来了潜在的客户和销售机会。

越来越多的品牌开始与社交媒体影响者合作，通过赞助、合作活动或付费推广来推广产品。这种合作形式为品牌提供了一种更直接、更真实的营销方式，能够更好地触达目标受众。用户创作内容在社交商务中的作用日益凸显。消费者通过分享他们的购买体验、产品评价和使用感受，成为社交影响力的一部分，影响其他用户的购买决策。随着社交影响力的增长，对其效果的评估和量化变得越来越重要。企业开始利用数据分析工具来跟踪社交媒体影响者的表现，评估合作效果并调整营销策略。随着社交媒体影响力的增长，一些地区出台了相关法规，要求社交媒体影响者对其合作关系进行透明披露。这些法规旨在保护消费者免受虚假宣传和欺骗。

综上所述，社交商务的发展历程可以看作从简单的在线购物到利用社交网络和影响者来增强品牌营销和购物体验的过程。随着技术和社交网络的不断发展，社交商务将继续成为电子商务领域的重要趋势之一。

二、社交商务平台

社交商务平台是指通过互联网提供的在线服务,允许用户创建个人或机构账号,以分享内容、交流观点、建立联系和互动的网络平台。这些平台基于用户生成内容(User Generated Content,UGC)的模式,使得用户可以成为内容的创作者和消费者。社交商务平台的核心功能包括:创建个人或机构的资料,内容分享,互动评论,关注/订阅,社交网络,标签和主题,隐私设置。社交商务平台的发展促进了信息传播、社交互动、商业营销等方面的创新发展,成为人们日常生活工作中不可或缺的一部分。

(一) Facebook

这个平台是全球最大的社交媒体平台之一,用户可以创建个人资料,分享帖子、图片和视频,并与好友、家人以及社群互动。用户可以创建和管理自己的页面和群组,用于特定话题、兴趣或活动的讨论和分享。用户可以添加其他用户为好友,建立自己的社交网络,并与好友进行实时的聊天和互动。

Facebook 提供了广告平台,允许个人和企业在平台上进行定向广告投放,吸引潜在用户。用户可以创建和参加活动、生日聚会、线上会议等,与好友和社交网络进行互动和分享。用户可以根据个人需求和偏好设置自己的隐私设置,控制谁可以看到自己的内容和个人信息。Facebook 的即时通信应用程序,允许用户发送消息、语音和视频通话,与好友进行私密聊天。Facebook 的影响力和用户规模巨大,在社交媒体领域具有重要地位。

(二) Instagram

Instagram 是由 Kevin Systrom 和 Mike Krieger 创建的。他们于 2010 年 10 月在美国加利福尼亚州旧金山创立了 Instagram。最初,Instagram 被设计为一个专注于分享照片的移动应用程序,后来逐渐发展成为一个拥有多种功能的社交媒体平台。Facebook 以 10 亿美元的价格收购了 Instagram,使它成为其子公司。在被 Facebook 收购后,Instagram 开始迅速扩展其功能和用户基础:添加了视频分享功能,允许用户在发布时分享 15 秒的视频;2013 年推出了私信功能,用户可以在应用程序内部直接互相发送消息。

2015 年,Instagram 开始向其平台引入广告,为品牌和营销人员提供了一种与目标受众互动的途径。此外,Instagram 还推出了 Instagram 商业账户功能,使企业能够在其资料上显示联系信息和商业详情。这一时期,Instagram 还推出了

Instagram Stories 功能，类似于 Snapchat 的功能，用户可以在 24 小时内分享自己的瞬间。2018 年至今，Instagram 继续扩展其商业功能，引入了购物功能，用户可以直接在应用内购买他们喜欢的产品；推出了直播功能，允许用户实时与观众互动。Instagram 还不断更新和改进其算法和界面，以提高用户体验和增加用户参与度。总的来说，Instagram 经历了从简单的照片分享应用程序到多功能社交媒体平台的发展，并成为全球范围内数以亿计用户的社交平台之一。

（三）Twitter

Twitter 是由 Jack Dorsey、Noah Glass、Biz Stone 和 Evan Williams 创建的。他们在 2006 年共同创立了 Twitter，最初的概念是一个名为 twttr 的短消息服务，后来改名为 Twitter。Twitter 是以短消息（推文）为主要形式的社交媒体平台，用户可以发布短消息、图片和视频，并与关注者进行实时互动。Twitter 最初是作为一种短消息服务，允许用户发布不超过 140 个字符的消息。

2010—2015 年，Twitter 在这一时期开始尝试商业化，并引入了广告模式。它还推出了新的功能，如推广推文、推广趋势等，以帮助企业和品牌与用户互动。同时，Twitter 还不断改进其平台的用户体验和功能，例如增加了图片预览、扩展推文字数限制等。自 2015 年以来，Twitter 一直在努力解决一系列挑战，如用户增长放缓、处理滥用和虚假信息、盈利能力等问题。为了应对这些挑战，Twitter 进行了一系列改革，包括关闭旗下一些不盈利的服务、增强安全性措施、改进广告平台等。总的来说，Twitter 经历了从一个简单的短消息服务到一个全球性的社交媒体平台的发展。尽管面临很多挑战，但 Twitter 仍然是世界上最重要的社交媒体之一，在新闻、政治、文化等领域有着深刻影响。

（四）LinkedIn

LinkedIn 是由 Reid Hoffman、Allen Blue、Konstantin Guericke、Eric Ly 和 Jean-Luc Vaillant 创建的。LinkedIn 成立于 2003 年 12 月，最初，LinkedIn 的目标是帮助专业人士建立联系并找到工作机会。在早期的几年里，LinkedIn 迅速增长，并在 2004 年正式上线。LinkedIn 于 2011 年 5 月在纳斯达克上市，成为首个公开交易的专业社交网络。首次公开募股（IPO）为公司带来了巨大的现金流，并进一步提升了其知名度和影响力。LinkedIn 开始全球扩张，推出了多语言界面，并在全球各地开设办事处。2016 年，微软以 268 亿美元的价格收购了 LinkedIn。收购后，LinkedIn 保持着独立运营的地位，但开始与微软的产品整合，如 Office 365 等。LinkedIn 仍在不断更新其产品和功能，包括改进个人资料页面、内容发布平台、招聘工具等。LinkedIn 还推出了一系列新产品，如 Learning Solutions（学习解决方案）和 Talent Insights（人才洞察）等，以帮助用户提升职业技能和了解人才市场。

总结而言，LinkedIn 专注于职业社交和专业网络的平台在过去的几年里取得了巨大的成功，并成为专业人士社交和招聘领域的领先平台之一。

（五）Snapchat

Snapchat 是由美国企业家 Evan Spiegel、Bobby Murphy 和 Reggie Brown 共同创建的。起初，这个应用的概念是由 Brown 提出的，后来他和 Spiegel、Murphy 一起开发了这个应用，并于 2011 年正式发布。Snapchat 的独特之处其在于其短暂的照片和视频分享功能，即"阅后即焚"这在当时是一种全新的社交体验。Snapchat 在 2012 年底至 2013 年初迅速增长，吸引了大量用户，尤其是年轻人，其独特的消息自毁功能以及实时通信的特点使其在年轻用户中非常受欢迎。2013 年 Snapchat 开始增加新的功能和工具，如 Snapchat 故事（Stories）功能，此外，还引入了实时聊天、滤镜和镜头功能等。2016 年，Snapchat 的母公司 Snap Inc. 宣布将公司名称从 Snapchat 更改为 Snap Inc.，以反映其不断扩大的产品范围和愿景。同时，该公司还推出了一款名为 Spectacles 的智能眼镜，允许用户拍摄并分享视频。Snap Inc. 在 2017 年 3 月正式在纽约证券交易所上市，成为一家上市公司。然而，由于竞争激烈以及用户增长放缓等问题，Snapchat 的股价一直波动不定。

（六）微博

微博是中国的一个微型博客平台，商家可以通过发布内容、互动评论等方式进行社交营销和推广。微博是由中国互联网公司新浪（Sina Corporation）创建的。新浪微博的创始人包括王志东、曹国伟、张朝阳等人。在中国，新浪微博是一款备受欢迎的社交媒体应用，拥有庞大的用户群体，影响力深远。2011 年，新浪微博在推出后迅速获得了用户的青睐，其用户数量迅速增长。这段时间内，微博成了中国社交网络中不可或缺的一部分，吸引了大量的用户关注。2014 年新浪微博在这段时间内不断完善其功能和服务，包括推出了更多的互动功能、个性化定制等。同时，它也开始推广企业认证、广告推广等商业化服务，为平台的商业化发展奠定了基础。

2015 年至今，随着移动互联网的普及，新浪微博逐渐向移动端发展，推出了移动应用程序，并不断优化用户体验。移动端的发展使得微博成为人们随时随地进行社交和信息分享的重要平台。

（七）微信

微信是一个多功能的社交平台，商家可以通过微信公众号、小程序等功能进行社交营销和销售。微信是由中国互联网公司腾讯（Tencent）开发的，而其创始人之一是马化腾。微信于2011年1月推出，是一款综合性社交通信应用程序，提供了消息发送、语音通话、视频通话、朋友圈等功能，迅速在中国乃至全球范围内赢得了用户的青睐。微信在2012—2013年迅速增加了许多新功能，如视频通话、朋友圈（类似于Facebook的动态消息墙）、微信支付等。这些功能使微信成为一款全方位的社交通信应用，被越来越多的用户接受和使用。微信在2013年开始积极推动国际化战略，并在亚洲、欧洲、北美等地区展开了推广。虽然在一些地区遭遇了竞争和监管挑战，但微信在全球范围内仍然拥有庞大的用户基础。2014年开始，微信逐渐发展成为一个庞大的生态系统，涵盖了各种服务和功能，如小程序、公众号、支付等。微信的生态系统为用户和企业提供了丰富的社交和商业机会。2016年起，微信开始大力投资于人工智能技术，并将其应用于各种功能和服务中，如智能客服、语音识别、图像识别等。这些技术的应用进一步提升了微信的用户体验和功能。

（八）抖音

抖音是由中国的互联网公司字节跳动（Byte Dance）创建的。具体来说，抖音的概念最初由张一鸣提出，并由他领导字节的团队成员共同开发和推出。抖音于2016年9月正式发布，是一款基于短视频的社交媒体应用程序，允许用户录制、编辑和分享15秒至1分钟的短视频。抖音在推出后迅速获得了年轻用户的青睐，其简单易用的操作界面和丰富多样的内容吸引了大量用户。2018年至今，抖音不断进行功能升级和创新，推出了一系列新功能，如直播、短视频剪辑工具、挑战活动等，丰富了用户体验，并吸引了更多的用户和内容创作者。随着抖音在国内外市场的崛起，字节跳动也逐渐成为一家全球性的互联网公司，与Facebook等社交媒体巨头展开了竞争。抖音与TikTok在全球范围内的用户数量持续增长，成为社交媒体领域的重要竞争者之一。抖音在短时间内取得了巨大的成功，成为中国乃至全球范围内最受欢迎的短视频社交应用之一，其持续创新和国际扩张的策略也为其带来了长期的发展潜力。

（九）拼多多

拼多多由黄峥创立于2015年，最初以社交电商的模式出现。该平台致力于通过社交网络，让用户通过拼团等方式享受更低价格的商品。2016—2017 年，拼多多在成立后迅速发展，得益于其独特的社交电商模式和超低的价格策略。平台吸引了大量用户和商家，成为中国电子商务市场上的新秀。上市后，拼多多进一步获得了资金支持，加速了其发展步伐。数据显示，截至 2024 年，拼多多已经成为了中国第三大电商平台，其市值也持续增长。

（十）快手

快手是由程一笑创立的。快手最初于 2011 年推出，是一款基于短视频分享的社交应用程序。2013—2016 年，快手迅速获得了大量用户，特别是在中国的二、三线城市和农村地区。其简单易用的操作界面、丰富多样的内容和强大的社交互动功能吸引了广泛的用户群体。2017—2018 年，快手开始注重商业化和内容生态建设，在平台上推出了一系列的商业合作和广告推广活动，吸引了更多的品牌商家入驻。2019 年至今，快手不断进行技术创新和内容优化，引入人工智能、大数据等先进技术，优化了内容推荐、用户体验等方面。

三、社交商务战略

社交商务战略涵盖了利用社交商务平台来促进企业销售和品牌推广的一系列方法和计划。下面是一些关键的社交商务战略。

（一）利用强大的社交媒体

选择适合的社交商务平台，并确保在平台积极参与和建立品牌形象。要建立强大的社交媒体平台，需要采取一系列策略和步骤。首先，确定企业的社交媒体战略的目标是什么，是增加销售、提高品牌认知度还是与客户互动？其次，确定企业的目标受众是谁，他们在哪些社交媒体平台上活跃。根据企业的目标和目标受众的特征，选择适合的社交商务平台。在社交商务平台上创建完整且专业的资料，包括品牌标志、简介、联系信息等。最后，定期发布有吸引力的内容，包括图片、视频、博客文章等，确保内容与品牌的受众兴趣相关。在所有社交商务平台上保持品牌形象和发布信息的一致性，这有助于提高品牌识别度并建立信任。积极参与社交媒体上的讨论和对话，回复评论、提问，与粉丝和关注者互动，这有助于建立更紧密的关系，并提高品牌忠诚度。利用社交商务平台提供的广告工具，有针对性地推广企业的产品或服务，以扩大受众并增加曝光度。

（二）内容营销

社交商务战略中的内容营销是利用各种类型的内容吸引潜在客户，并在社交商务平台上推广品牌和产品。要生产高质量、有趣、有用的内容是内容营销的核心，这可能包括文章、视频、图片、漫画、幻灯片演示等形式。因此，内容营销需要根据每个平台的特点进行调整和优化，以确保内容能够吸引受众并与他们互动。使用视觉内容，如图片和视频，在社交媒体上通常更受欢迎。

（三）社交广告

社交广告是推动销售和品牌曝光的重要组成部分，利用社交商务平台提供的广告工具，有针对性地推广产品或服务，以扩大受众范围并提高销售。根据目标受众和广告目的，选择适合的社交商务平台进行广告投放。在开始广告活动之前，明确企业广告目标。利用社交商务平台提供的精准定位功能，将广告展示给与产品或服务潜在相关的受众。根据年龄、性别、地理位置、兴趣爱好、职业等因素进行定位，以提高广告的效果和投资回报率。设计引人注目的广告素材，包括吸睛的图像、有吸引力的标题和文案，以及明确的呼吁行动。进行广告投放后，定期监测广告表现，并根据数据结果进行调整和优化。测试不同的广告素材、定位和呈现方式，找出最有效的广告策略，并不断改进以提高广告效果。根据营销目标和预期回报，制定合理的广告预算，并确保在广告投放过程中进行有效的预算控制。监控广告花费和效果，根据实际情况调整预算分配以提高广告效果。使用跟踪工具跟踪广告的转化率和投资回报率（ROI），了解广告活动的实际效果。根据转化数据评估广告的有效性，并优化广告策略以提高 ROI。

（四）与社交媒体影响者合作

与社交媒体影响者合作是社交商务战略中非常重要的一环，可以帮助企业扩大品牌知名度、提升产品销量，甚至改善用户体验。在与社交媒体影响者合作之前，首先需要明确合作的目标，确定想要实现的具体效果，例如增加品牌曝光、提高销售量等。其次，要选择与企业品牌理念和目标受众相符合的社交媒体影响者进行合作，确保其粉丝群体与企业的目标客户群体重合度高。通过直接联系、经纪人或平台等方式与社交影响者建立合作关系，明确合作细节、费用等事宜。

企业与社交媒体影响者在合作开始之前，须制定详细的合作协议，包括合作内容、时间安排、报酬方式等，确保双方权益得到保障。为社交媒体影响者提供有吸引力的报酬或奖励，可以是货币报酬、免费样品、独家活动邀请等，激励他们为企业的品牌付出更多。与社交媒体影响者保持密切沟通，及时回应其问题和需求，确保合作顺利进行。在合作进行过程中，定期监测合作效果，评估是否达到预期目标，根据反馈结果及时调整策略。与社交媒体影响者合作可以有效提升品牌影响力和销售业绩,但在合作过程中须谨慎选择合作对象,建立良好的合作关系,持续优化合作策略,才能取得最佳效果。

(五) 社区建设

社交商务战略中的社区建设对于品牌建设和营销至关重要。创建一个活跃的社交媒体社区,与粉丝和顾客互动,倾听他们的反馈并提供支持。首先要明确社区的定位和目标群体,根据目标用户的特点和偏好,选择合适的社交商务平台进行社区建设,比如微信、微博、Facebook 群组等。为社区成员提供有吸引力与实用性的内容,例如行业资讯、产品介绍、专家分享等,吸引成员参与讨论和互动。其次,建立社区成员之间的信任关系,鼓励客户分享真实的体验和评价,保持透明和真实的沟通。定期更新社区内容,回复客户提问和反馈,及时处理投诉和问题,保持社区秩序和活跃度。再次,将社区内容与其他营销渠道整合,如品牌官网、线下活动等,提升品牌曝光和客户参与度。最后要不断学习和尝试新的社区建设方式,持续改进创新,保持社区活力和吸引力。

(六) 数据分析和优化

在社交商务战略中进行数据分析和优化是至关重要的,可以更好地了解用户行为、优化营销策略、提升销售效果。在实施社交商务战略之前,需要确定明确的关键指标和目标,如转化率、客户参与度、品牌曝光量等,以便后续数据分析和优化。利用数据分析工具对收集到的数据进行分析,找出客户行为模式、热点内容、关键转化点等信息,发现问题和机会点。根据数据分析结果,优化社交内容和营销策略,调整发布时间、内容形式、互动方式等,以提升客户参与度和转化率。通过 A/B 测试对比不同版本的内容或策略效果,找出最有效的方式,进一步优化社交商务运营策略。定期监控数据变化,跟踪关键指标的表现,及时发现问题并采取行动,保持对社交商务活动的控制和优化。定期总结数据分析结果,评估社交商务活动的效果和达成情况,总结经验教训,为下一阶段的优化提供参考。持续学习最新的数据分析技巧和社交商务趋势,不断改进数据分析方法和优化策略,保持竞争力。

(七) 实时互动

要在社交商务中实现实时互动,需要确定企业的目标受众所在的主要社交商务平台,例如微信、微博、Facebook、Instagram 等。不同的社交商务平台适合不同类型的互动和内容传播。明确企业希望通过实时互动实现的目标,这可能包括提高品牌知名度、增加销售、提供客户服务等。制定一个发布内容的时间表,包括实时互动的时间段,这有助于吸引更多的客户参与,并增加互动效果。在客户提出问题或留言时尽快做出回应,这显示了企业对用户的重视,有助于建立良好的互动关系。直播是一种与用户实时互动的有效方式,可以通过直播回答问题、展示新产品、举办抽奖活动等,增加客户参与度。利用社交媒体管理工具,如Hootsuite、Buffer等,可以更有效地管理社交媒体账户,包括发布内容和实时互动。定期监控客户互动和反馈,并分析数据以了解哪些内容或活动受到客户欢迎,从而不断优化企业的实时互动策略。

(八)联合营销

在社交商务战略中进行联合营销是一种有效的合作方式,可以帮助各方扩大受众、提高品牌曝光度和增加销售。寻找与企业目标受众类似但不直接竞争的品牌作为合作伙伴。确保合作伙伴的价值观和目标与业务相符合。在联合营销活动开始之前,确保双方企业达成一致的合作协议,包括各自的责任、宣传渠道、分工等内容。与合作伙伴共同制定营销策略,确保双方的品牌形象和宣传内容一致。可以共同开展促销活动、举办线上活动或分享资源等。利用双方的资源和受众,共同扩大品牌曝光度。可以通过合作推广活动、跨平台宣传等方式,吸引更多客户关注。确保联合营销活动对双方企业都有利,可以考虑制定奖励机制或共享销售收益,激励双方更积极地参与合作。在联合营销活动结束后,须对活动效果进行跟踪和评估。分析数据,了解活动的表现如何,以及是否实现预期效果。

(九)品牌声誉管理

品牌声誉管理对于社交商务至关重要,可以直接影响消费者对品牌的信任度和忠诚度,定期监测社交媒体和网络上关于品牌的言论和评论。企业要借助监测工具,及时应对负面言论,避免企业声誉受损。企业须在社交媒体平台上发布正面、有价值的内容,展示品牌的优势、特点和核心价值观,树立积极的品牌形象。对用户的评论反馈做出及时回应,尤其是负面反馈。企业须诚恳地面对问题、积极解决问题展现品牌的责任和关怀。企业通过社交媒体平台提供优质的客户服务,解答用户问题,处理投诉,为用户提供良好的购物体验,增强品牌信任度;通过分享客户案例、产品评价、行业认可等方式,建立品牌的信任和权威性,让消费者更愿意信赖和选择企业品牌。积极参与社交媒体上的讨论和互动,分享有趣的内容,回复用户评论,展现品牌的个性和活跃性。企业须建立品牌危机处理机制,制定应急预案,应对突发事件或负面信息,保护品牌声誉不受损害。与行业意见领袖或影响者合作推广,借助他们的影响力和声誉,提升品牌知名度和信任度。

本章小结

本章深入探讨了数字商务的三大主要发展形式：电子商务、移动商务和社交商务。这些发展形式不仅改变了商务活动的本质，也改变了消费者的购物体验和企业的运营方式。

电子商务作为数字商务的基石，通过互联网平台实现了商品和服务的在线交易。从基础知识到产生与发展，再到各种模式的介绍，电子商务展现了其广泛的应用场景和深远的影响。电子商务的运作模式更是涵盖了供应链管理、物流配送、客户服务等多个方面，这些环节的优化帮企业提升了效率、拓展了市场空间。

移动商务的兴起进一步拓宽了数字商务的边界。从移动支付到移动营销，再到移动应用的创新，移动商务模式不断创新，为企业带来了更多的营销渠道和更精准的用户定位。

而社交商务作为数字商务的新兴领域，将社交媒体与商业活动相结合，为消费者带来了更具个性化与社交化的购物体验。社交商务通过社交商务平台，实现了品牌与消费者的互动沟通。社交商务的运作模式注重内容营销和社群运营，通过优质的内容和活跃的社群来吸引和挖掘用户。

电子商务、移动商务和社交商务各具特色、相互补充，共同推动了数字商务的快速发展。这些模式不仅改变了商业活动的本质，也为消费者带来了更加便捷、个性化和社交化的购物体验。

案例分析

华为利用5G、云计算等先进技术，为港口行业提供数字化转型解决方案，成功实现了港口整体拥堵、安全风险防控、船舶资源调度、智能装载等领域的数字化升级。这一案例展示了数字商务在传统产业转型升级中的重要作用，以及数字技术与商业模式升级相结合的成功实践。具体实现了以下几个方面：

一是提升运营效率。通过数字化改造，港口的运营效率得到了显著提升。船舶进港、货物装卸等流程更加顺畅，减少了等待和拥堵时间，提高了货物的周转速度。

二是增强安全风险防控能力。通过物联网技术和智能化应用，港口可以实时监测设备的运行状态、货物的位置和状态等，及时发现潜在的安全隐患，并采取相应的措施进行防控。

三是优化船舶资源调度。智能调度系统可以根据船舶的到港时间、货物的类型和数量等信息，自动为船舶分配泊位和装卸设备，实现了船舶资源的智能调度和优化配置。

四是提升服务质量。数字化改造使得港口的服务更加智能化、便捷化。通过智能装载系统，货物可以更加准确地被装载到指定的位置，减少了货物的损坏和丢失风险；通过船舶自动识别系统，船舶可以更加快速地完成进港和出港手续，提高了服务效率。

复习思考

1. 简述电子商务与移动商务各自的特征和区别。
2. 结合实际案例，分析电子商务在促进全球贸易和消费者购物体验方面的作用。
3. 讨论：移动商务如何改变人们的购物习惯，为企业带来哪些新的商业机会？
4. 社交商务在品牌建设和用户互动方面有哪些独特的优势？如何有效运用社交商务策略提升品牌价值和用户忠诚度？

第六章
电子支付与金融科技

学习目的与要求

- 理解电子支付的运作机制与金融科技的最新发展
- 掌握电子支付对社会经济的影响及面临的挑战

引导案例

支付宝

支付宝，作为中国最大的第三方支付平台，自2004年诞生以来，已经彻底改变了人们的支付方式和生活习惯。它不仅提供了便捷的移动支付功能，还通过与金融科技的深度融合，为用户提供了全方位的金融服务体验。

支付宝凭借其简单易用、安全可靠的特性，迅速在市场中获得了广泛的认可和应用。用户可以通过支付宝完成线上线下的各种支付场景，如购物、餐饮、出行等。此外，支付宝还推出了扫码支付、手机NFC支付等多种支付方式，进一步提升了支付的便利性和效率。

支付宝不仅是一个支付工具，更是一个金融科技平台。它通过运用大数据、人工智能、区块链等先进技术，为用户提供了多种创新型的金融服务。例如，支付宝的余额宝为用户提供了便捷的理财服务，让用户的闲置资金也能产生收益；花呗则为用户提供了消费信贷服务，满足了用户的短期资金需求。

支付宝与金融科技的融合创新，是电子支付与金融科技融合发展的一个缩影。未来，随着技术的不断进步和应用场景的不断拓展，电子支付与金融科技将继续深度融合，为用户提供更加便捷、高效、安全的金融服务体验。同时，我们也期待更多的金融科技企业和传统金融机构能够携手合作，共同推动金融行业的创新和发展。

资料来源：根据公开资料整理。

思考：支付宝的出现对数字商务的发展起到了什么作用？

第一节　电　子　支　付

一、电子支付概述

（一）电子支付的定义

日本银行在1997年举办的"电子支付技术发展及其对货币政策的含义论坛"中指出，电子支付手段是指运用包括IC卡、数字密钥和电信网络在内的信息通信技术进行支付的系统设施。汉弗雷（Humphrey，2001）在研究中指出，电子支付是运用电子手段进行的资金交易。中国人民银行于2005年发布的《电子支付指引（第一号）》是这样定义电子支付的："电子支付是指单位、个人直接或授权他人，通过电子终端发出支付指令，从而实现货币支付和资金转移的行为。"

（二）电子支付的特点

1. 便捷性

电子支付可以随时随地进行，只需一个连接互联网的设备，如智能手机、电脑或平板电脑，即可完成支付，不受时间和地点的限制。电子支付通常只需要几个步骤就可以完成，用户只需输入付款金额和身份验证信息，即可完成交易，省去了排队等待和填写信息的时间。使用电子支付，用户无需携带大量现金，避免了现金丢失、被盗等风险，也减少了对现金找零的需求，更加便捷安全。电子支付通常能够实现即时到账，资金可以立即转移，用户无需等待多日就能完成交易，提高了支付的效率和速度。

电子支付为线上交易提供了多种支付方式，包括信用卡、借记卡、移动支付、数字钱包等，用户可以根据自己的需求和偏好选择最适合的支付方式。电子支付可以轻松实现跨境支付，无论是个人消费还是国际贸易，都可以通过电子支付工具进行支付和结算，突破了地理和货币币种的限制。

2. 即时性

电子支付通常能够实现即时到账，使资金可以立即转移，加快了交易速度，提高了资金的流动性。电子支付的即时性是指资金转移和交易处理速度的特点。许多电子支付系统具有实时处理功能，意味着一旦支付被授权，资金便立即从付款方账户转移到收款方账户，使得交易可以立即完成。电子支付通常能够实现即时到账，这意味着资金可以在转移后立即可用。这种即时性非常适合在线购物、紧急支付或者其他需要立即确认的场景。电子支付系统通常能够快速确认交易，并向双方发送交易完成的通知，确保支付的及时性和可靠性。电子支付系统通常是全天候24小时、7天每周可用的，用户可以随时随地进行支付，无论是在白天、夜间、工作日还是假日。

对于跨境支付，一些电子支付系统采用了优化的国际结算网络和即时汇款服务，可以大大缩短跨境支付的处理时间，使得国际支付也能够快速完成。电子支付系统在进行在线交易时通常速度很快，几乎可以立即完成，这样就可以确保消费者在网上购物时能够得到及时的确认和反馈。电子支付的即时性使得支付变得更加方便、快捷和高效，为用户提供了更好的支付体验，同时也促进了商业交易的发展和创新。

3. 安全性

电子支付平台采用了多种安全措施，如数据加密、双重身份验证等，保护用户的支付信息和资金安全，相比传统的现金支付更为安全可靠。电子支付的安全性是确保支付过程中用户信息和资金安全的重要方面。为了增强安全性，许多电子支付系统采用双重认证机制，须用户输入密码、指纹或其他身份验证信息才能完成支付。电子支付平台通常会使用欺诈检测系统监控用户的支付行为，识别异常交易并采取相应的防范措施，保护用户账户的安全。电子支付系统会实时监控用户的支付活动，及时发现和阻止潜在的欺诈行为，保护用户的资金和账户安全。电子支付系统通常遵循行业标准和安全规范，如 PCI DSS（Payment Card Industry Data Security Standard，支付卡行业数据安全标准），确保系统的安全性和合规性。电子支付系统通常要求商家和服务提供商通过安全认证，确保其符合安全标准，并且能够保护用户的支付信息和资金安全。电子支付系统通过多种安全措施和技术保障用户的支付安全，为用户提供了安全可靠的支付环境。

4. 跨境支付

电子支付可以轻松实现跨境支付，无论是个人消费还是国际贸易，都可以通过电子支付工具进行支付和结算。跨境支付在电子支付领域具有一些特点，这些特点使得跨境支付相比国内支付多了一些挑战。跨境支付涉及不同国家或地区的货币转换，需要考虑汇率波动和费用，以确保资金的准确和有效转移。跨境支付须通过国际结算网络进行资金清算和结算，这就需要更长的处理时间和更高的费用。跨境支付须遵守不同国家或地区的法律法规和金融监管要求,包括反洗钱(AML)等合规规定。跨境支付涉及更复杂的交易环境和更多的参与方,可能会增加支付风险,如支付失败、延迟、资金冻结等问题。汇率波动可能会影响跨境支付的成本和效率,特别是在资金转移过程中存在时间差,汇率波动可能导致资金损失或额外成本。跨境支付通常需要使用不同的支付通道和金融机构来完成资金转移,这可能会增加支付的复杂性和成本。

为了提高跨境支付的效率和安全性,需要国际合作和协调,包括国际支付协会、支付清算机构、金融监管机构等的合作。跨境支付涉及多种支付系统和技术标准,需要确保不同系统之间的兼容性和互操作性,以实现跨境支付的顺畅和高效。跨境支付具有复杂性和挑战性,需要综合考虑货币转换、国际结算、合规和监管、支付风险等因素,以确保资金的安全、准确和及时转移。

5. 多样性

电子支付的多样性主要表现在其涵盖了多种支付方式和工具,以满足不同用户和场景的需求。电子支付包括信用卡、借记卡、移动支付、数字钱包、第三方支付平台、预付卡支付等多种支付方式。电子支付可以适用于线上支付、线下支付、个人转账、商业交易等各种场景,包括购物、餐饮、旅游、娱乐等各个方面。许多电子支付工具和平台具有跨境支付功能,可以方便地进行国际贸易、跨境消费、国际转账等操作。电子支付适用于不同年龄、职业、地区和文化背景的用户群体,包括个人用户、企业客户、政府机构等各种类型的客户。电子支付领域不断涌现出新的支付方式、工具和服务,如虚拟货币支付、区块链支付、人脸支付等,满足了用户个性化和创新性的需求。电子支付不仅提供支付功能,还提供了诸如账单管理、积分奖励、优惠活动等增值服务,提升了用户的满意度。

二、电子支付工具

(一)信用卡

信用卡是一种先消费后付款的支付方式。持卡人可以在商户处刷卡或输入卡号和相关信息,完成消费,然后在账单周期结束时,一次性还清全部消费或者分期付款。信用卡发行方为持卡人设定一个信用额度,表示可以在该额度范围内进行消费。超出信用额度的消费通常需要额外批准或者产生额外费用。如果持卡人选择分期付款,就会产生利息费用。此外,信用卡可能会产生年费、逾期费、提现费等各种费用。持卡人每月会收到信用卡账单,上面列明了当月的消费明细和

应还款项。持卡人需要及时还清账单上的欠款,以避免产生额外的利息和费用。

(二) 借记卡

借记卡是一种直接从持卡人银行账户中扣除款项的支付方式。持卡人在商户处刷卡或输入卡号和密码,支付金额会直接从银行账户中扣除,无需先消费后还款。借记卡并不提供信用额度,支付金额受限于持卡人账户的可用余额。如果账户余额不足,支付将被拒绝或者产生透支费用。由于借记卡支付直接扣款,因此不存在逾期利息和分期付款的问题。但是,如果账户余额不足以支付,则会导致透支,产生额外费用。借记卡通常更容易申请,适合用于日常消费和存取款。它也可以用于在线支付和跨境消费,具有便利性和灵活性。

(三) 数字钱包

数字钱包,也称电子钱包或移动钱包,是一种便携式的支付工具,通常以手机应用程序的形式存在。它允许用户存储付款信息、银行卡信息、优惠券、会员卡等,并通过智能手机或其他智能设备进行支付和交易。数字钱包可以存储用户的银行卡信息、信用卡信息、借记卡信息以及其他支付方式的信息,如预付卡、虚拟卡等。消费者可以使用数字钱包进行线上支付和线下支付,只需在商家处扫描二维码、输入支付密码或进行指纹识别等简单操作即可完成支付。数字钱包通常支持多种支付方式,包括信用卡、借记卡、银行转账、电子钱包余额、数字货币等。数字钱包采用加密技术和安全认证机制,确保用户的支付信息和资金安全。一些数字钱包还提供了指纹识别、面部识别、动态验证码等多种安全功能。数字钱包可以记录用户的消费记录和交易明细,并提供账单查询和管理功能,方便用户随时查看自己的支付信息。一些数字钱包还提供了优惠活动、折扣券、积分奖励等增值服务,用户可以享受到更多的购物优惠。一些数字钱包支持跨境支付功能,用户可以在国际商家购物时使用数字钱包进行支付,方便快捷。

(四) 移动支付应用

移动支付应用是指安装在智能手机或其他移动设备上的应用程序,用于进行电子支付和金融交易。这些支付应用程序通常由银行、第三方支付平台、科技公司或其他金融服务提供商开发和提供。例如,支付宝(Alipay)支持在线支付、转账、个人理财、生活缴费、扫码支付等多种功能,并提供了丰富的优惠活动和增值服务。微信支付(WeChat Pay)集成在微信应用程序中,用户可以通过微信支付进行在线支付、转账、扫码支付、公共事业缴费等操作。Apple Pay 是苹果公司推出的移动支付和数字钱包服务,适用于 iPhone、iPad、Apple Watch 等苹果设备。用户可以将信用卡、借记卡、预付卡等支付卡信息添加到 Apple Pay 中，并在支持 NFC 技术的终端进行支付。

（五）预付卡

预付卡是一种预先充值的支付工具，用户可以在购买商品或服务时使用预付卡余额进行支付，直到卡上的金额用尽为止。预付卡通常不需要与用户的银行账户相关联，用户可以直接使用预付卡进行支付，无需拥有银行账户。由于预付卡的支付金额受限于卡上的预存金额，因此不存在透支风险，用户只能消费卡上已有的资金，无法超支。预付卡通常具有与信用卡或借记卡相似的外观和尺寸，用户可以方便携带并在需要时进行支付。预付卡通常可以用于在线购物，用户只需输入预付卡上的卡号和相关信息即可完成支付。预付卡通常使用与信用卡和借记卡相似的安全技术，如密码、加密等，保障用户的支付安全。一些预付卡允许用户在使用过程中进行充值或余额查询，用户可以根据需要灵活管理预付卡账户的余额。预付卡是一种方便、安全、无需银行账户的支付方式，适用于礼品赠送和临时消费。

（六）虚拟货币

虚拟货币如比特币、以太币等通过区块链技术进行交易，用户可以使用这些数字货币进行跨境支付和在线交易。虚拟货币是一种数字化的资产，使用加密技术进行安全交易，不依赖于任何中央机构或政府发行和监管。虚拟货币使用加密技术保护交易的安全性和隐私性，确保交易信息和资金安全，防止欺诈和被篡改。虚拟货币可以在全球范围内进行交易，不受地域限制，虚拟货币交易通常快速便捷。一些虚拟货币具有投资价值，虚拟货币市场存在一定的波动性和不确定性，投资者需要面对价格波动、技术风险、监管风险等多种挑战和风险。虚拟货币的发展和应用为金融领域带来了新的可能性和变革，但同时也面临着监管、安全、隐私等方面的挑战和问题，需要持续关注。

（七）电子支票

电子支票是一种在线支付工具，用户可以通过银行或支付平台向收款人发送电子支票进行支付。电子支票通常通过银行或第三方支付平台提供，用于电子支付和转账，电子支票以数字化的形式存储在银行或支付平台的系统中，而不是以纸质形式存在。用户可以通过互联网银行、移动银行等渠道访问和管理电子支票。电子支票通常使用电子签名或数字签名来确认支付意愿和授权，取代了传统支票上的手写签名。用户可以使用电子支票进行在线支付和转账，无需纸质支票的物理传递和处理，节省了时间和成本。为确保支付安全，电子支票通常使用加密技术和安全认证机制，保护用户的支付信息和资金安全。银行或支付平台会记录电子支票的交易信息，包括支付金额、收款方信息、交易时间等，方便用户随时查询和管理。电子支票可以在任何时间、任何地点进行支付和转账，无需用户前往银行或邮寄支票，提高了支付的便捷性和效率。相比传统纸质支票，电子支票不需要大量的纸张和墨水，减少了资源消耗和环境污染，符合节能环保的理念。

（八）QR 码支付

QR 码支付是一种通过扫描二维码进行支付的方式，已经成为现代生活中的常见支付方式。用户扫描商家生成的二维码，确认支付金额和方式，即可完成支付。QR 码支付无需传统的银行卡或现金交易，只要用智能手机或其他设备扫描二维码，即可快速完成支付，节省了时间和人力成本。QR 码支付采用加密技术和安全认证机制，确保了支付过程中的安全性和可靠性。商家和用户的支付信息经过加密传输，防止了信息泄露和盗用。QR 码支付支持多种支付方式，包括银行卡支付、数字钱包支付、第三方支付平台支付等。QR 码支付适用于线上支付和线下支付，包括零售、餐饮、交通、旅游、公共事业缴费等各个领域，满足了不同场景的支付需求。QR 码支付的交易记录可以实时记录在用户和商家的支付账户中，方便用户随时查询和管理自己的支付信息。QR 码支付不需要传统的 POS 终端设备，商家只需通过生成二维码即可接受支付，降低了商家的支付成本和维护成本。QR 码支付作为一种新型的支付方式，具有便捷、安全、快速、多样化的特点，已经成为现代支付领域的重要组成部分，推动了移动支付的普及和发展。

三、电子支付安全管理

（一）电子支付安全技术保障

电子支付安全技术保障是确保在线交易安全的重要手段，涉及多个层面的防护技术和安全措施。

1. 加密技术

使用 SSL/TLS 等加密协议来加密用户和支付系统之间的通信，确保交易信息在传输过程中不被截获。

2. 多因素认证

结合密码、短信验证码、生物识别（指纹、面部识别等）等多种认证手段，提高账户安全性。

3. 风险管理和监控

通过实时监控交易行为，使用机器学习和模式识别技术来识别并阻止可疑或异常交易。

4. 安全标准和协议

遵循 PCI-DSS（支付卡行业数据安全标准）、EMV 标准（由 Europay、MasterCard 和 Visa 三大国际银行卡组织共同发起制定的金融支付标准）等行业规范，减少信用卡欺诈。

5. 安全令牌和电子签名

使用一次性密码或数字签名来进一步保护交易和身份验证。

6. 支付网关安全

确保支付网关具备强大的防火墙和入侵检测系统，防止恶意攻击。

7. 客户端安全

教育用户安装最新的安全软件，如防病毒程序和防间谍软件，保持操作系统和应用程序的更新，以防止恶意软件攻击。

8. 遵守数据保护法规

遵守《通用数据保护条例》（General Data Protection Regulation，GDPR）、《加州消费者隐私法案》（California Consumer Privacy Act，CCPA）等数据保护法规，确保用户数据的合法、合规处理。

9. 安全审计和合规性检查

要定期进行安全审计，确保支付系统的安全性，并遵守相关的法规和安全标准。

10. 支付设备的安全

对于实体店铺中的支付终端，要确保它们不易被篡改，使用封装技术和安全模块来保护支付信息。

11. 防钓鱼措施

使用网址过滤和防钓鱼软件来帮助用户识别和避免访问恶意网站。

(二) 电子银行安全管理

1. 电子银行安全评估的发展

20世纪90年代，随着互联网的普及，银行开始提供在线银行服务，允许客户通过互联网进行银行业务。1994年，SSL（安全套接层）协议的发布为互联网上的数据传输进行加密，提高了在线银行交易的安全性。1997年，美国《金融服务现代化法案》规定了金融机构必须采取措施保护客户的财务信息，促进了电子银行安全评估的发展。2000年，PCI-DSS的发布为电子支付系统提供了安全框架和最佳实践，推动了电子支付安全评估的发展。

2002年，Sarbanes-Oxley法案（SOX）要求上市公司和其审计师对内部控制和财务报告进行审计，也影响了金融机构的电子银行安全评估。2008年全球金融危机爆发后，金融机构开始加强风险管理，电子银行安全评估成为重要的控制手段之一。2013年，美国国家标准与技术研究所（NIST）发布《电子认证指南》，该指南提供了关于电子认证的最佳实践和指导，为电子银行安全评估提供了重要参考。2018年，欧盟《通用数据保护条例》的实施，加强了对个人数据保护的监管，促使金融机构对电子银行系统的安全性进行更严格的评估管理。2020年新冠疫情暴发后，电子银行成为人们主要的银行业务渠道，安全评估变得更加重要以保护用户的财务信息和数据安全。这些事件反映了电子银行安全评估在历史上的发展轨迹，随着技术、法规和市场环境的变化，电子银行安全评估也在不断演进和完善（图6.1）。

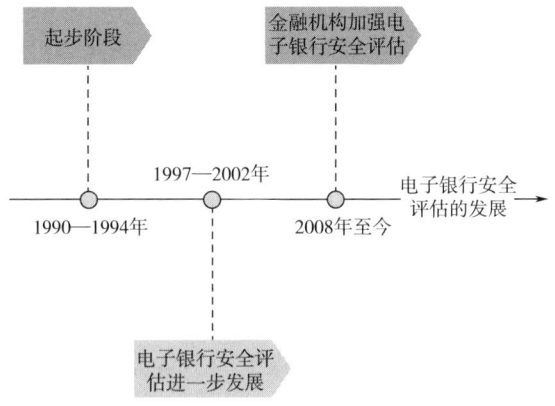

图6.1 电子银行安全评估发展

2. 电子银行安全评估的主要步骤

电子银行安全评估是一种系统性的过程，旨在评估和验证电子银行系统的安全性，以下是电子银行安全评估的主要步骤（图6.2）。

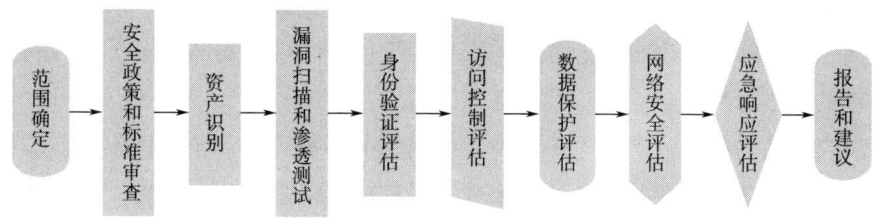

图 6.2　电子银行安全评估的主要步骤

第一，范围确定。明确评估的范围，包括哪些系统、应用程序、数据和网络将被评估。

第二，安全政策和标准审查。审查现有的安全政策、标准和流程，确保电子银行符合最佳实践和行业标准。

第三，资产识别。识别和分类所有相关的资产，包括硬件设备、软件应用、数据存储等。

第四，漏洞扫描和渗透测试。进行系统漏洞扫描和渗透测试，发现系统中的潜在漏洞，并评估电子银行对系统安全的影响。

第五，身份验证评估。评估身份验证机制的安全性，包括密码策略、多因素认证、安全问题等。

第六，访问控制评估。评估访问控制机制，包括用户权限管理、角色分配、访问审计等。

第七，数据保护评估。评估数据的保护机制，包括数据加密、数据备份、数据防护等。

第八，网络安全评估。评估网络设备和防火墙的配置，确保网络安全边界得到有效保护。

第九，应急响应评估。评估应急响应计划和流程，确保评估系统能够及时有效地应对安全事件。

第十，报告和建议。撰写详细的评估报告，总结发现的安全问题和建议改进措施，并向相关方提供建议和指导。

电子银行安全评估是一个持续的过程，随着安全威胁的演变，安全评估也需要定期更新和调整，以确保系统的安全性和稳定性。

(三) 加强电子支付安全综合管理

1. 电子支付安全综合管理的基本思路

电子支付安全综合管理的基本思路涵盖了技术、管理、法规和用户教育等多个方面，旨在构建一个全面、系统的安全管理体系。以下是实施电子支付安全综合管理的基本思路。

风险评估与管理。确定电子支付系统面临的各类风险，包括技术风险、操作风险、合规风险等。评估风险的概率和影响程度，确定风险优先级，并制定相应的风险应对策略。

制定安全策略和政策。制定针对电子支付安全的政策、流程和标准，明确安全责任和权限。确定安全控制措施和安全管理流程，包括访问控制、身份认证、数据保护等方面。

技术保障与控制。采用加密技术确保数据传输和存储的安全性。部署安全防护设备，如防火墙、入侵检测系统等，防范网络攻击。实施安全更新和漏洞修复，及时修补系统漏洞，减少安全风险。

身份认证与访问控制。实施多因素身份认证，确保只有合法用户能够访问系统。限制敏感信息和功能的访问权限，根据用户角色分配权限，实施最小权限原则。

数据保护与用户隐私保护。采用数据加密技术，保护用户敏感信息的存储和传输安全。遵守数据保护法规，保护用户隐私权，明确数据收集、使用和共享的规则。

安全监控与应急响应。建立实时监控系统，对用户行为和交易行为进行监控和分析，及时发现异常行为。制定应急响应计划，一旦发生安全事件，能够迅速响应并采取措施应对。

持续改进与培训教育。不断审查和改进安全控制措施，根据安全事件和威胁情况及时调整安全策略。定期对员工进行安全培训，提高其对安全意识和安全措施的认识。

合规性和监管遵从。遵守相关的法规和监管要求，如 PCI-DSS、GDPR 等，确保系统的合法合规运营。定期进行安全合规性审计，确保符合法规和标准的要求。

通过以上综合管理思路，可以建立一个完备的电子支付安全管理体系，确保电子支付系统的安全性和稳定性,保护用户的财产安全。

2. 完善电子支付相关的法律规范

数据保护法规:规定个人数据的收集、存储、处理和传输必须符合严格的隐私保护规定,如欧盟的《通用数据保护条例》(GDPR)。

支付安全法规:明确电子支付服务提供商需要采取哪些措施来保护用户账户和交易安全,如合规的身份验证、交易监控、风险管理等。

反欺诈法规:规定电子支付服务提供商需要采取措施来预防欺诈行为,并建立有效的投诉处理机制和赔偿机制。

反洗钱(AML)法规:要求电子支付机构实施客户尽职调查、交易监测和报告可疑交易等措施,以防范洗钱和资金来源不明的交易。

电子签名法规:确保电子支付中使用的数字签名和认证技术符合法律要求,具有法律效力和证明力。

合规性监管:设立专门的监管机构或部门,负责监督和管理电子支付市场,制定并实施相关的行业标准和规范。

网络安全法规:规定电子支付机构需要采取网络安全防护措施,防止网络攻击、数据泄露和系统故障等安全事件的发生。

用户权益保护:明确用户在电子支付过程中的权利和义务,规定电子支付服务提供商需要提供充分的信息披露和投诉处理机制。

市场准入和退出机制:设立电子支付市场准入门槛,确保新进入市场的机构具备必要的资质和能力,同时建立退出机制,规范市场竞争。

国际合作与标准对接:积极参与国际合作,加强与其他国家和地区的合作与交流,共同应对跨境支付和跨境电子支付的挑战。

这些法律规范的建立可以有效地规范电子支付市场,保护用户的权益,促进行业的健康发展。同时,法规的制定需要充分考虑行业发展特点和技术变化,保持与时俱进,不断完善调整。

第二节 金融科技

一、金融科技概述

(一)金融科技的概念

2016年,国际金融理事会首次对"金融科技"(Fintech)进行了定义,即金融科技是指基于大数据、云计算、人工智能和区块链等一系列新技术,并以这些技术创新为手段全面应用于支付清算、借贷融资、财富管理等金融领域以此提升金融服务效率,更好地管控风险。

(二) 金融科技的特征

1. 创新性

金融科技借助新技术和新模式,提供了许多传统金融机构无法提供的新产品和服务,如P2P支付、数字货币、智能投资等。从海量数据中挖掘出有价值的信息和洞察,为决策提供支持。

2. 开放性

金融科技注重开放性和共享性,促进了金融业务的跨界融合与合作,推动了金融创新和产业升级。

3. 合规性

尽管注重创新,但金融科技也需要符合相关的法规和政府监管要求,保障金融体系的稳定安全。

4. 全球化

金融科技是一个全球性的行业,创新和技术在全球范围内迅速传播和应用,推动了金融全球化发展。

5. 金融包容性

金融科技为传统金融服务的边缘群体提供了更多的金融服务和机会,促进了金融包容性和普惠金融的实现。

(三) 金融科技的主体

1. 初创企业(Startups)

初创企业是金融科技创新的重要推动者,它们通过创新的商业模式和技术解决方案,挑战传统金融机构,提供更便捷、高效、个性化的金融服务。这些初创企业可以是支付公司、借贷平台、投资服务提供商、区块链技术公司等。

2. 科技公司(Tech Companies)

科技巨头和技术公司也在金融科技领域发挥着重要作用。例如,谷歌、苹果、亚马逊等公司通过推出支付服务、数字钱包、智能投资等产品,进入了金融科技市场。

3. 传统金融机构（Traditional Financial Institutions）

传统银行、保险公司、证券公司等金融机构也在积极采用金融科技，以提升自身的服务水平和效率，降低成本，增强竞争力。它们通过自主研发、与初创企业合作或收购等方式融入金融科技生态系统。

4. 支付机构（Payment Providers）

支付公司和第三方支付平台是金融科技领域的重要参与者，它们通过技术创新和便利的支付服务，推动了数字支付的普及发展。

5. 投资者和风险投资机构（Investors and Venture Capitalists）

投资者和风险投资机构为金融科技的创新提供资金支持，通过对初创企业的投资和孵化，推动了金融科技行业的发展。

6. 政府和监管机构（Government and Regulatory Authorities）

政府和监管机构在金融科技发展中发挥着引导和监管作用，制定相关法规和政策，促进行业规范发展，保护用户权益，维护金融稳定。

7. 消费者和企业用户（Consumers and Businesses）

最终的金融科技服务的使用者包括个人消费者和企业用户，他们通过数字化渠道获得更便捷、灵活的金融服务，提高了金融效率。

这些主体共同构成了金融科技生态系统，推动了金融行业的变革创新。随着技术的进步和市场需求的不断变化，金融科技生态系统也在不断演进壮大。

（四）金融科技对金融业的影响

1. 创新金融产品与服务

金融科技推动了大量新产品和服务的涌现，如P2P借贷、数字支付、智能投资、区块链金融等，丰富了金融市场的产品组合，满足了不同用户的需求。

2. 降低交易成本

金融科技提高了金融服务的效率和自动化程度，降低了交易成本，包括手续费、交易费用和运营成本，使金融服务更加普惠。

3. 拓展金融服务边界

金融科技通过互联网和移动设备等数字渠道，拓展了金融服务的边界，实现了金融服务的随时随地、无缝连接，扩大了金融服务的覆盖范围。

4. 促进金融普惠

金融科技通过创新的金融产品和服务模式,降低了金融服务的门槛,使更多的人群能够享受到金融服务,推动金融普惠的实现。

5. 加强风险管理

金融科技借助大数据分析、人工智能等技术,提高了风险管理和预测能力,包括信用评估、反欺诈、交易监控等方面,降低了金融风险。

6. 挑战传统金融机构

金融科技的兴起对传统金融机构形成了竞争挑战,促使它们加快创新步伐,优化服务模式和提升服务水平,以应对竞争压力。

7. 推动金融行业变革

金融科技推动了金融行业的数字化转型和业务模式的变革,促使金融机构更加注重客户体验、创新和效率,推动了整个行业的变革与升级。

二、金融科技的发展

(一) 金融科技的发展历程

金融科技的发展历程如图 6.3 所示。

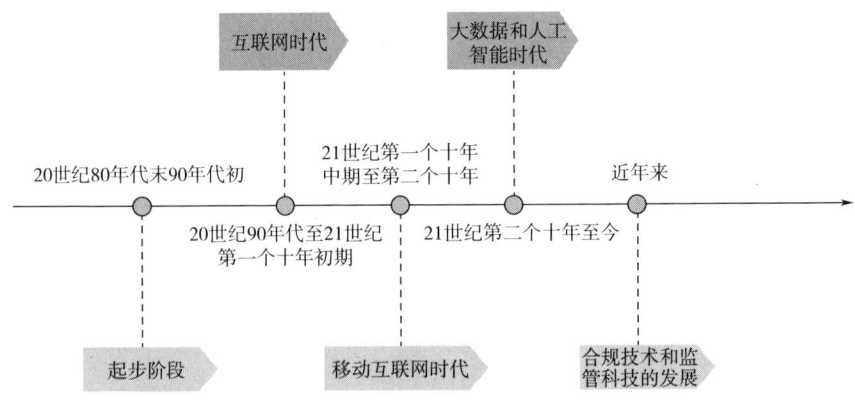

图 6.3 金融科技的发展历程

1. 起步阶段(20 世纪 80 年代末 90 年代初)

这一时期自动取款机(ATM)普及和发展。电子交易平台的兴起,为金融交易提供了在线平台。早期的在线支付系统的出现,为电子商务奠定了基础。

2. 互联网时代（20世纪90年代至21世纪第一个十年初期）

这一时期互联网普及和商业化，金融机构开始建立在线银行和电子支付系统。第三方支付平台出现，如 PayPal 等。电子商务的兴起，促进了在线支付和数字化银行的发展。

3. 移动互联网时代（21世纪第一个十年中期至第二个十年）

智能手机的普及和发展，推动了移动支付的兴起。应用程序（App）的兴起，为金融服务提供了更便捷的移动端体验。社交网络和电子商务的结合，促进了社交支付和P2P支付的发展。

4. 大数据和人工智能时代（21世纪第二个十年至今）

大数据和人工智能技术的应用，为金融风险管理、个性化推荐等提供了新的解决方案。区块链技术的兴起，推动了数字货币、智能合约等金融创新的发展。金融科技初创企业的崛起，以创新商业模式和金融科技技术为核心挑战传统金融机构。

5. 合规技术和监管科技的发展

合规技术和监管科技的出现，为金融机构提供了更有效的合规监管解决方案。金融科技与实体经济的融合，促进了金融服务的普惠性和可持续发展。

（二）金融科技的发展要素

金融科技萌芽期可以追溯到20世纪80年代末90年代初，当时信息技术和金融业开始相互融合，产生了一些早期的金融科技创新和实践。

1. 自动取款机的出现

自动取款机的发明和普及是金融科技发展的重要里程碑之一。首个自动取款机于1967年在伦敦问世，但直到80年代后期才开始在全球范围普及。自动柜员机的出现使得用户可以随时随地取款，改变了传统的银行服务模式。

2. 电子交易平台的兴起

20世纪80年代末，电子交易平台开始兴起，为金融交易提供了在线和实时的平台。这些平台为交易员和投资者提供了更便捷、更高效的交易方式，促进了金融市场的全球化和电子化。

3. 互联网的普及

互联网的普及和商业化为金融科技的发展奠定了基础。随着互联网技术的不断成熟，金融机构开始利用互联网建立在线银行、电子支付和电子商务等服务，拓展了金融服务的渠道。

4. 在线支付和电子银行的兴起

随着电子商务的发展，在线支付和电子银行开始兴起。1994 年，美国的 First Virtual Holdings 和 Netscape 公司分别推出了早期的在线支付系统，开启了在线支付的先河。此后，PayPal 等第三方支付平台的出现进一步推动了电子支付的发展。

5. 移动支付的出现

随着智能手机的普及，移动支付开始成为金融科技的热点。2007 年，苹果推出 iPhone，随后谷歌、三星等公司也相继推出了自己的智能手机，为移动支付的兴起创造了条件。

6. 区块链技术的发展

区块链技术作为一种去中心化的分布式账本技术，自 2008 年比特币的诞生以来逐渐发展壮大。区块链技术为金融行业带来了去中心化、安全、透明的交易方式，推动了数字货币和智能合约等金融创新的发展。

这些新技术共同促进了金融科技的兴起发展，为金融服务的数字化、智能化创新提供了技术基础和市场需求。

三、金融科技的核心技术

金融科技的核心技术涵盖了多个领域，包括但不限于以下几个关键方面。

（一）大数据分析

大数据分析技术被广泛应用于金融领域，用于处理和分析海量的金融数据，发现金融数据中的模式、趋势和关联性，从而提供更准确的预测和决策支持。大数据分析技术可以用于风险管理、信用评估、投资决策等多个方面。

1. 风险管理

大数据分析技术可以帮助金融机构识别和评估各种类型的风险，包括信用风险、市场风险、操作风险等。通过分析大量的历史数据和实时数据，可以发现潜在的风险因素，并采取相应的措施进行管理控制。

2. 信用评估

大数据分析可以帮助金融机构更准确地评估客户的信用风险，包括个人信用评分、企业信用评级等。通过分析客户的行为数据、交易数据等信息，可以更全面地了解客户的信用状况，从而更准确地做出信贷决策。

3. 市场分析

大数据分析可以帮助金融机构分析市场趋势、行业动态和竞争格局，为投资决策提供参考依据。通过分析大量的市场数据和经济指标，可以发现市场的潜在投资机会和风险，指导投资组合的优化和调整。

4. 个性化营销

大数据分析可以帮助金融机构根据客户的需求和偏好，设计个性化的营销策略和服务方案。通过分析客户的行为数据、交易数据等信息，可以更精准地了解客户的需求，从而提供定制化的产品和服务，提升客户满意度。

5. 反欺诈和安全监测

大数据分析可以帮助金融机构识别和预防欺诈行为，保护客户和机构的资金安全。通过分析大量的交易数据和行为数据，可以发现异常模式和风险信号，及时采取相应的措施进行防范和应对。

大数据分析在金融科技领域扮演着重要角色，为金融机构提供了更深入、更全面的数据洞察力，帮助金融机构更好地理解市场、客户和风险，从而提高服务效率、服务质量和竞争力。

(二) 人工智能和机器学习

人工智能和机器学习技术在金融领域有广泛的应用，包括智能投顾、信用评估、欺诈检测、客户服务等方面。通过分析历史数据和实时数据，人工智能和机器学习可以帮助金融机构做出更精准的预测和决策。人工智能和机器学习在数据分析、风险管理、客户服务等方面发挥着重要作用。

1. 智能投顾

人工智能和机器学习技术可以根据客户的投资目标、风险偏好和市场情况，为客户提供个性化的投资建议和组合管理。通过分析大量的历史数据和市场数据，智能投顾可以实现动态调整投资组合，以最大程度地实现投资目标并控制风险。

2. 信用评估

人工智能和机器学习技术可以通过分析客户的个人信息、行为数据、交易数据等多维度数据，构建更准确、更全面的信用评估模型。这些模型可以更好地识别客户的信用状况，帮助金融机构做出更精准的信贷决策。

3. 欺诈检测

人工智能和机器学习技术可以通过分析大量的交易数据和行为数据，发现异常模式和潜在的欺诈行为。这些技术可以实时监测交易过程中的异常情况，并及时采取措施进行识别和防范欺诈行为。

4. 客户服务

人工智能和机器学习技术可以通过自然语言处理和语音识别等技术，设置智能客服和虚拟助手，为客户提供更便捷、更个性化的服务。这些技术可以帮助金融机构实现 24 小时在线客服，并提供智能化的问题解决和建议。

5. 量化交易

人工智能和机器学习技术可以应用于量化交易策略的开发和优化，通过分析大量的市场数据和交易数据，发现市场交易信号和趋势，从而实现更稳定、更高效的交易策略。

6. 风险管理

人工智能和机器学习技术可以应用于风险管理模型的构建和优化，通过分析大量的历史数据和市场数据，识别和评估各种类型的风险，并采取相应的措施进行管理和控制。

综上所述，人工智能和机器学习技术在金融科技领域有着广泛的应用，可以帮助金融机构实现智能化、个性化和高效化的服务，提高金融机构服务质量和客户满意度，促进金融行业的创新和发展。

(三) 区块链技术

区块链技术作为一种去中心化的分布式账本技术，被应用于数字货币、智能合约、供应链金融、身份验证等多个领域。区块链技术通过去除中间人和增强交易安全性，为金融行业带来了全新的电子交易解决方案。

1. 数字货币

区块链技术的最著名应用之一是数字货币，如比特币、以太坊等。区块链技术通过去中心化的共识机制和加密算法，实现了安全、透明和不可篡改的交易，从而解决了传统货币体系中的安全问题。

2. 智能合约

智能合约是一种基于区块链技术的自动化合约，其中的条款和条件以代码的形式存储在区块链上,在满足特定条件时自动执行。智能合约可以用于各种金融交易合同,如支付、贷款、保险等,提高交易的效率和可信度。

3. 供应链金融

区块链技术可以应用于供应链金融领域。通过建立去中心化的供应链金融平台,实现供应链上各个环节的数据共享和资金流动,从而提升供应链的透明度和效率,减少供应链金融中的信任和风险问题。

4. 数字资产交易

区块链技术可以应用于数字资产交易平台,实现数字资产的安全、高效和透明的交易。区块链技术可以记录资产的所有权和交易历史,防止被篡改和双重支付,从而提高数字资产交易的安全性。

5. 身份验证

区块链技术可以应用于身份验证领域,实现安全、去中心化的身份验证系统。通过区块链技术,个人的身份信息可以被安全地存储在区块链上,并由个人控制访问权限,从而保护个人隐私和数据安全。

6. 跨境支付和清算

区块链技术可以应用于跨境支付和清算领域,实现低成本、透明的国际支付和结算。通过区块链技术,跨境支付可以实现实时结算,避免传统跨境支付中的延迟问题。

综上所述,区块链技术在金融科技领域有着广泛的应用,可以为金融行业带来安全、透明、高效的交易和服务,促进金融行业的创新。

(四)云计算

云计算技术为金融机构提供了高效、灵活和安全的计算和存储解决方案。金融机构可以通过云计算平台快速部署和扩展服务,降低运营成本并提高灵活性。云计算是一种基于互联网的计算模式,通过将计算资源(如服务器、存储和数据库等)提供给用户,以按需、灵活和可扩展的方式交付计算服务。在金融科技领域,云计算技术已经成为许多金融机构提高效率、降低成本和创新服务的重要工具。

1. 数据存储和管理

金融机构需要处理大量的数据,包括交易数据、客户数据、市场数据等。云计算技术可以提供弹性和可扩展的数据存储解决方案,帮助金融机构高效地存储和管理数据,并实现数据的安全备份。

2. 计算和分析

金融机构需要进行大规模的数据分析和计算,以支持风险管理、投资决策、客户服务等业务。云计算技术可以提供弹性和可扩展的计算资源,帮助金融机构快速部署和运行数据分析和计算任务,并实现实时或批量处理。

3. 应用开发和部署

金融机构需要快速开发和部署新的金融应用和服务,以满足市场需求和客户需求。云计算技术可以提供灵活的应用开发和部署任务平台,帮助金融机构加速应用开发周期,并实现快速迭代。

4. 安全和合规

金融机构需要确保金融数据和交易的安全性和合规性。云计算服务提供商都会提供一系列的安全和合规性措施,如数据加密、身份认证、访问控制等,保障数据和交易的安全和合规。

5. 业务扩展和灾备

金融机构需要保证业务的持续性和可用性,以应对突发事件和自然灾害。云计算技术可以提供灵活的业务扩展和灾备解决方案,帮助金融机构在需要时快速扩展业务规模或切换到备份数据中心。

综上所述,云计算技术在金融科技领域有着广泛的应用,可以帮助金融机构实现数据存储和管理、计算和分析、应用开发和部署、安全和合规、业务扩展和灾备等多个方面的需求,促进金融行业的数字化转型和创新发展。

(五)物联网

物联网技术在金融科技领域的应用越来越广泛,物联网技术可以将各种设备和传感器连接到互联网,为金融机构提供更多的数据支持和监控手段。物联网技术可以用于资产追踪、风险监控、保险索赔等方面。

1. 资产追踪

金融机构可以利用物联网技术通过安装传感器和定位设备对资产进行实时追踪和监控,包括现金、贵重物品、车辆等。

2. 风险监控

物联网技术可以帮助金融机构监控和识别各种类型的风险,如信用卡欺诈、交通事故、天气灾害等。通过在关键场所和设备上部署传感器和监控设备,可以实时收集和分析数据，发现潜在的风险因素，并采取相应的措施进行预防应对。

3. 客户体验

物联网技术可以帮助金融机构改善客户体验，提供更智能、更便捷的服务。例如，智能自动柜员机可以通过识别客户的身份和偏好，提供个性化的取款和存款服务；智能支付终端可以通过识别客户的手机或手环，实现无感应支付和自动结算。

4. 保险服务

物联网技术可以帮助保险公司实现更精准、更个性化的保险服务。例如，车载传感器可以监测驾驶行为和车辆状况，能令保险公司根据实际风险情况定价和理赔；健康追踪设备可以监测客户的健康状况，辅助保险公司设计健康保险产品和服务。

5. 智能支付

物联网技术可以实现各种智能支付场景，如智能家居支付等。通过在设备和场所上部署支付终端和传感器，可以实现无需人工干预的支付交易，提高支付的便捷性和安全性。

综上所述，物联网技术在金融科技领域有着广泛的应用，助力金融机构实现资产追踪、风险监控、客户体验、保险服务、智能支付等多个方面的创新和改进，促进金融行业的数字化转型和服务升级。

（六）生物识别技术

生物识别技术如指纹识别、虹膜识别、面部识别等被广泛应用于金融领域的身份验证和交易安全中，增强了交易的安全性和便捷性。

1. 指纹识别

指纹识别是最常见的生物识别技术之一，通过采集和比对用户的指纹，实现身份认证和交易授权。在金融领域，指纹识别技术可以应用于手机支付、自动柜员机收款、账户登录等场景，提高交易的安全性和便捷性。

2. 面部识别

面部识别技术通过采集和分析用户的面部特征，实现身份认证和交易授权。在金融领域，面部识别技术可以应用于移动支付、开户验证、自动柜员机取款等场景，无需额外硬件设备，优化了客户体验及提高了服务效率。

3. 虹膜识别

虹膜识别技术通过采集和比对用户虹膜的纹理，实现高精度的身份认证和交易授权。在金融领域，虹膜识别技术可以应用于高安全性场景，如贵重物品保险柜、金库进出口等，确保交易的可信度。

4. 声纹识别

声纹识别技术通过采集和分析用户的语音特征，实现身份认证和交易授权。在金融领域，声纹识别技术可以应用于电话银行、客服呼叫中心等场景，提高了客户服务的效率和质量。

5. 心电图识别

心电图识别技术通过采集和分析用户的心电信号，实现身份认证和交易授权。在金融领域，心电图识别技术可以应用于智能手环、智能手表等智能设备，增强了客户身份验证的安全性和便捷性。

6. 行为识别

行为识别技术通过采集和分析用户的行为特征，实现身份认证和交易授权。在金融领域，行为识别技术可以应用于客户操作行为、交易模式等方面，检测异常行为和欺诈行为，保障了交易的安全性。

生物识别技术在金融科技领域有着广泛的应用，这些核心技术相互交织、相互促进，共同推动着金融科技的不断发展和创新。随着技术的进步和应用场景的拓展，金融科技领域的核心技术也将不断演化和升级。

四、对金融科技的监管

(一) 金融科技监管的内容

金融科技的快速发展为数字商务带来了许多创新变革，但也带来了一些监管挑战。对金融科技监管的内容涵盖了以下几个方面。

1. 数据隐私与安全

监管机构对金融科技公司在处理客户数据时的隐私保护和安全措施提出了严格要求。这包括对个人数据的合法收集、使用和共享，以及对数据存储和传输过程中的安全保护措施。

2. 合规与监管技术

金融科技公司需要遵守金融监管机构的规定和标准，包括反洗钱（AML）、反恐怖融资（CTF）等方面的合规要求。监管技术也逐渐成为金融科技领域的重要趋势，通过技术手段帮助金融机构实现合规管理和监督报告。

3. 消费者保护

监管机构对金融科技产品和服务的透明度、公平性与安全性提出了要求，以保护消费者的权益。这包括产品信息披露、消费者投诉处理机制等方面的规定。

4. 金融稳定性

监管机构关注金融科技对金融系统稳定性的影响，特别是在支付、借贷和投资等领域。监管机构可能会采取措施来监测和管理金融科技公司的风险，防止系统性风险的发生。

5. 市场准入与竞争

监管机构需要平衡金融科技创新与市场准入的监管，以鼓励创新和竞争，同时确保市场秩序和金融稳定。这可能涉及对金融科技公司的注册、许可和监管审查等措施。

6. 跨境监管合作

随着金融科技跨境业务的增加，监管机构之间需要加强合作与协调，共同应对跨境金融科技创新带来的监管挑战。这包括信息共享、监管沙盒（Regulatory Sandbox）机制等形式的合作。

（二）金融科技监管的模式

金融科技监管的模式可以分为几种不同的类型，具体取决于监管机构的角色、监管对象的性质以及监管目标。以下是一些常见的金融科技监管模式。

1. 基于规则法律的监管模式

基于规则法律的监管模式是最传统的监管模式，即监管机构依据法律法规对金融科技公司的行为进行监管。监管机构会制定一系列规则标准，要求金融科技公司遵守，并进行监督和执法。这种模式通常适用于金融科技公司的注册、许可、合规等方面的监管。

2. 监管沙盒模式

监管沙盒是一种创新监管模式，旨在为金融科技创新提供测试和试验的环境。监管机构会设立一个特定的区域或平台，允许金融科技公司在受到一定监管框架和限制的条件下进行创新试验。这种模式可以促进金融科技创新，同时监管机构可以在实践中探索调整监管政策。

3. 行业标准自律监管模式

行业标准自律监管模式是指金融科技行业自身或相关行业组织会制定一系列自律规则和行业标准，约束行业内的行为和实践。监管机构通常会支持并监督这些自律机制，同时也会与行业组织合作，共同执行行业标准。

4. 风险导向的审慎监管模式

风险导向的审慎监管模式强调监管机构根据金融科技公司的风险特征和实践情况进行差异化监管。监管机构会通过风险评估、监控和审查等手段，识别和管理金融科技领域的风险，采取适当的监管措施保护市场稳定和消费者权益。

5. 国际合作跨境监管模式

随着金融科技跨境业务的增加，监管机构之间需要加强合作与协调，共同应对跨境金融科技创新带来的监管挑战。国际合作跨境监管模式包括信息共享、监管协议、跨境监管框架等形式的国际合作。

金融科技监管的模式可以是基于规则法律的监管、监管沙盒、行业标准自律监管、风险导向的审慎监管、国际合作跨境监管等不同类型，旨在维护金融市场的稳定和消费者的权益，促进金融科技行业的健康发展。不同的监管模式可能会结合使用，以实现更有效的监管目标。

(三) 金融科技监管的发展趋势

金融科技监管的发展趋势主要受到金融科技行业快速发展、技术创新和监管挑战的影响。以下是金融科技监管的一些发展趋势。

1. 创新监管方法

随着金融科技创新的加速，监管机构开始采用更加灵活和创新的监管方法，如监管沙盒、试点项目等，为金融科技公司提供测试和试验的环境，促进创新发展。

2. 数据驱动监管

监管机构越来越依赖数据分析和技术工具来监测金融市场的动态和风险。数据驱动监管可以帮助监管机构更准确地识别市场风险、预测趋势，及时采取监管措施，提升监管效率和监管效果。

3. 合作共治模式

监管机构与金融科技公司、行业组织、学术界等利益相关方之间的合作日益加强。通过共同制定行业标准、共享信息和经验等方式，促进金融科技行业的健康发展和监管效果的提升。

4. 跨界监管合作

随着金融科技跨境业务的增加，监管机构之间需要加强国际间跨界监管合作，共同应对跨境金融科技创新带来的监管挑战。建立跨境监管框架、信息共享机制等将成为未来的发展趋势。

5. 监管科技应用

监管科技的应用将成为监管的重要趋势。监管机构将采用人工智能、大数据分析、区块链等技术手段来加强监管监督，提高监管效率和监管精准度。

6. 强化消费者保护

随着金融科技服务的普及，监管机构将更加关注对消费者权益和数据隐私保护的服务。加强对金融科技公司的监管，规范产品设计和销售行为，提高对消费者的保护水平。

7. 注重金融稳定性

金融科技的发展可能带来新的风险和挑战，监管机构将更加重视金融稳定性和系统风险的防范。加强对金融科技公司的定期风险监测和评估，制定相应的监管政策和措施。

金融科技监管的发展趋势包括创新监管方法、数据驱动监管、合作共治模式、跨界监管合作、监管科技应用、强化消费者保护和注重金融稳定性等多个方面，旨在适应金融科技行业的快速发展和技术创新，维护市场秩序和消费者权益，维护金融市场的稳定和健康发展。

第三节　电子支付在金融科技领域的发展和创新

一、电子支付在金融科技领域的发展

（一）早期的电子化尝试（20 世纪 60 至 70 年代）

电子支付可以追溯到 20 世纪 60 年代至 70 年代，这一时期是电子金融服务初期探索和基础设施建设的关键时期。信用卡的引入是向电子支付迈出的重要一步。虽然最初的信用卡交易还是依赖纸质凭据，但它们奠定了后续电子支付的基础。虽然第一张信用卡 Diners Club Card 是在 1950 年引入的，但它和随后在 60 年

代推出的信用卡在当时的金融领域构成了革新。它们为消费者提供了一种无需立即支付现金就能购买商品和服务的方式。1958 年，美国银行（Bank of America）发行了 BankAmericard，这是第一张旨在广泛使用的信用卡，后来发展成为 VISA。随后，由几家银行共同创立的银行间信用卡协会（Interbank Card Association）推出了 Master Charge 卡，这张卡后来演变成 MasterCard。

1967 年，世界上第一台现代意义上的自动柜员机在英国由巴克莱银行投入使用，这标志着银行提供 24 小时服务的开始，也是电子支付领域的一大进步。为了支持新出现的信用卡系统，银行间网络开始建立，不同银行之间的交易成为可能。20 世纪 60—70 年代是电子支付技术初步形成和发展的时期，这个时期的技术和服务为后来的电子支付革命和金融科技领域的突飞猛进奠定了基础。随着计算机技术的不断进步和互联网的普及，电子支付方式在接下来的几十年里经历了巨大的变革，成为今天金融交易不可或缺的一部分。

（二）自动柜员机和电子转账（20 世纪 70 至 80 年代）

在金融科技领域的发展中，自动柜员机和电子转账系统在 20 世纪 70—80 年代扮演了重要角色。1967 年世界上第一台自动柜员机由英国的巴克莱银行推出。70 年代初，自动柜员机开始在全球范围内部署，为客户提供取款和存款服务。70 年代中期，自动柜员机开始实现跨银行网络连接，允许客户在不同银行之间进行交易。70 年代末期点销售系统（POS）开始出现，这允许在商店直接通过电子方式处理信用卡和借记卡交易。1970 年，美国建立了第一个电子转账系统（Electronic Funds Transfer System），实现了电子方式的资金转移。70 年代中期，随着电子技术的发展，电子转账系统开始广泛应用于各种金融交易，包括在线支付、工资支付等。1973 年，为了改善国际银行间的金融通信，SWIFT（国际银行金融电信协会）成立，提供了一个共同的网络平台，使得不同国家的银行能够安全快速地交换交易信息。80 年代初，自动柜员机逐渐普及，成为现代银行业务不可或缺的一部分。80 年代初电子转账系统进一步发展，包括自动化清算和结算系统，加快了资金流动速度。

（三）在线支付和电子商务的兴起（20 世纪 90 年代）

20 世纪 90 年代初，随着互联网的普及，出现了第一种在线支付方式，如通过信用卡信息进行网上购物支付。1994 年，第一个在线支付服务提供商 CyberCash 创立，为商家和消费者提供了安全的在线支付解决方案。90 年代初，互联网技术的发展促进了电子商务的兴起，使得消费者可以通过在线平台购买商品和服务。1995 年亚马逊和 eBay 等电子商务巨头成立，开创了在线零售和在线拍卖的新模式。90 年代中后期，电子商务开始快速发展，涵盖了各行各业，从传统零售到服务行业，为消费者和企业带来了新的商机和便利。1998 年，PayPal 成立，开创了基于电子邮件地址的在线支付模式，为个人和企业提供了方便快捷的支付方式。

（四）移动支付和智能手机时代（2000 至 2010 年）

21 世纪第一个十年初期，随着智能手机的普及，移动支付开始崭露头角，消费者可以通过手机进行支付交易。2007 年，苹果推出第一代 iPhone，开启了智能手机时代，为移动支付提供了便捷的硬件平台。2011 年谷歌推出 Google Wallet，进一步推动了移动支付的发展，让用户可以通过智能手机进行支付。2015 年以后，移动支付逐渐普及，各种移动支付应用如 Apple Pay、Samsung Pay、Alipay 和 WeChat Pay 在全球范围内快速发展，改变了人们的支付习惯。智能手机成为人们生活中不可或缺的一部分，为金融科技创新提供了强大的平台。

（五）数字货币及支付方式多元应用（2010 年至 2020 年）

数字钱包应用使得用户可以将支付信息数字化，通过手机等移动设备进行支付。P2P 支付应用，如 Venmo、Zelle 等应用的出现，使得个人之间的电子转账变得非常便捷。2011—2013 年，比特币作为第一个去中心化的加密货币开始流行，并逐渐受到全球关注，2017 年，比特币价格飙升至历史高位，吸引了更多投资者和机构的注意。2020 年至今，比特币作为一种替代投资工具和价值储存手段得到广泛接受，成为金融市场中不可忽视的一部分。区块链技术作为比特币的基础技术，被广泛应用于金融领域以及其他行业。区块链技术为数据安全性、透明度和去中心化提供了解决方案，被认为是一种颠覆性的技术。与此同时，多个新的加密货币项目和区块链平台涌现，如以太坊（Ethereum）、瑞波（Ripple）、链克（Chainlink）等。中央银行数字货币（Central Bank Digital Currencies，CBDC）的概念逐渐受到关注，一些国家开始探索发行自己的数字货币。

自 2010 年起，支付方式逐渐多元化，如 NFC（近场通信）技术的扩展，允许用户进行快速的无接触交易。通过指纹、面部识别等技术进行身份验证，提高了支付的安全性。2010 年，金融科技公司如 Revolut、TransferWise（现为 Wise）提供了低成本的国际转账服务。

许多国家实现了全国范围的即时支付网络，如中国的移动支付服务、欧洲的 SEPA 即时信用转账。监管机构推动银行开放数据接口（APIs），使得第三方开发者能够创造新的金融服务和支付解决方案。

（六）支付即服务和平台化（2020年至今）

1. 支付即服务

支付即服务（PaaS）是一种基于云计算和API技术的模式，允许企业通过第三方平台快速接入和整合支付解决方案，从而提供更灵活、便捷的支付服务。PaaS模式使企业可以快速部署支付功能，降低成本、提高效率，并为客户提供更好的支付体验。PaaS模式被广泛应用于各种行业，包括电子商务、零售、金融服务等，为企业提供了更加灵活和定制化的支付解决方案。企业不再需要自建支付系统，而是可以通过PaaS提供商快速集成支付服务。电子支付的未来将继续受到新技术的驱动，例如5G通信、物联网、人工智能以及更先进的加密和安全技术，这些都有潜力进一步改变支付领域的面貌。在金融科技领域的发展中，PaaS和平台化成为重要的趋势。

2. 平台化

平台化是指企业将自身的业务能力以平台的形式向外部开放，与其他企业或个人共享资源和服务，促进生态系统的建设和发展。在金融科技领域，许多公司通过建立开放式平台，将支付服务、金融产品和数据等资源整合在一起，为合作伙伴和客户提供全方位的金融服务。

平台化能够促进创新和合作，加快产品上市速度，提升用户体验，同时拓展市场份额和盈利能力。支付服务商和其他行业的企业进行跨界合作，推动支付服务在各个领域的普及和应用。

企业加速数字化转型，通过PaaS和平台化模式提升支付服务的便捷性和智能化水平。加强支付服务的安全性和合规性，保护用户信息和资金安全。综合来看，PaaS和平台化是金融科技领域的重要发展方向，有望进一步推动支付服务的创新和普及，促进金融科技行业的发展和变革。

二、电子支付在金融科技领域的创新

电子支付是指任何电子手段或互联网技术用于支付的过程。在金融科技领域，电子支付已经经历了多个创新阶段，从最初的在线银行服务到现在的移动支付和跨境支付解决方案。以下是一些值得关注的电子支付创新。

（一）移动支付多样化

移动支付解决方案是金融科技领域的一项重要创新，它使消费者可以使用移动设备（如智能手机、平板电脑等）进行支付。以下是一些常见的移动支付解决方案。

1. 数字钱包

数字钱包是一种应用程序，允许用户存储支付卡信息（如信用卡、借记卡、预付卡等）和其他支付信息，以便进行在线和线下购物。用户可以在购买商品或服务时使用数字钱包进行支付，而无需携带实体卡片。数字钱包是一种电子化的钱包，用于存储支付信息和进行电子支付。它通常是一款手机应用程序，允许用户安全地存储、管理和使用多种支付卡信息，包括信用卡、借记卡、预付卡等。用户可以将其信用卡、借记卡、预付卡等支付卡信息添加到数字钱包中。这些信息通常被加密存储在用户的设备或安全的云服务器上。用户只需打开数字钱包应用程序，选择要使用的支付卡，并通过安全的身份验证方式（如密码、指纹识别、面部识别等）完成支付。

数字钱包通常支持多种支付方式，包括近场通信、扫描二维码、在线支付等。这使得用户可以在不同的情境下选择最适合的支付方式。数字钱包通常采用高级加密技术保护用户的支付信息安全。此外，用户可以通过设定密码、启用双重认证等方式进一步增强安全性。

数字钱包通常提供支付记录、交易历史、账单管理等功能，帮助用户更好地管理其支付活动和财务状况。一些数字钱包还提供与商家合作的优惠活动和奖励计划，例如折扣、返现、积分等，为用户提供额外的价值。许多数字钱包应用程序可以在不同的操作系统平台上使用，包括 iOS、Android 等，使得用户可以在不同设备上方便地访问其支付信息。

2. Apple Pay

Apple Pay 是由苹果公司推出的一种移动支付和数字钱包服务。它利用了苹果设备（如 iPhone、iPad、Apple Watch 和 Mac）上的近场通信技术，允许用户使用存储在设备中的支付卡信息进行安全的支付。Apple Pay 支持多种支付卡类型，包括信用卡、借记卡和预付卡。用户可以将其 Visa、Mastercard、美国运通（American Express）等卡片添加到 Apple Pay 中，并在需要时选择相应的卡片进行支付。Apple Pay 支持苹果公司的多种设备，包括 iPhone、iPad、Apple Watch 和 Mac。用户可以在这些设备上使用 Apple Pay 进行支付，无需携带实体卡片。除了在实体店铺和在线购物中使用外，Apple Pay 还可以用于其他场景，如公共交通、应用内购买、应用和网站上的小额支付等。Apple 强调了对用户隐私的重视，Apple Pay 并不会存储用户的交易信息，也不会跟踪用户的购买行为。所有的交易信息都被加密处理，不会传输给商家。Apple Pay 为用户提供了一种安全、便捷的支付方式，改变了传统的实体卡支付方式，成为现代生活中不可或缺的支付工具之一。

3. Google Pay

Google Pay 是由谷歌推出的移动支付和数字钱包服务。它允许用户在 Android 设备上使用存储在 Google 账户中的支付卡信息进行支付，同时也支持近场通信支付。Google Pay 支持用户通过添加信用卡、借记卡和预付卡等支付卡信息来进行支付。Google Pay 采用了多重安全措施来保护用户的支付信息。用户的支付卡信息在添加到 Google Pay 时会被加密存储，并且在进行支付时使用虚拟账号而不会向商家传输实际的卡号。此外，用户可以通过设备上的密码、指纹识别或面部识别来确认交易。Google Pay 使用户可以在手机、智能手表和其他支持的设备上轻松进行支付。用户只需解锁设备，将其靠近 POS 终端，并通过身份验证来完成支付。

Google Pay 支持 Android 设备和 Wear OS 智能手表。用户可以在这些设备上安装 Google Pay 应用程序，并将其与其支付卡信息关联，以便进行支付。除了在线和线下购物之外，Google Pay 还支持其他功能，如公共交通、应用内购买、应用和网站上的小额支付等。Google Pay 还提供了一些奖励计划和优惠活动，使用户可以在使用 Google Pay 进行支付时获得额外的奖励或优惠。Google Pay 强调保护用户的隐私，不会将用户的支付信息用于广告目的。Google Pay 为用户提供了一种方便、安全的支付方式，使他们可以更轻松地进行购物和其他支付活动。

4. Samsung Pay

Samsung Pay 是三星电子推出的移动支付和数字钱包服务。Samsung Pay 支持用户通过添加信用卡、借记卡和预付卡等支付卡信息来进行支付。与其他移动支付解决方案不同的是，Samsung Pay 还支持使用磁条技术（Magnetic Secure Transmission，MST）进行支付，使用户可以在几乎所有的 POS 终端上进行支付，即使 POS 终端不支持 NFC 技术。Samsung Pay 采用了多重安全措施来保护用户的支付信息。用户的支付卡信息在添加到 Samsung Pay 时会被加密存储，并且在进行支付时不会向商家传输实际的卡号。此外，用户可以通过设备上的指纹识别、面部识别或 PIN 码来确认交易。Samsung Pay 使用户可以在支持的 Samsung 手机、智能手表和其他设备上轻松进行支付。用户只需解锁设备，选择要使用的支付卡，并将设备靠近 POS 终端，即可完成支付。Samsung Pay 还支持通过在设备上绘制付款卡的形状来快速选择卡片的功能。

Samsung Pay 提供了一些奖励计划和优惠活动，使用户可以在使用 Samsung Pay 进行支付时获得额外的奖励或优惠。这些奖励通常包括积分、返现等形式。Samsung Pay 支持三星公司的一系列智能手机、智能手表和其他设备。用户可以在这些设备上安装 Samsung Pay 应用程序，并将其与其支付卡信息关联，以便进行支付。除了在线和线下购物之外，Samsung Pay 还支持其他功能，如公共交通、应用内购买等。用户可以使用 Samsung Pay 来支付车费、地铁票价等。Samsung Pay 为用户提供了一种方便、安全的支付方式，使他们可以更轻松地进行购物和其他支付活动，尤其是在没有近场通信技术的 POS 终端上也能够实现支付。

5. 支付宝

支付宝如今已成为全球最大的移动支付平台之一。支付宝为用户提供了在线支付、扫码支付、转账、缴费、信用卡还款、余额宝（理财）、芝麻信用等多种支付和金融服务功能。用户可以通过支付宝完成各种交易，包括购物支付、水电煤缴费、跨境汇款等。支付宝是一种数字钱包应用程序，用户可以在其中绑定银行卡、信用卡等支付方式，并通过扫描二维码或输入收款方账号完成支付。支付宝还支持多种支付方式，提供了便捷的支付体验，用户只需打开支付宝应用程序，选择要使用的支付方式和金额，通过指纹识别、面部识别或输入密码等方式确认支付即可完成交易。支付宝还支持一键付款功能，简化了用户的支付流程。支付宝不仅提供支付功能，还提供了多种生活服务，包括外卖订餐、打车租车、酒店预订、机票火车票预订等。用户可以通过支付宝享受便捷的生活服务，实现"生活缴费、一站搞定"。

支付宝支持跨境支付功能，用户可以轻松进行境外支付和跨境汇款。用户可以通过支付宝将人民币转换为外币支付国际商家，或向国外用户进行汇款。支付宝采用了多重安全措施来保障用户的交易安全。除了密码和指纹识别等身份验证方式外，支付宝还实施了风险识别和反欺诈技术，保护用户的资金和信息安全。支付宝积极参与公益事业，推动数字化普惠金融，助力贫困地区脱贫攻坚。支付宝还提供了各种便民服务，如社会保险、医疗健康、教育培训等。它在中国以及全球范围内拥有庞大的用户群体，支持多种支付方式，包括 QR 码支付、扫码支付、近场通信支付等。

6. 微信支付

微信支付于 2013 年正式推出。微信支付的推出为用户提供了更便捷、安全的支付方式，并成为中国日常生活中不可或缺的支付工具之一。微信支付为用户提供了在线支付、扫码支付、转账、红包、信用卡还款、公共事业缴费等多种支付和金融服务功能。用户可以通过微信支付完成各种交易，包括购物支付、水电煤缴费、转账支付等。微信支付是一种数字钱包应用程序，用户可以在其中绑定银行卡、信用卡等支付方式，并通过扫描二维码或输入收款方账号完成支付。微信支付支持多种支付方式，包括扫码支付、H5支付、小程序支付等。

这些移动支付解决方案在全球范围内得到了广泛应用，为消费者提供了更加便捷、安全的支付体验，同时也推动了数字化支付的普及和发展。

（二）区块链技术的支付应用

1. 去中心化支付

区块链技术使得加密货币支付可以在去中心化的环境中进行，无需依赖传统金融机构或中央银行，而是通过去中心化的区块链网络进行支付。在传统的中心化支付系统中，例如银行或支付平台，支付过程需要信任中介机构来处理交易及验证支付的有效性；而在去中心化支付中，交易直接由区块链网络上的节点进行验证和记录，而无须信任任何单一的中介机构。由于去中心化支付是通过区块链网络进行的，交易将被多个节点验证和记录，因此具有较高的安全性和防篡改性，这使得支付过程更加安全可靠。所有的支付交易都被记录在区块链上，并以公开透明的方式进行存储验证，这使得支付过程是可追溯的，任何人都可以查看和验证交易的有效性。由于去中心化支付不需要通过中介机构进行处理验证，特别是对于跨境支付等复杂支付场景，去中心化支付可以提供更高效的解决方案。一些去中心化支付系统可以实现一定程度的匿名性，使用户在支付过程中保持隐私和匿名。

2. 安全性和不可篡改性

区块链技术通过加密算法和分布式账本的特性，保障了加密货币支付的安全性和不可篡改性。每个交易都被记录在区块链上，并经过加密和验证，防止了交易的篡改和双重支付等欺诈行为。尽管区块链是公开的分布式账本，但加密货币支付可以实现一定程度的私密性和匿名性。用户可以使用加密钱包地址进行支付，而不需要提供个人身份信息，从而保护了交易的隐私。由于区块链技术的特性，加密货币支付可以实现快速和低成本的跨境支付。与传统的跨境汇款方式相比，加密货币支付可以近乎即时完成交易，而且通常具有较低的交易费用。所有的交易都经过加密处理，并且需要网络中的多方验证和记录，确保交易的安全性。区块链网络中的每个节点都保存了整个账本的副本，并且交易需要经过共识机制的验证才能被确认。这种分布式存储和验证机制，赋予了区块链强大的抗攻击能力和系统稳定性，可以有效防范单点故障和数据篡改等安全问题。

区块链具有不可篡改性，使得区块链具有很高的数据可信度和完整性，任何对数据的修改都会被迅速发现和纠正。这对于金融、供应链管理、医疗保健等领域中对数据安全和可信度要求较高的场景尤为重要。安全性和不可篡改性是区块链技术的重要特征，它们为区块链在数字支付、智能合约、供应链管理、数字身份认证等各个领域的应用提供了安全可靠的基础。随着区块链技术的不断发展和完善，安全性和不可篡改性依旧会是区块链技术的重要优势。

3. 智能合约支付

智能合约是一种以代码形式存储在区块链上的自动化合约，其中包含了各种预设条件。一旦满足了预设条件，智能合约将自动执行，并在区块链上记录相应的交易。所有的智能合约支付交易都将被记录在区块链上，以公开透明的方式进行存储和验证。这意味着支付过程是可追溯的，任何人都可以查看和验证交易的有效性。由于智能合约是以分布式网络上的多个节点进行验证和执行的，因此具有较高的安全性。智能合约的执行过程是不可篡改的，无法被任何单个实体控制或修改。智能合约支付可以减少支付过程中涉及的中间人和手续费，从而降低了支付成本。由于智能合约是通过代码自动执行的，因此可以减少人工操作管理的成本。智能合约可以支持各种支付方式，例如定时支付、条件支付、分期支付等。这使得智能合约支付可以适用于各种复杂的支付场景，提供更灵活的支付解决方案。智能合约支付在数字经济中具有广泛的应用前景，特别是在金融服务、供应链管理、物联网支付等领域。

4. 即时支付系统

许多国家已经推出了国内即时支付系统，如中国的网联、英国的 Faster Payments Service、欧洲的 SEPA 即时支付等。通过区块链技术和分布式账本技术，如 Ripple，旨在简化和加速国际汇款过程。国际金融公司如 TransferWise（现称为 Wise）提供了更低成本和更透明的汇率服务。即时支付系统是一种能够实现即时交易和资金清算的支付系统。这些系统通常设计用于在购买商品或服务时，立即完成支付，以确保交易双方能够快速获得对价。

许多国家的银行系统提供即时支付服务，允许银行客户通过银行账户之间直接转账，实现即时支付。例如，美国的 Zelle、欧洲的 SEPA Instant Credit Transfer

(SCT Inst)、英国的 Faster Payments Service 等都是银行间即时支付系统的实例。即时支付网关是一种专门设计用于电子商务网站的支付系统,允许客户在购物过程中立即进行支付。这些网关通常与商家的网站集成,并支持各种支付方式,如信用卡、借记卡、电子钱包等。即时支付系统通过利用现代金融科技,为用户创造了快速、安全的支付体验,促进了商业交易的快速发展和数字化转型。

5. 跨境支付创新

电子支付平台通过利用创新的技术及金融工具,可以降低高额的手续费和汇率成本,使跨境支付更加经济高效。电子支付技术可以打破地理边界,无论是个人消费者还是企业客户都可以方便地进行跨境支付。电子支付平台利用人工智能和大数据分析技术,可以对支付交易进行实时监控和分析,识别潜在的交易欺诈行为,增强跨境支付的安全性和可靠性。电子支付技术使得全球范围内的个人和企业都能够轻松接入金融系统,从而拓展了金融包容性。

本章小结

本章深入探讨了电子支付与金融科技的关系及其发展趋势。电子支付作为现代金融体系中不可或缺的一部分,其便捷性、高效性和安全性已得到广泛认可。金融科技,作为推动金融行业创新的重要力量,为电子支付的发展提供了强大的技术支撑和创新动力。电子支付与金融科技是相互依存、相互促进的。未来,随着技术的不断进步和应用场景的不断拓展,电子支付与金融科技会持续深度融合发展,为金融行业带来更多的创新和发展机遇。同时,我们也需要关注电子支付与金融科技发展中潜在的风险和挑战,加强监管和防范风险,确保金融行业的稳健发展。

案例分析

支付宝,作为阿里巴巴集团旗下的核心支付工具,自 2004 年诞生以来,便以其独特的商业模式和创新的金融科技应用,深刻改变了中国乃至全球的支付方式和金融生态。

支付宝与金融科技的融合创新,降低了金融服务的门槛和成本,让更多人能够享受到便捷的金融服务,推动了金融服务普惠化。支付宝等金融科技企业的崛起,对传统金融机构构成了挑战和机遇,传统金融机构纷纷加大科技投入和创新力度,推动自身向数字化、智能化方向转型升级。支付宝等金融科技的发展和应用，正在重塑金融行业的生态格局：一方面，金融科技企业与传统金融机构之间的合作与竞争日益加剧；另一方面，金融科技也在推动金融行业与其他行业的深度融合和创新发展。

支付宝与金融科技的融合创新，是电子支付与金融科技融合发展的一个成功案例。通过不断创新和应用新技术，支付宝不仅为用户提供了更加便捷、高效、安全的支付体验，也推动了整个金融行业的变革和发展。

复习思考

1. 电子支付的主要优势是什么？
2. 金融科技对电子支付产生了哪些影响？
3. 电子支付在金融科技领域的未来发展趋势是什么？

第七章
数字商务与数字营销

学习目的与要求

- 掌握数字商务中的营销环境特征
- 理解数字营销的基本概念、战略与策略
- 提高市场分析能力与营销实践能力

引导案例

数字网络媒体的新应用

2021年，我国互联网普及加速，网络媒体用户规模扩张，数字营销的影响力不断扩大（见图7.1、图7.2）。5G、大数据、云计算、物联网、区块链、人工智能等信息技术进一步融入数字媒体发展全链条，大流量、高密集度的营销作品不断进入消费者的视野。根据第49次《中国互联网络发展状况统计报告》，截至2021年12月，我国网民规模达10.32亿人，成为全球最大且最具生机的网络数字社会，媒体成为民众获取资讯的重要途径。

图 7.1　数字网络媒体

图 7.2　数字视频媒体

在此背景下，营销进入了数字营销的新赛道，实现了跨"介"与跨"界"融合信息生产与传播的新征程，进一步取代传统营销渗透到信息传播的各个环节，实时描绘精准用户画像，更加全方位地了解用户需求和兴趣，产生更大社会价值。

资料来源：国家信息中心：《2021 年中国网络媒体发展报告》。

第一节　数字商务中的营销环境

一、21 世纪企业面临的社会环境

21 世纪以来，科学技术飞速发展，生产力不断进步，人们的消费形态也不断变化，加上政治、经济、社会环境的巨大变化，企业市场营销呈现了压力与机会并行的态势。综合而言，企业面临的营销环境的主要特点如下。

（一）全球化与多极化趋势

随着数字经济的迅猛发展，全球市场日益扩张，国际贸易增长势头强劲，企业所面对的市场已经超越了单一地区或国家的范畴，拓展到了全球范围。互联网和数字媒体技术的快速进步，极大地推动了全球化的进程。如今，企业可以通过互联网和社交媒体平台迅速触及全球潜在客户，突破了地理空间的限制。无论是通过跨境电商平台销售产品，还是利用在线广告推广品牌，企业都能够轻松触及全球消费者，实现市场拓展和品牌推广。与此同时，世界多极化的趋势也愈发明显[1]。亚太、北美、欧盟等地区经济地位不断提升，成为拉动全球经济增长的重要引擎。这种多极化趋势为企业提供了更广阔的市场空间，也带来了更加激烈的

---

[1]　左凤荣. 中俄战略协作伙伴关系顺利发展的经验与启示：纪念《中俄睦邻友好合作条约》签署 20 周年［J］. 苏州科技学院学报（社会科学版），2021，38（3）：24-29，100.

竞争。

（二）经济全球化与知识经济的崛起

随着全球化的深入发展，各国经济联系日益紧密，经济全球化趋势日益显现，并且逐步向纵深发展。这为企业进军国际市场、开展跨国经营提供了更为广阔的市场空间和更为丰富的资源。企业通过参与全球产业链和价值链，提升企业竞争力和创新能力，可以获得更多的技术、资金和管理经验。同时，知识经济强调创造、传播和运用知识，知识经济对企业创新能力和技术水平提出了更高要求。在此背景下，知识既成为生产的动力又成了产品本身。企业通过利用高科技，突破了地域边界，以知识经济为基础，以信息化手段为媒介，以自身产品技术优势为主导，开展跨国经营。

（三）科技进步推动商品结构高级化

在科技日新月异的今天，商品结构正发生着空前的变化，这种变化更多体现在以精细化、定制化、柔性化为代表的高级化。这种变化不仅体现在产品的外在形态和功能上，而且体现在企业的研发、生产、市场战略等都受到了更深层次的影响上。随着科技的不断进步与创新，更多的科技元素与创新思维被融入众多产品中，大大增加了产品的附加值。这些产品技术含量更高，市场前景更广阔。企业通过应用新材料、改进制造工艺，实现了体积缩小、重量降低，在提升产品性能与效率的同时，也将更加便捷、个性化的使用感受带给消费者。附加值高、知识含量高的产品越来越多。

（四）消费者需求多样化与个性化

21世纪以来，消费需求的多样化趋势日益显著。当前，消费者已经不再仅满足于产品的基本功能和价格需求，不再单纯关注使用需求，他们对产品的品质、功能、外观等方面都有了更高的要求。在功能上，消费者追求更多创新实用性，希望产品能够带给他们更多便利和愉悦体验。在外观上，消费者更希望产品能彰显与其个性相符的独特风格与品位。他们希望企业能够真正了解其需要，并为他们量身打造一套适合自己的方案。此外，消费者希望得到更贴心、更专业的服务，包括购物体验、售后服务及顾客关怀等，均期望获得更具专业性与人性化的服务。

（五）网络营销与社交媒体营销的兴起

随着互联网技术的飞速发展，网络营销和社交媒体营销在21世纪的企业营销战略中占据了举足轻重的地位。特别是近年来，随着智能手机的普及与移动互联网的崛起，网络营销和社交媒体营销已经成为企业不可或缺的一部分。以美国为例，在线视频是最重要的内容曝光形式（图7.3），无论是YouTube上的短视频，还是Netflix上的长篇剧集，都吸引了大量用户的关注。网络营销通过利用互联网平台和工具，将企业的产品和服务信息传递给目标受众，实现品牌宣传、销售促进和客户关系管理等多种目的。企业通过搜索引擎优化（SEO）、搜索引擎营销（SEM）、邮件营销、内容营销等手段，对潜在客户进行更精准的定位，提升营销效果。社交媒体营销充分利用了社交媒体平台的互动性和社交性，通过有趣且有价值的内容发布，吸引用户的关注和参与，进而提升品牌知名度。在Facebook、Instagram和Twitter等社交媒体平台上，企业可以向大量潜在用户快速传播信息，与用户互动，了解用户需求和反馈，扩大品牌影响力。同时，众多用户互动分享的特点赋予了社交平台极高的营销价值，广告主逐渐从新闻资讯迁移到视频媒体，从广告曝光迁移到广告交互。

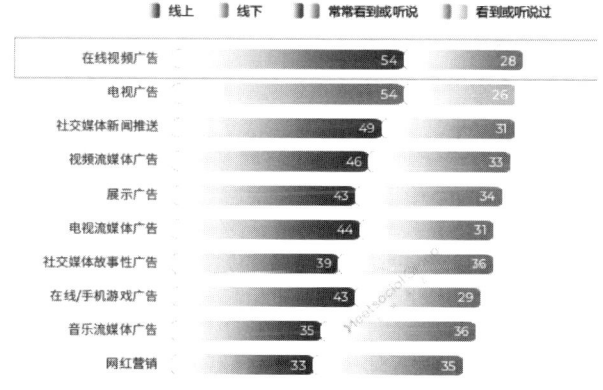

图7.3　2023年美国不同渠道曝光对比

资料来源：Kantar Media Reactions 2023，Meet Intelligence。

二、21世纪市场竞争的主要特点

（一）产品寿命周期明显缩短

科技的飞速进步和消费者需求的多样化正不断重构市场竞争的格局，其中一个显著的特点，就是产品寿命周期明显缩短。新技术、新工艺和新产品的开发速度不断加快,以往需要数年甚至数十年才能研发出来的产品,现在可能在短短几个月或几年内就能推向市场。这种快速的创新周期倒逼企业加强创新能力,使得企业不断通过推出新产品来抢占市场份额,提升品牌影响力。

(二)数字化转型

互联网、大数据、人工智能等技术迅猛发展,使企业的运营模式和市场竞争格局发生深刻的变革。数字化在加剧市场竞争程度的同时,也成为推动企业发展的利剑。在数字化变革的浪潮下,企业对各类信息的获取和处理更加便捷,从而对市场动态、消费需求的把握也更加精准。这使得企业在经营策略的灵活调整和市场竞争力的提升上,能够对市场变化做出快速反应,但也给企业带来了不小的挑战。快速发展的数字化技术使得各企业逐渐缩小了信息鸿沟,企业间的竞争也变得更加白热化,更加扑朔迷离。

(三)消费者的期望值提高

21世纪,信息获取更加便捷,消费者对产品和服务的期望也不断提高。消费者不再满足于基本使用需求,而是在品质和性能上追求独特风格与品位。消费者期望企业能够精准理解其需求,并为他们提供量身定制的解决方案。消费者不仅追求产品的实用性和创新性,对服务亦提出更高标准,包括要求更贴心、更专业、更个性化的服务。

三、新的竞争环境对市场营销策略的影响

21世纪,新的竞争环境对市场营销策略产生了深远的影响。随着科技的快速发展、消费者需求的多样化以及市场全球化的推进,企业面临着前所未有的机遇和挑战。这些变化要求企业不断调整和优化市场营销策略,以适应新的竞争环境。

(一)科技的进步推动了数字营销的发展

互联网、大数据、人工智能等技术的应用,使得企业可以更加精准地定位目标市场,实现个性化的营销。企业通过收集分析消费者的数据,从而对其兴趣、喜好、购买行为等进行了解,并据此制定针对性的营销策略,这不仅提高了营销效率,而且使营销费用得到了降低,从而为企业带来了更多的竞争优势[1]。

---

[1] 杨县宗,唐豪. 论网络营销中的价值分析[J]. 经济论坛,2007(2):3.

(二) 消费者需求的多样化要求企业持续创新

在当今竞争激烈的市场环境下，消费者不满足于基本需求，而更多的是要求彰显个性并且高品质的产品和服务。企业要持续推出新产品并对现有产品加以改进，同时提供更加优质的服务以满足消费者的多样化需求，以此增强消费者的购买欲和忠诚度，使企业长期稳定发展。另外，企业的品牌建设与口碑管理也非常重要，企业通过提升自身品牌形象与口碑，从而吸引并留住消费者。

(三) 市场全球化的推进使企业面临更加激烈的国际竞争

企业需要关注全球市场的变化和趋势，制定跨国营销策略，以在全球范围内推广产品和服务。同时，企业还需要了解不同国家和地区的文化差异与消费者习惯，以更好地适应市场需求。

第二节 数字营销的基本概念

2022年，可口可乐通过概念创新、应用技术创新，将抽象的口味，通过具象的营销，吸引了更多的年轻一代。元宇宙作为人类数字化、智能化高度发展下的虚实融合的社会新形态，大多数人看它就像"雾里看花"，但正是这种神秘感充满着吸引力。2022年2月，可口可乐重磅发布了首款限定产品"星河漫步"，从视觉、嗅觉、味觉、听觉多维度为消费者营造了一种"唤起太空之旅"的沉浸式体验；4月，推出限量版饮料"像素无糖可乐"，将宇宙、科幻元素与神秘感的紫色做包装融合，logo也以像素方块形式呈现，氛围感拉满；5月，推出了以虚拟世界为主题的"律动方块"，旨在营造创意体验对话更多年轻消费者（图7.4）。

图7.4 可口可乐的营销主题

可口可乐更是在全球范围内配合推出了"乐创无界"创意平台，通过限定产品的发布、沉浸式的互动体验以及符合年轻一代的文化创意，赋予标志性的可口可乐以全新的表达方式和意义。"律动方块"产品从口味到包装都以太空为主题，借助元宇宙这一概念，运用产品限定、AR游戏、虚拟人等营销手段，将品牌文化融合其中，深刻洞察当今年轻消费群体的消费心理与消费需求，以更具想象力的产品表达和更新潮的营销方式与之建立联系，为消费者打造出丰富的沉浸式体验，以文化创意和科技理念开启百年品牌的新赛道①。

一、数字营销在中国

技术创新始终是推动数字营销持续发展的关键因素。纵观中国数字营销的演变，其发展与互联网媒体形态的进化是紧密相连的。数字营销在中国可以追溯到20世纪90年代末，在接下来的二十多年里，数字营销在中国经历了一个从萌芽期到蓬勃期的生长过程。这段时期，数字营销从最初的门户网站展示广告和搜索营销，逐渐演化为社交媒体营销、视频营销、内容营销、直播营销等多种形态。

2000—2008年是数字营销的起步阶段。这一阶段，市场营销模式以传统营销为主，数字化营销的主要表现形式是图片广告、文字链、搜索、富媒体以及广告网络等线上广告，主要的营销渠道是广播、电视以及门户网站等。2009—2013年，3G技术进入人们的生活，市场营销模式以交互营销为主，体现在"互联网+"概念的涌入，搜索广告、社交媒体广告开始涌现，社交媒体和短视频是主要的营销渠道。2014—2018年，4G技术的开发以及应用使得"大数据+"成为主要的营销模式，个性化广告开始占据营销的主页面，直播整合营销成为主要营销渠道。2019年至今5G技术的应用，"AI+营销"成为主要的营销模式，媒体形态更多是全渠道广告，生态营销成为重要的营销渠道。

二、数字营销的概念

在当今快节奏的商业世界中，新技术、新工艺、新产品不断出现，这些进步已经彻底改变了公司运营和与客户互动的方式。一种被称为"新媒体营销"或"消费者生成媒体"的更现代的营销模式取代了经典的营销原则，这是最近通信技术进步的结果。这种被称为"数字媒体"的传媒，扩展了传统营销概念的基本理念，创造出更具参与性、以客户为中心、以电子方式驱动的信息。这些新的

---

① 腾讯网（https://new.qq.com/rain/a/20230914A0388G00）。

传播概念已经扩展到世界各地，随着媒体继续数字化，更多样化和无穷无尽的营销策略已经发展出来。因此，企业看到了"营销效率的提高"。数字营销已经成为当今商业环境中不可或缺的工具，它彻底改变了公司推广其产品和与目标受众互动的方式[1]。如今，数字营销扮演了烦琐的广告和营销技术的角色。

数字营销是一种复杂的网络营销，主要是使用数字传播渠道来推广产品和服务，从而以一种及时、定制化和节省成本的方式与消费者进行沟通[2]。

三、数字营销的特点

（一）更丰富的产品展示

通过互联网平台，企业可以详细展示产品的规格、技术指标、保修信息、使用方法等，甚至对常见问题提供解答[3]。这种详尽的信息展示有助于消费者更全面地了解产品，从而做出更明智的购买决策。

（二）更大的选择空间

数字营销不受货架和库存的限制，可以展示和销售海量的产品，为消费者提供了更多的选择。同时，消费者可以通过互联网轻松比较不同产品的价格、品牌和服务，从而找到最适合自己的产品。

（三）更低的成本优势

在互联网上发布信息的成本有限，而且可以直接向消费者推销产品，减少了分销环节。此外，利用数字营销企业可以自主地索取和发布信息，扩大销售范围，节省促销费用，降低成本，使产品具有价格竞争力。

（四）更灵活的市场适应性

企业可以根据客户的需求、竞争环境或库存情况及时调整营销产品的种类、价格和手段等。同时，网络可以超越时空的限制，发挥多媒体的声光展示功能，为营销人员提供更多的创新发挥空间。

（五）更低成本的营销方式

数字营销是一种及时、定制化和节省成本的营销方式，企业通过与消费者建立直接联系，能够实时了解消费者需求及市场变化，制定更为精准的市场营销策

---

[1] 周浩．数字营销时代的市场营销策略研究［J］．营销界，2023（14）：20–22．
[2] 林永海，邱重植．数字营销模式下对罗汉果的市场推广的研究［J］．现代商业，2020（7）：47．
[3] 马雪峰．企业数字营销发展特征及实践方法［J］．管理学家，2012（15）：115．

略[①]。同时，数字化营销还能提供定制化的产品和服务，以满足消费者的个性化需求，提升消费者的满意度和忠诚度。

四、数字营销与传统营销的区别

(一) 传递方式不同

传统营销往往采取一对多的传播方式，将信息通过大众传播媒介传递给广大消费者，消费者通常处于被动接受、反馈渠道受限的状态。相比之下，数字营销利用社交媒体发布产品信息、传递价值信息，与消费者形成直接的互动，了解他们的需求和反馈，从而进行精准营销。数字营销更加注重与消费者的互动。

(二) 数据依存度不同

数字营销更多地依赖于数据分析，企业可以通过收集和分析消费者网络行为数据，对消费者的需求和偏好有更准确的了解，从而制定出更符合消费者行为和购买偏好的营销策略。而传统的市场营销主要依靠传统的调查问卷、半结构访谈、电话访问等方式收集的市场调查数据等，会有数据收集成本较高等局限性。

(三) 组织结构形式不同

数字营销需要灵活高效的组织架构来支撑，通常自主性和创新性都很强，对市场变化和消费者需求的反应也很快。而传统营销的组织架构往往决策速度慢、响应市场变化的能力弱、层级更多。

(四) 成本和效果不同

数字营销往往通过搜索引擎优化、在线广告、社会化媒体营销等多样化的营销渠道，向更广泛的受众传递品牌信息，同时对用户的数据、行为等进行实时分析，获得消费者的好感，提高消费者购买转化率。传统营销由于缺乏大数据支撑，往往采取广撒网的投放方式、导致营销成本高、效率较低。相比传统营销，数字营销凭借多样化的推广渠道可以节约成本、提升营销效果。

第三节　数字营销战略

也许没人会承认自己没有战略，但是你的战略未必是好的战略。

——理查德·鲁梅尔特《好战略，坏战略》

[①] 玉坚，谢镕键. 三亚藤海渔村旅游发展与规划探析［J］. 特区经济，2022（6）：135-138.

江小白，一款以重庆传统酿造工艺为基础，用纯高粱为原料的新生代白酒，以其别具一格的品牌理念和创新的营销策略，在众多白酒品牌中独树一帜。在人们的观念里，白酒往往是与功成名就的中年人举杯畅饮的场景联系在一起的，但是江小白却以小而美的风格定位目标人群为年轻人群，以一种全新的模式开创了白酒品牌的新纪元。过去几十年，白酒行业一直强调高档、古法酿造和深厚的历史文化底蕴。但这一远离老百姓的营销战略，使白酒与年轻消费者的联系日益淡化，而江小白却以敏锐的洞察力深度挖掘消费情绪，用直达人心的文案表达出来，从而为中国酒类品牌注入了新的活力。

江小白的瓶身文案是它品牌传播的一大特色（图7.5），每一句都能够打动消费者，让消费者在品饮美酒的同时，也能感受到品牌的真诚与温暖。从"跟重要的人才谈人生"到"一个人喝酒不是孤独，喝了酒想一个人才是孤独"，江小白的瓶身文案用简明扼要的措辞，表现了它对消费者情感有深入的认识和体会，使人印象深刻。江小白在瓶身文案之外也重视与粉丝的互动与沟通，每年都会围绕一个主题举办约酒大会，打造现实版的朋友圈，通过场景化营销增强粉丝黏着度，从而将"小聚小饮小时刻"的饮酒文化渗透进核心粉丝圈；同时推出"表达瓶"以激发粉丝的表达欲望，使他们成为品牌传播的主体。从整体上提高了品牌的传播效应，得到了广大消费者的拥护与信赖，使江小白在白酒市场独占鳌头。

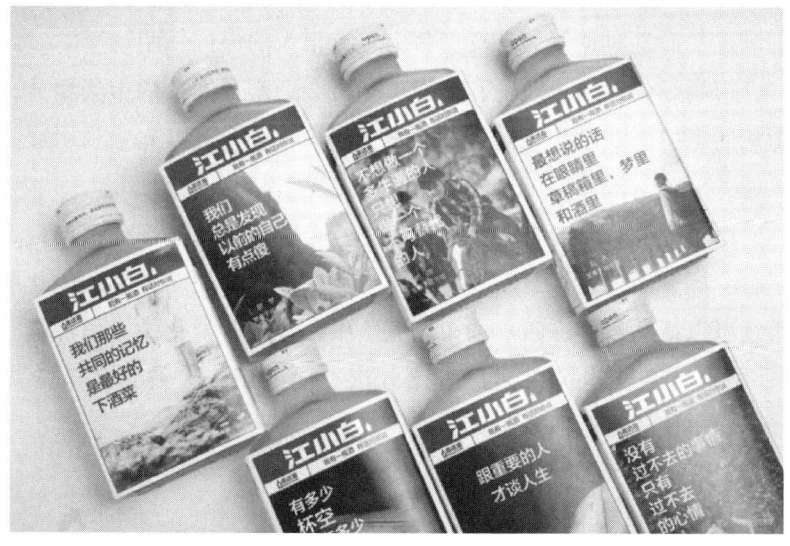

图 7.5　江小白的营销主题

江小白的发展历程，与其传统的酒企身份相比更像是一家以"酒"为起点的互联网企业，每一次的品牌传播与营销活动都是在为江小白的球体增加一个新的圆面，并使之逐渐成形立体滚动起来；江小白对小圈子的"染指"似毫无瓜葛，实际上是以有序聚类的方式进行的。江小白的发展之路对于传统酒企来说，也是一种启示。从互联网到酒企，江小白的成功不是偶然，它是深刻把握市场趋势与消费者情绪的结果。它以诚挚的态度和创新的思路打破了传统白酒业的束缚，为年轻消费者带来了别具一格的饮酒新体验。

一、市场细分

1956年，美国营销学家温德尔·史密斯提出，"市场细分的基础是建立在市场需求面的发展上，并针对产品和营销活动做更合理的调整，以使其适用于消费者或适用者的需要"，这是营销学上首次提到"市场细分（segmentation）"的概念。随着社会经济的不断发展，市场细分在市场营销中的作用愈发凸显，市场细分是指企业或者营销者根据不同的特征，将市场具象化，划分为不同种类的消费群，这些消费群就是细分市场。

（一）市场细分的作用

第一，市场细分有利于制定营销策略。企业通过对不同消费群体的市场划分，对各个群体的需求、喜好、消费行为等进行更细致的分类，为企业产品设计、定价、促销活动和渠道提供了清晰的市场定位。不仅可以使消费者的需求得到更好的满足，而且对企业的市场竞争力也有很大的促进作用。

第二，市场细分有利于发现和把握市场机会。通过细致的市场划分，企业可以找到那些还未得到满足甚至未开发的细分市场，企业可以充分利用这些市场机会，扩大业务范围，抢占市场份额。

第三，市场细分有利于企业提高竞争力。企业通过对各细分市场特点和需求的深入了解，提升消费者满意度，可以更有针对性地开发新产品，优化服务。而且细分市场可以帮助企业在激烈的市场竞争中，形成差异化的竞争优势，从而一枝独秀[1]。同时，企业也可以通过对比分析不同的市场，找到自己的优势与不足，从而制定出比较有效的竞争策略。

---

[1] 刘嘉慧．品牌定位在市场营销战略中的地位［J］．全国流通经济，2018（17）：2．

(二) 市场细分的标准

1. 消费者市场细分的标准

根据消费者进行市场细分的标准，主要有以下几种。

一是地理环境。地理环境就是按照消费者所处的地理位置、自然环境细分市场，主要包括地理位置、城镇大小、气候地貌、人口密度等等。例如，在中国可以按照省份来进行市场细分，黑龙江省、辽宁省、吉林省、广东省、福建省等，不同省份的消费者的消费形态有很大的差异。

二是人口状况。人口状况就是按照消费者自身的情况细分市场，主要包括年龄、性别、收入、受教育程度、职业、民族、宗教等。例如，不同年龄层次的消费者对生活用品的需求层次不同，0~3岁的幼儿更多的是对奶粉、尿不湿的需求，而30~40岁已婚已育的家庭更多的是对柴米油盐的需求。

三是心理因素。心理因素就是按照消费者的购买欲望、购买习惯、性格等因素细分市场。20世纪40年代，速溶咖啡在美国市场横空出世，为了让这款新奇的产品打响第一炮，在速溶咖啡正式进入市场前，企业进行了市场调查，在同样的包装让消费者品尝速溶咖啡和新鲜咖啡时，消费者没有发现口感有任何区别，并且大量的消费者觉得速溶咖啡的口感更好。然而，在速溶咖啡进入市场后，结果却并不尽如人意。进一步调研后才发现，当时美国消费者认为购买速溶咖啡是对家庭的不负责任，人们将购买速溶咖啡的家庭主妇描述成一个无计划、不爱丈夫和孩子、喜欢凑合的妻子，而买新鲜咖啡的家庭主妇则被描述成一个勤快能干、热爱家庭、喜欢丈夫和孩子的妻子形象。

2. 生产者市场细分的标准

对消费者市场细分的标准有很多也适用于细分生产者市场，例如地理环境、购买欲望、购买习惯等。生产者市场常用的细分标准有以下几种。

一是人文变量。人文变量主要包括行业、公司规模、地理位置。

行业：哪些行业购买我们的产品？

公司规模：什么规模的企业购买我们的产品？

地理位置：我们的产品应该卖到哪些地区？

二是经营变量。经营变量主要包括技术、使用者、顾客信息等。

技术：顾客更重视哪些技术？

使用者：使用的用户容量是多少，大量、中量还是少量？或者是非使用者？

顾客能力：顾客的购买能力怎么样？需要的服务水平标准是什么？

三是采购方法。采购方法主要包括权力结构、采购标准、采购政策等。

权力结构：公司是以技术为导向的公司，还是以营销为导向的公司？

采购标准：公司更关注价格还是质量，抑或是服务？

采购政策：公司是公开投标还是系统采购，抑或是租赁？

(三) 市场细分的原则

市场细分作为市场营销战略的重要组成部分，旨在帮助企业更好地理解消费者需求，制定更为精准的市场定位和营销策略。其主要原则有：

1. 可衡量性

可衡量性是市场细分的基础原则，它要求所划分的细分市场必须具有明确的界限和可量化的特征。这些特征可以是消费者的年龄、性别、收入水平、教育程度等人口统计因素，也可以是消费习惯、购买偏好等心理行为因素。通过这些可衡量的特征，企业可以对不同市场进行精确的量化分析，通过问卷调查、访谈、数据挖掘等方式收集消费者的相关信息，并运用统计分析对数据进行处理，从而更准确地评估各市场的规模、市场增长潜力和竞争状况，为制定市场策略提供有力支持。

2. 可实现性

可实现性强调企业所选择的细分市场必须是企业能够有效进入并展开经营活动的市场，这涉及企业的资源条件、技术能力、销售渠道等多个方面。一个细分市场即使具有巨大的潜力，但如果企业无法在其中达到有效的市场渗透，那么这个市场对企业而言也是没有意义的。

3. 可盈利性

可盈利性是市场细分的重要目标之一，它要求企业所选择的细分市场必须具有一定的市场规模和市场增长潜力，以保证企业能够从中获得足够的利润。企业通过评估市场规模、市场份额、消费者支付意愿等多个方面，对不同细分市场的盈利潜力进行评估，通常企业会选择那些利润空间大的市场作为目标市场。如果一个细分市场的规模过小或增长缓慢，那么即使企业能够进入该市场并展开有效的经营活动，也难以实现盈利目标。

4. 可区分性

可区分性要求每个细分市场在消费者需求、购买行为和反应等方面都有显著差异。这种差异性不仅体现在不同细分市场之间，也体现在同一细分市场内部的消费者之间。企业通过市场调研、消费者画像等方式了解消费者的需求和行为特征，对市场进行划分。值得注意的是，随着市场环境的变化和消费者需求的演变，一些原有的细分市场可能会逐渐失去区分度或变得不再重要。因此，企业需要定期评估和调整市场细分策略，以确保其策略始终与市场实际动态保持一致。

二、目标市场

目标市场（targeting）就是企业打算进入的细分市场。

（一）目标市场战略的类型

1. 差异性市场营销战略

差异性市场营销战略就是针对不同的细分市场，采用不同的营销策略（图7.6）。

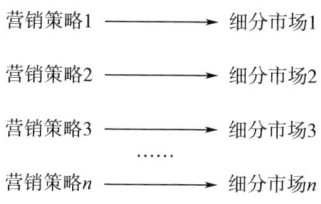

图7.6　差异性市场营销战略

2. 无差异性市场营销战略

无差异性市场营销战略就是将市场看成一个整体，采用相同的营销策略（图7.7）。

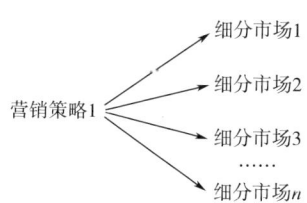

图7.7　无差异性市场营销战略

3. 集中性市场营销战略

集中性市场营销战略就是针对不同的细分市场，选择一个或者几个进行集中统一的营销策略（图7.8）。

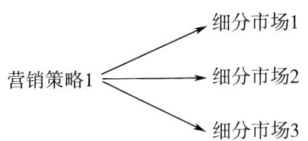

图 7.8 集中性市场营销战略

值得注意的是，无差异性市场营销战略和集中性市场营销战略的最大不同就是集中性市场营销战略的细分市场有量的控制，只能在全部的细分市场里选择一个或者几个。

(二) 目标市场选择的步骤

第一，进行市场细分。根据产品的属性进行市场细分，分为 n 个细分市场。

第二，评价细分市场。根据市场规模、增长率和结构吸引力对细分市场进行评价。

第三，选择目标市场。按照细分市场的优劣评价选择其中一个或者几个作为目标市场。

三、市场定位

市场定位（positioning）是企业根据产品在市场上现处于的地位以及顾客对产品的期待，对产品未来发展方向的确定。

(一) 市场定位的方式

1. 避强定位

避强定位是指企业为了避免和强有力的竞争对手发生直接竞争，而将自己的产品定位为其他区域。

2. 迎头定位

迎头定位是指企业将自己的产品定位在目前市场上占主导地位、实力最强的竞争对手的相同区域。

3. 重新定位

重新定位是指企业在原有的市场定位区域的基础上，根据市场环境或者消费者需求的变化，而重新确定产品区域。

(二) 市场定位的步骤

第一，明确竞争优势。产品在进入市场之前或者之初，企业根据对目标市场的选择，明确产品在市场的竞争优势。

第二，选择竞争优势。在诸多的竞争优势中，择优选择一个或者几个最具特点、能为企业带来最大效益的优势作为主要的出发点。

第三，突出竞争优势。在市场上，特别是同质化严重的产品，一定要在目标市场定位上通过对比，突出宣传最大的竞争优势。

农夫山泉，这个在1997年带着运动瓶盖"砰"地一声闯入中国饮用水市场的新秀，凭借着"农夫山泉有点甜"和"我们不生产水，我们只是大自然的搬运工"的差异化营销定位，迅速在群雄割据的市场崭露头角，次年便占据了康师傅出局后留下的中国水业"老三"的位置。它的成功得益于精准的市场定位和创新的促销手段。

与市场上普遍宣传的纯净水或矿泉水相比，"千岛湖的源头活水"的广告语突出了农夫山泉在水质上的优越性，而"农夫山泉有点甜"则将农夫山泉在口感上的独特之处表现得淋漓尽致，使人在追求纯净水源的同时，也体会到了水的甜美口感。

2000年，农夫山泉更是掀起了一场舆论"水战"，公开宣称纯净水不利于身体健康，而其战略是大力投入天然矿泉水的生产销售，在业界引起轩然大波。舆论战似乎还没有分出胜负，但实际上消费者对天然水的态度已经发生了微妙的变化：既然还没有人指责天然水不好，那肯定喝天然水没错了。而农夫山泉天然健康的品牌形象也更加深入人心，使其在市场上的地位更加稳固。农夫山泉的成功，除了产品品质外，市场定位精准、营销策略创新也是重要原因。它将品牌原本单一的"纯粹"元素割裂开来，将"自然""健康"等新元素注入其中，从而赋予品牌全新的生命力。

第四节　数字营销策略

数字营销策略是以4P理论（产品Product、价格Price、渠道Place、推广Promotion）为基础进行数字化的融合形成的营销策略。

一、产品策略

丽兹酒店（Hotel Ritz）位于巴黎旺多姆广场北侧。这座外表低调内敛、仅有五层楼高、门脸狭小的巴洛克式宫廷建筑，如果不注意遮阳板上RITZ几个字，是很难辨识出来的。但它内在的豪华与精致，在上流社会赢得了广泛的赞誉。

自 1898 年创建至今，丽兹酒店已有 120 多年的历史。它以服务完善、设施豪华、饮食讲究、价格昂贵而享誉全球。在丽兹酒店创立之初，创始人就立志要将酒店打造成满足"一个王子对自己的宫殿所期待的所有精致考究"的宫殿式旅馆，这一初衷直到今天也没有改变。时至今日，"丽兹"已经成为吸引无数名媛贵族的奢华与完美的代名词。

在温莎公爵套房，赫本、嘉宝、泰勒等明星的足迹，都见证了丽兹的辉煌；而海明威、香奈儿和戴安娜的轶事，更是为丽兹带来了经久不衰的声誉。海明威曾言："当我梦想进入另一个世界的天堂时，我就如同身处巴黎的丽兹酒店。"丽兹的成功秘诀之一，便是其个性化的体贴服务。平均每套房配备三个以上服务生，确保客人需求得到及时满足。酒店常客在丽兹有着特殊地位，酒店门卫领班米歇尔便是酒店常客信息的活字典。他观察入微，记录每位客人的习惯，以便提前预知并满足其需求。香水大亨塞尔日·鲁腾斯便是丽兹的常客之一，他感慨道："丽兹是一座宫殿，它拥有你需要的一切，但并不是一个缺乏个性的炫耀场所，而是一个大家庭。在这里，你有回家的感觉，服务生对客人直呼其名。无论岁月怎样流逝，你遇到的始终是同样的楼层服务生、侍者和女服务员，他们个个都对你的怪癖了如指掌。这是一个普鲁斯特式的旅馆：你总是能闻到第一次入住时喜爱的长圆形小甜糕的味道。"

（一）产品

1. 产品的概念

产品是指能够通过交换满足消费者或用户某一需求和欲望的任何有形物品和无形服务。营销学之父菲利普·科特勒（Philip Kotler）将产品整体层次分为五个层次（图 7.9）。

一是核心产品。主要是指产品本身的基本效用或者利益。例如，手机的基本效用是为消费者提供沟通效用。

二是形式产品。主要是指产品的包装、特色、商标、品质以及式样等等。例如，手机分为不同商标不同颜色不同包装。

三是期望产品。主要是指对产品属性以及条件的期望。例如，消费者购买一部手机，但是在保证基本沟通效用外，有的消费者更关注其照相功能，有的消费者更关注其办公软件的功能。

四是延伸产品。主要是指产品的销售服务和保障。例如，消费者在购买手机时，销售人员都会介绍一些手机的用途和性能。

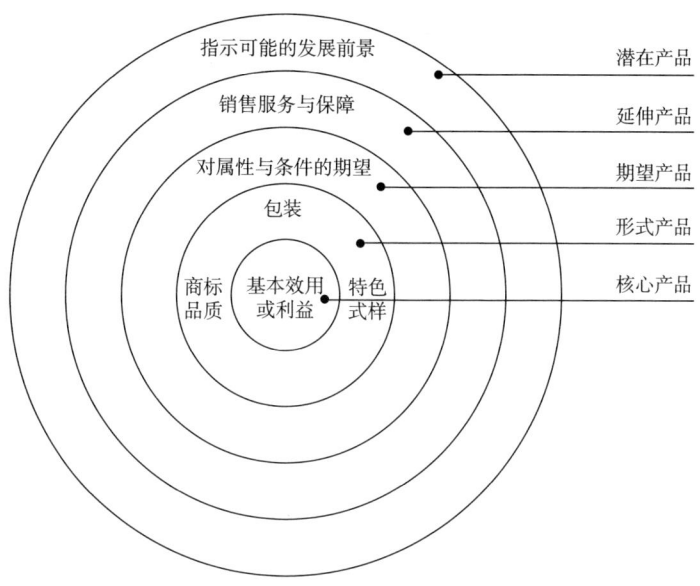

图 7.9 产品整体层次

五是潜在产品。主要是指产品未来的发展前景。例如,现在的手机已经集成了通话、拍照、办公处理等功能,未来可能会实现大数据计算等功能。

菲利普·科特勒(1931—),生于美国,被誉为"现代营销学之父"。现任美国西北大学凯洛格管理学院终身教授、国际市场学终身荣誉教授,美国管理科学联合市场营销学会主席,美国市场营销协会理事,营销科学学会托管人,管理分析中心主任,以及多个咨询委员会成员。

科特勒的理论深受全球营销、经济、管理、教育等各界人士的推崇。科特勒著作丰富,其中最为人熟知的便是《营销管理》。这本书被誉为营销学的圣经,被全球范围内的营销人士视为宝典,并被选为全球最佳商业书籍。科特勒在书中改变了传统以推销、广告和市场研究为主的营销观念,将营销的内涵扩展,使其上升为科学。科特勒还撰写了多部被作为教科书采用的著作,如《营销管理》《混沌时代的管理和营销》《科特勒营销新论》《非营利机构营销学》《国际市场营销》等。他一直致力于包括互联网对营销理念影响在内的市场营销最新趋势的研究。

2. 产品生命周期

产品生命周期一般分为四个阶段:导入期(introduction),成长期(growth),

成熟期（maturiy）和衰退期（decline）[①]。导入期主要是指产品新进入市场的初期；成长期是指产品在市场上被大部分顾客接受，销售额稳步上升的阶段；成熟期是指产品在市场上已经有一定的基础，广大购买者已经接受该产品的时期，这一时期，销售额增长缓慢或者有所下降；衰退期是指产品已经不再受到市场青睐，销售额急速下降的阶段。

（二）包装策略

包装策略是指对某一品牌商品设计并制作容器或包扎物的一系列活动[②]。包装策略主要包括以下几种。

1. 类似包装策略

类似包装策略是对产品进行系列化或者统一化进行包装。在包装外形上采用相同或者相近的颜色、图案进行包装，使消费者能够快速识别。例如，同一企业不同时间生产的不同批次的产品，采用相同或者相近的包装。

2. 等级包装策略

等级包装策略就是将产品等级化，并按照不同的等级进行不同的包装，一般情况下，产品的利润越高，其包装越优质。

3. 分类包装策略

分类包装策略主要是将产品按照各种属性进行分类，然后按照不同类别分别进行包装。例如，某饮品企业将瓶装饮用水、桶装水、果汁等进行不同的包装。

4. 配套包装策略

配套包装策略是指将有关联的产品放在一起组合包装销售。例如，老产品与新产品一起包装，文具盒里放着铅笔橡皮等进行统一包装售卖，救急箱中放着纱布碘伏等各类基础医疗用品进行同一包装售卖。

5. 再使用包装策略

再使用包装策略主要是强调包装的重复使用功能。例如，服装的购物袋、超市的购物袋等。

6. 附赠品包装策略

附赠品包装策略主要是指在产品包装时放置附赠品，以激发消费者的购买欲

---

① 冯金祥，蔡南珊. 市场营销实务：商品经营专业［M］. 北京：高等教育出版社，2004.
② 韩创飞. 闯荡国际［M］. 北京：中国纺织出版社，2004.

望。例如,购买化妆品套装时附赠化妆品小样。

(三) 品牌策略

品牌(brand)是用以识别销售者的产品或服务,并使之与竞争对手的产品或服务区别开来的商业名称及其标识,通常由文字、标记、符号、图案和颜色等要素或这些要素的组合构成①。

1. 品牌归属策略

品牌归属策略包括企业品牌(生产者品牌)策略、中间商品牌策略以及混合品牌策略。企业品牌(生产者品牌)是指产品由哪个企业(生产者)生产的,直接以此命名。例如苹果公司生产的手机或者电脑,均使用"苹果"品牌。

2. 品牌统分策略

品牌统分策略包括统一品牌策略、个别品牌策略以及分类品牌策略②。统一品牌是指所有的产品(包括不同种类)都使用同一品牌。个别品牌是指企业对不同产品使用不同品牌。分类品牌是指企业对不同种类的产品使用不同的品牌③。值得注意的是,个别品牌注重凸显不同产品间的差异与特性,而分类品牌则强调为了建立统一的企业形象,将多款产品归入同一品牌之下。

3. 品牌重新定位策略

品牌重新定位策略是指对品牌原有的市场定位进行全部或部分调整或改变的一种做法④。

《2023 全球最佳品牌排行榜》Interbrand 出炉。榜单显示,2023 年度诸多全球百强品牌处于增长停滞状态。上榜品牌总价值的增长速度显著放缓,与 2022 年 16%的增幅相比,2023 年仅增长了 5.7%,品牌总价值则达到 3.3 万亿美元(2022 年为 3.1 万亿美元)。其中,美国 49 个名牌、法国 10 个品牌、德国 10 个品牌、日本 7 个品牌、瑞典 3 个品牌、韩国 3 个品牌、意大利 3 个品牌、瑞士 3 个品牌、英国 2 个品牌、中国(含港澳台)2 个品牌、西班牙 2 个品牌、荷兰 2 个品牌、爱尔兰 1 个品牌、丹麦 1 个品牌、奥地利 1 个品牌、墨西哥 1 个品牌。

---

① 吴长顺. 营销学教程 [M]. 北京:清华大学出版社,2005.
② 周鹏. 综合营销实务 [M]. 北京:电子工业出版社,2006.
③ 刘勇. 品牌层次的应用与管理 [J]. 湖南包装,2021,36 (5):153-156.
④ 李艳娥. 新实用营销学 [M]. 广州:中山大学出版社,2005.

二、定价策略

(一) 价格的影响因素

影响产品定价的因素是多方面的,包括成本、需求、竞争者的产品和价格等。一般来说,产品的最高价格是由需求决定的,需求是定价的上限;产品的最低价格是由成本控制的,成本是定价的下限;在上限和下限中,产品如何定价不仅取决于产品本身的特性,如产品类型、生产成本、技术等,还会受到竞争者产品价格的影响(图7.10)。

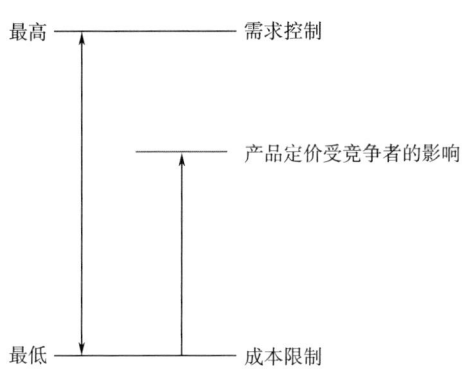

图 7.10 产品定价与影响因素

1. 产品的最高价格是由需求决定的

在经济学中,市场上的需求往往决定产品的最高价格。简单地说,就是影响产品最高价格是消费者对产品的需求弹性。需求弹性指的是需求量对价格变动的反应程度[①]。如果产品的需求弹性较低,那么价格变化对需求的影响较小,即使价格上涨消费者仍会购买这一产品,因此供应商在提价时面临的风险较小。相反,如果产品的需求弹性较高,那么价格上涨可能导致需求急剧下降,从而对总体销量和利润造成影响,供应商需要谨慎提价。

2. 产品的最低价格是由生产成本决定的

产品的最低价格是由生产成本决定的。生产成本包括各方面的费用,如原材料、设施设备、人力资源、运输等。企业在制定产品价格的时候,一定要保证销

---

① 黄鹏程. 需求弹性理论及其在经济决策中的重要作用 [J]. 长春金融高等专科学校学报, 2010 (2): 4.

售价格能够覆盖这些成本，不然就会亏损。可以说，生产成本是产品价格的"底线"。但有一种例外情况：供应商可能会采取低于成本的定价策略，以抢占市场份额，塑造品牌形象或应对市场竞争。在这种情况下，产品定价就未必覆盖产品成本，但供应商可通过其他方式弥补损失，如提高生产效率、降低成本、寻求政府补贴等。

3. 产品定价受到市场竞争者的影响

价格变动对销售量的影响程度即为价格弹性。在竞争激烈的市场中，企业的价格决策往往受到竞争者制约。如果某个产品的企业调高了产品价格，而其他同类产品企业没有跟进，那么消费者可能会选择低价的产品。特别是在高度竞争的市场中，消费者对产品价格的变动更敏感，因此企业在定价或者调整价格时需要关注同类产品的定价。值得注意的是，在垄断或者寡头的市场中，消费者选择不多，企业可能拥有更大的定价权。

（二）定价的基本方法

1. 成本导向定价法

成本导向定价法是企业定价策略中的一种基本方法，其核心思想是以产品的成本为基础，加上预期的利润百分比来确定产品的销售价格，这种方法对定价流程进行了很大程度的简化，企业的利润水平也比较稳定。成本导向定价法主要有以下两种具体定价方法。

一是成本加成定价法。这种方法在定价时，首先确定产品的成本，然后在成本的基础上增加固定利润空间。产品的销售价格由利润空间的大小决定。它的计算公式为 $P=C(1+R)$，其中，P 代表销售价格，C 代表产品成本，R 代表利润率。这种定价方法的优势在于简单易行，企业可以快速计算出产品销售价格，并保证每笔交易都可以获得预期收益。

二是目标定价法。这是一种比较灵活的定价方式，它是企业根据预估销售额和销量，以达成企业利润目标为基础定价。由于该方法考虑了市场需求和竞争状况，因而对于市场变化的适应性更强。目标定价法具有以下几个优点：首先，它可以对企业未来的销售情况进行准确的预测；其次，它以达成企业预期利润为定价基准；再次，它结合市场需求和竞争态势，最后，目标定价法对于企业的长远发展更为有利。

2. 需求导向定价法

需求导向定价法是以市场需求强度和消费者对产品或服务的价值认知为主要

依据的定价方法①，其核心思想是围绕消费者对产品或服务的价值认知来设定价格，而不是简单地基于成本或竞争情况，因此这种定价法特别强调市场需求对定价的决定性影响，认为只有当价格与消费者的价值认知相匹配时，产品才能实现最佳的销售表现。这种方法在定价过程中，通过调查消费者对产品或服务的评价和认识，对市场需求状况进行分析。需求导向定价法包括以下三种具体方法。

一是认知价值定价法。认知价值定价法是以消费者对产品价值的认识和认知为基础，对价格进行定价的方法。它要求企业对消费者的需求、偏好、购买行为等有深入的了解，以此来确定消费者对产品价值的认知水平。然后，企业根据对消费者的期望的满足度来制定产品的价格。

二是反向定价法。又称"市场可接受价格法"，是将产品或服务的成本反向计算，从消费者愿意接受的价格入手。这种方式强调从市场需求出发，从消费者的支付意愿出发，保证符合市场接受度。

三是需求差异定价法。需求差异定价法是根据消费者的需求差异来设定不同价格的方法。企业针对不同的消费者群体对市场进行细分，对不同消费者群体的需求进行识别和分析，从而根据消费者的支付能力和需求迫切性等因素，制定不同的价格。

3. 竞争导向定价法

竞争导向定价法是以市场上相互竞争的同类产品的价格为依据来设定价格，是强调企业在定价时要充分考虑竞争对手的价格策略，以确保自身价格具有市场竞争力的定价法②。竞争导向定价法包括以下两种具体方法。

一是随行就市定价法。随行就市定价法是企业根据自身产品价格与市场上同类产品的平均价格或主导价格之间的关联度来决定自己的定价策略。这种定价法一方面有利于企业避免价格战保持与市场的同步，另一方面也可能致使企业缺乏定价的主动性和灵活性，因此，在实际运用中应注意加以权衡。

二是投标定价法。投标定价法主要应用于工程项目、大型设备采购等需要竞标的场合。企业根据自身成本、技术、实力、市场定位等因素来制定投标价格以争取获得合同，在竞标中，投标价格的高低决定了企业能否签下合同。

---

① 王春国. 网络虚拟物品定价问题探析 [J]. 神州, 2011 (1)：2.
② 孙金霞. 市场营销理论与实务 [M]. 南京：南京大学出版社, 2010.

（三）定价的基本策略

1. 折扣定价策略

折扣定价策略是一种广泛应用的定价策略，是企业为了鼓励顾客及早付清货款、大量购买、淡季购买等，酌情降低其基本价格，这种价格调即折扣定价。折扣定价策略的具体形式有以下几种：

现金折扣。现金折扣是企业为了鼓励顾客尽早支付货款而提供的一种价格优惠[①]。通常，越早支付，折扣越高。目前现金折扣定价方法还有预付这一类型。例如预付50元抵100元，预付2 000元抵3 000元。

数量折扣。数量折扣是指当顾客购买的产品数量达到一定规模时，企业给予的价格优惠。例如买2赠1，满5件打85折。

功能折扣。功能折扣是企业根据中间商在产品分销过程中承担的责任、风险和功能差异而给予的价格优惠。例如分销商、零售商获得的产品价格远远低于最终用户获得的产品价格。

季节折扣。季节折扣是企业针对季节性商品，在销售淡季给予顾客的价格优惠。例如在今年打折售卖去年的服装。

价格折让。价格折让是指在顾客按原价支付货款后，企业按一定比例返还部分金额给顾客。例如消费者购买某家具在安装无误确认收货后，企业会以积分、优惠券等形式返还部分利益。

2. 地区定价策略

地区定价策略的实质就是决定对于卖给不同地区顾客的某种产品，是分别制定不同的价格还是制定相同的价格。地区定价策略的具体形式有：

FOB原产地定价。FOB原产地定价就是顾客按照厂价购买某种产品，然后自付产品从产地到目的地的一切风险和费用。例如，某家具制造商位于A市，其生产的家具主要销往B市和C市。根据FOB原产地定价策略，该制造商将家具运至A市的某个运输点（如火车站或港口），然后按照家具的出厂价加上从A市到运输点的费用进行定价。顾客（无论是B市还是C市的）都需要承担从运输点到目的地的运费。

统一交货定价。统一交货定价是指对于所有客户采取相同的价格策略，简化定价过程并保证公平性的定价方法。例如，某手机公司在全国范围内销售手

---

① 李翠玉. 浅谈不同销售方式对产品销售收入的影响［J］. 经贸实践，2016（12X）：1.

机。2024年4月,该公司新生产一款手机,价格定位4 999元,不论消费者来自北京还是上海,不论消费者是男性还是女性,其手机的销售价格都是相同的。

分区定价。分区定价是指企业按区域划分市场,对于不同地区按照不同的价格对产品进行定价。例如,一家服装零售商根据地理位置将市场划分为三个区域:东部、中部和西部。该零售商根据当地的竞争状况、消费水平和运输成本等因素制定不同的价格。东部地区的顾客由于购买欲望强烈,愿意支付更高的价格,因此该地区定价相对较高;而西部地区的顾客由于购买欲望不强烈,该地区定价则相对较低。

基点定价。基点定价就是企业将某一区域或者几个核心区域作为基点,按照基点到目的地的运输成本进行加成定价。以一家化妆品公司为例,其选择上海作为基点城市。该公司按照化妆品的出厂价加上从上海到其他城市的平均运费进行定价。这样,无论是北京的顾客还是深圳的顾客,他们支付的运费都是基于上海到各自城市的平均运费计算的。

免收运费定价。运费免收定价是指企业承担买者的全部或者部分运费。一家大型超市为了吸引更多顾客并扩大市场份额,决定采用免收运费定价策略。对于在该超市网站上下单购买商品的顾客,无论购买金额多少,超市都提供免费送货服务。这种策略有效地降低了顾客的购物成本,提升了购物体验,从而吸引了大量顾客前来购物。

3. 心理定价策略

心理定价策略是以消费者心理为基础,旨在通过特定的价格设置影响消费者的购买决策的定价方法。心理定价策略的具体形式有:

声望定价。声望定价是指企业利用消费者仰慕声望的心理从而制定商品的价格。一般情况下,应用此类定价方法的产品比一般产品的价格要高,但并不营销消费者的购买欲望和购买行为。例如,奢侈品就是利用消费者仰慕声望、名牌的心理进行定价的产品。

尾数定价。尾数计价是指企业利用消费者求廉的心理,在确定零售价格时,以零头结尾,制定非整数的价格。例如,某服装的定价999元,这种定价方法会让消费者觉得自己购买的是一件900多元的服装,而不是1 000元。

招徕定价。招徕定价是企业为了招揽顾客,有意压低少数商品价格的一种定价方式。例如,餐馆的特价菜,商场的限时优惠,超市的满减活动等等。

4. 差别定价策略

差别定价策略又称价格歧视,是企业针对同一产品或服务,根据市场细分、产品特性或消费者需求等因素制定不同价格的定价策略。这种策略在满足不同消费者需求的同时，帮助企业实现利润最大化。差别定价策略的具体形式有：

顾客差别定价。顾客差别定价是指企业对同一产品或服务根据客户的支付能力、购买意愿或其他特征制定不同的价格。比如，飞机的商务舱、经济舱价格是不一样的，高铁的一等座、二等座的价格也是不一样的。

产品形式差别定价。产品形式差别定价是指企业针对那些生产成本可能相差不大，但就不同型号、规格或功能的产品制定不同的价格。比如，不同车型、配置、性能的同一企业的汽车定价不同。

产品部位差别定价。产品部位差别定价是指企业针对同一产品或服务的不同部件制定不同的价格。例如，海景房、山景房和普通房间的价格不同。

销售时间差别定价。销售时间差别定价是指企业根据产品或服务的销售时间制定不同的价格（如季节、时间或市场供求状况等）。比如，影院会根据白天、晚上，工作日、双休日等不同时间段制定不同的票价。

5. 新产品定价策略

新产品定价策略是企业在推出新产品的时候，在定价方面所采取的一种策略。新产品定价策略的具体形式有：

撇脂定价。撇脂定价是一种高价策略，主要是指产品在进入市场的初期，采用较高的价格，迅速回笼资金，经过一段时间后，再对价格进行一定幅度的下调。比如，新推出的手机在刚进入市场时价格较高，过一段时间就会出现价格下跌的情况。

渗透定价。渗透定价是一种低价策略，主要是指企业在产品进入市场的初期，采用较低的价格，慢慢地向市场渗透，从而抓住消费者。比如，新款瓶装水上市时价格与同类产品基本相当。

6. 产品组合定价策略

产品组合定价策略是指企业为实现整体利润最大化而制定的一套综合定价方案，并将产品形成关联性和互补性。产品组合定价策略的具体形式有：

产品大类定价。产品大类定价是指企业针对相互关联的产品，根据各产品特性的不同确定价格。比如，同一家企业推出的智能手机，因型号不同，其定价也不同。

选择品定价。选择品定价是指企业提供多种方案以供客户选择，不同的方案在价格上会有差异。比如，在汽车销售中，除基本车辆的购买外，企业还会设置各种不同的套餐（真皮座椅、音响设置、智能导航等）供消费者选择。

补充产品定价。补充产品定价是指企业在销售核心产品之余，还会生产一些互补的产品，而将核心产品的价格定在主导的作用。例如，咖啡店不仅销售咖啡，还会售卖糕点以及杯子等。

分部定价。分部定价是指企业在定价时将产品分为不同的部分。例如，健身房的会员卡可以按月、季度或者年度支付费用，同时对私教、咨询、理疗等不同的服务价格也不同。

副产品定价。副产品定价是制造业常用的定价方法，尤其在主产品产生副产品时。例如，在石油加工过程中，除了主要的石油产品外，还会产生一些副产品，如石油焦、沥青等。

系列产品定价。系列产品定价是企业根据产品生产的时间、颜色、等级、规格等，将产品分为不同系列进行不同的定价。例如，化妆品公司推出的系列护肤品，包括洁面乳、爽肤水、面霜等，将这些产品按照不同功能和品质分为不同档次，分别定价。

三、分销策略

（一）分销渠道的定义和作用

1. 分销渠道的定义

分销渠道（Distribution channels）是指某种产品和服务在从生产者向消费者转移过程中，取得这种产品和服务的所有权或帮助所有权转移的所有组织和个人。

2. 分销渠道的作用

从核心企业的角度来看，分销渠道能够帮助企业将产品推广到更广泛的市场，覆盖更多的客户群体，从而增加市场份额。企业通过与分销商合作，可以将销售任务分担给分销商，减少自身的销售团队和渠道建设成本，同时，也可以更好地了解消费者的反馈和需求，从而及时调整产品定位和产品特性，以满足市场需求。

从中间商的角度来看，分销渠道可以帮助中间商获得稳定的货源和销售渠道，从而使中间商在向最终客户销售产品时能够获得更优质的产品资源，并通过自身的销售网络和渠道将这些产品推向市场。

从消费者的角度来看，分销渠道使消费者有更多选择，无论在实体店还是在网上购买，都为消费者提供了更多的选择与便利。

图 7.11 和图 7.12 展示了有无中间商参与的分销渠道，可以看出良好的分销渠道对企业相关经营者（核心企业、中间商、消费者等）都有益处。

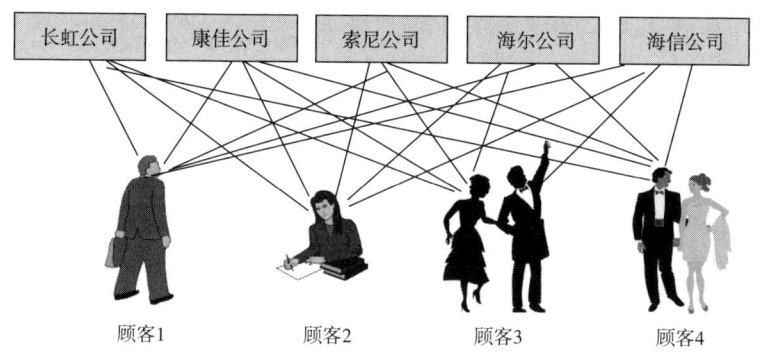

图 7.11　无中间商参与

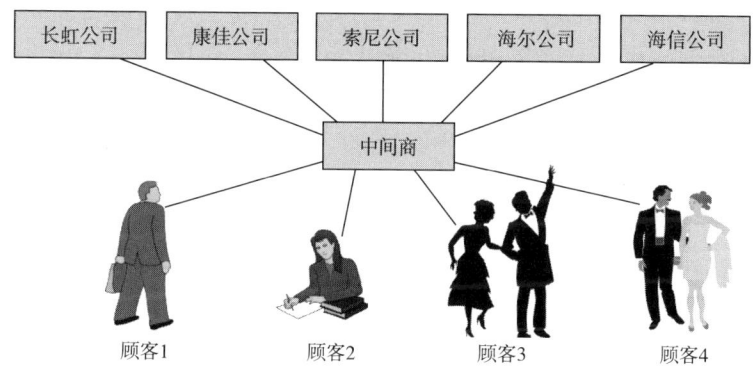

图 7.12　有中间商参与

（二）普遍性分销策略

普遍性分销策略是一种广泛的分销方式，企业力求计更多的中间商经销其产品，以便使产品能广泛覆盖市场①。这种策略适用于那些消费者经常性购买、价格低廉的产品，如日常用品、食品等。

（三）选择性分销策略

选择性分销策略指企业在某一区域精心挑选少数几个中间商来推销本企业产品的策略。这种策略适用于那些需要在价格、质量、款式等方面进行比较和挑选后才决定购买的产品，如品牌服装、高档化妆品等。

---

① 李海琼. 市场营销实训教程［M］. 北京：清华大学出版社，2013.

（四）专营性分销策略

专营性分销策略是一种最为严格的分销方式，企业严格限制经营其产品的中间商数目，甚至可能只授权一家中间商在特定区域内独家经营。这种策略通常适用于那些需要高度维护品牌形象和服务质量的产品，如奢侈品、高端电子产品等。

四、促销策略

促销（promotion）是企业通过人员推销和非人员推销的方式，向消费者传递有关本企业和产品的信息，引发、刺激消费者的消费欲望和兴趣，使其产生购买行为的活动[①]。

（一）人员推销策略

1. 人员推销策略的定义

人员推销策略是企业通过派遣或委托推销人员直接向顾客进行推销的一种促销活动。推销人员不仅要传递产品或服务的信息，还需要解答顾客疑问，推荐产品，最终达成交易。

2. 人员推销策略的组织形式

区域结构式，即按照地理区域来设置销售机构，并配备相应的推销人员。例如，小A、小B、小C同属于某电脑有限公司，该公司在全国各地都有业务，三人分别负责不同地区的推销业务（图7.13）。

图7.13　区域结构式

---

① 舒昌.市场营销学[M].2版.北京：清华大学出版社，2011.

商品结构式。商品结构式是按照产品线来设置销售机构，每组推销人员负责一条产品线的销售。例如，甲、乙、丙三个学生扮演商场里的推销员，甲推销洗发水，乙推销牙膏，丙推销化妆品（图 7.14）。

图 7.14　商品结构式

3. 人员推销策略的方法

试探性策略。试探性策略是销售人员通过试探性的语言和动作，刺激消费者产生购买行为。例如，面对新顾客时，化妆品销售人员首先会试探性地询问顾客肤质、日常护肤习惯、对产品质地的喜好等，最终指导顾客挑选出适合自己的产品。

针对性策略。针对性策略是指推销人员事先对顾客的基本需求有了基本的把握，从而有针对地推销。比如，某汽车销售人员得知顾客希望购买一款新能源车，价格在 20 万元左右，基于这些信息，销售人员会有针对性地推荐几款符合客户需求的车型并进行详细介绍。

诱导性策略。诱导性策略是推销人员通过激发客户的需求，诱导客户发生购买行为。例如，健身房为推广其新开设的健身课程，通过宣传健身的好处以及超低价格试课等方式，诱导潜在顾客发生购买行为。

（二）非人员推销策略

所谓非人员推销策略，即借助各种渠道进行信息的传达，以达到推销产品和服务的目的，而不需要由销售人员以直接互动的方式来进行推销。

1. 广告

广告是指通过各种媒体平台，如电视、广播、报纸、杂志、互联网等，向广大消费者传递产品或服务的信息。例如,某品牌邀请知名明星为其代言,推广其新款化妆品,并将代言照片、视频在媒体平台进行投放。

2. 直接推广

直接推广是指通过各种形式向目标客户直接传递产品或服务的详细信息。比如,某品牌会定期对目标客户发送邮件,介绍最新的促销活动和新上市的商品等,供顾客在购物时参考。

3. 公共关系

公共关系主要是通过新闻发布、媒体关系、活动策划等方式,与公众建立良好的关系,提高企业的知名度和美誉度,从而促使消费者发生购买行为。例如,某企业在河南遭受暴雨灾害时为灾区捐款,获得社会公众好感,从而促使很多潜在顾客发生了购买行为。

五、社交媒体营销策略

(一) 社交媒体营销的相关概念

市场营销领域最显著的变革就是社交媒体营销的迅猛增长[①]。社交媒体触点具有繁杂性,绝大多数用户无论在何时何地使用手机、电脑等产品进行办公、学习、娱乐、购物、社交、浏览资讯等活动时都会与广告信息频繁接触(图7.15、图7.16)。

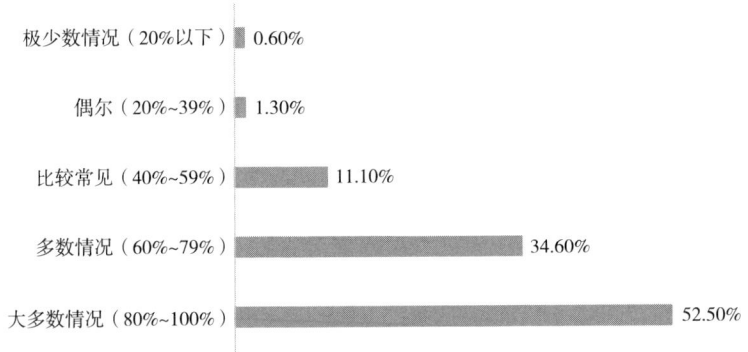

图7.15 日常使用手机/电脑等产品进行活动时,接触到广告、资讯等信息的情况

资料来源:CTR 2023数字媒体营销趋势研究项目。

---

① 刘小菁. 社交媒体FACEBOOK对泰国年轻消费者购买决策影响研究:理智动机和情感动机的作用[D]. 北京:对外经济贸易大学,2015.

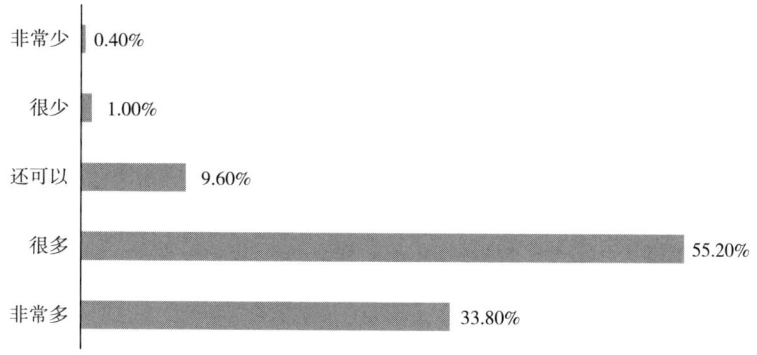

图 7.16　每天在手机/电脑等上接触到广告类信息的情况

资料来源：CTR 2023 数字媒体营销趋势研究项目。

1. 社交媒体的概念

社交媒体不仅为人们提供了交流互动的平台，还为企业提供了一个全新的营销战场。如今，社交媒体营销对消费购买行为的影响不断加大，成为企业营销策略中至关重要的一环，越来越多的企业开始利用这一平台进行营销活动。2007 年，梅菲尔德在《什么是社交媒体》一文中首次提出了"社交媒体"的概念，将社交媒体定义为"一种新型的网络媒体"[1]。社交媒体是一种允许用户进行内容发明和信息交换的数字媒体。

2. 社交媒体营销的概念

作为一种数字营销方式，社交媒体实现了用户的行为从单纯的信息消费变为集消费内容创造与分享于一体的转变，企业通过社交媒体开展的新型营销活动能够有效吸引顾客和保留顾客。

社交媒体营销是指企业通过社交媒体平台开展信息发布与共享的新媒体营销方式，旨在为用户和企业之间创造和传递价值[2]。社交媒体营销是对整合营销理论的升级和再造，其核心在于建立并维系个人与企业间的良好持久关系。

（二）社交媒体营销的分类

目前，一些学者依据社交媒体自身的功能以及用户特征将社交媒体分为不同的类型。主要有：

---

[1]　唐启蒙. 社交媒体时代的联名卡营销创新［J］. 中国信用卡，2013（2）：4.
[2]　刘冰凌. 社交媒体营销对消费者行为的影响因素分析研究［J］. 中阿科技论坛（中英文），2021（7）：32-34.

1. 博客与微博营销

博客与微博营销主要是依靠博客、视频博客、推特、新浪微博、播客等平台及时（或第一时间）发布信息，通过一些个性化或者专业的信息获取消费者的注意力，提升消费者对产品的认知，利用意见领袖引导催生口碑效应。

2. 社交网络营销

社交网络营销主要依靠 myspace、linkedin、facebook、QQ、whatsapp、微信等与消费者形成即时互动，形成"口口相传"的良好效应，适用于市场调研与反馈等，通过建立和维护关系网络，改善公共关系，形成普通顾客间高效的口碑效应[①]。

3. 在线社区营销

在线社区营销主要针对有某些需求的客户群体，通过内容分享、信息交流、知识交换、共享与共创的方式，促使有需求的客户主动参与进来，从而培养顾客忠诚度达到销售的目的。在线社区营销可细分为以下几种营销方式：

一是专用社区营销。专用社区营销是指企业利用自己创建并管理的在线社区，针对某一特定主题或目标用户群，在为成员提供交流分享互动平台的同时，收集有价值的用户反馈并加以利用，从而增强用户对品牌的归属感和忠诚度的一种市场推广手段。例如，科技品牌在建立自己的社区后，邀请用户分享使用心得、探讨产品功能、提出改进意见等，在增加用户黏着度的同时，也能够获得用户对品牌的正面评价。

二是内容社区营销。内容社区营销主要利用内容分享平台（维基百科、大众百科、youtube、谷歌视频、instagram 等）发布有趣、有用、有教育意义的内容来吸引和留住用户。例如，旅游品牌在内容社区发布旅游攻略、景点介绍、旅行故事等内容，吸引潜在游客的关注和兴趣；同时，通过与其他旅游达人或意见领袖合作，可以进一步提升内容的传播效果。

三是论坛营销。论坛营销是利用互联网论坛（personal democracy 论坛、epinions 比较网、craigslist 分类广告网等）互动平台进行产品或服务的推广。例如，在健康类论坛中，健康食品品牌可以发布关于产品功效、使用方法等内容的帖子，同时积极回复用户关于健康饮食方面的问题，提供专业的建议和解答。

四是内容整合网站营销。内容整合网站营销是通过将丰富多样的内容整合在

---

① 宋志成. 意见领袖信息行为对顾客公民行为的影响机制研究［D］. 杭州：浙江工商大学，2020.

一起，如文字、图片、视频等，通过为用户提供有价值或者感兴趣的信息，提高用户关注度。例如，各省文旅的公众号，通过将本省的旅游景点信息、注意事项、相关周边产品等信息整合到一起，达到吸引消费者的目的。

五是虚拟世界营销。虚拟世界营销是利用虚拟社交平台进行品牌宣传和产品营销的一种策略。它在虚拟世界中建立品牌形象，并借助虚拟现实技术与用户互动、沟通。例如，某知名品牌在虚拟游戏 Second Life 中创建虚拟店铺，该店铺不仅展示了品牌的最新产品，还提供了丰富的互动体验，如虚拟试穿、虚拟社交等。

(三) 社交媒体营销的特征

1. 沟通方式的重构

社交媒体营销的核心就是传播。社交媒体提供双向、实时的互动平台，不同于传统的单向广播式交流，企业不再仅仅是发布信息，而是能够了解消费者的需求和反馈，与用户进行真实的对话。这种传播方式的重构，让企业对市场动态的把握更加精准，从而达到优化产品和改善服务的作用。

2. 病毒式的蔓延

社交媒体营销呈现病毒式传播特征[1]。企业信息可以在短时间内被大量用户分享和讨论，通过创造有吸引力和传播价值的内容，结合社交媒体的广泛覆盖和快速传播，达到爆炸式的传播效应。这种传播方式在提升品牌曝光度、知名度的同时，还可以引发用户主动参与、积极讨论，提升品牌影响力和用户黏性。

3. 低成本的立体表现

与传统营销手段相比，社交媒体营销成本更低。企业可以通过社交媒体平台与用户直接互动，避免了中间环节和额外费用。同时，社交媒体平台提供了文字、图片、视频等丰富的表现形式，让企业在展示产品和服务的同时，全方位地提升客户消费体验。

本章小结

本章深入探讨了 21 世纪企业所处的营销环境及其应对策略。在全球化与科技进步的推动下，企业面临着消费者需求多样化、市场竞争激烈等挑战。数字营

---

[1] 赵子嘉. 社交媒体中的借势营销研究 [D]. 哈尔滨：黑龙江大学，2024.

销作为一种新兴的营销方式，正逐渐取代传统营销方式，成为企业提升竞争力的关键要素。通过市场细分、目标市场选择和市场定位，企业可以制定更加精准的营销策略。同时，数字营销策略涵盖了产品、定价、分销、促销和社交媒体等多个方面，为企业提供了更广阔的市场空间和更多的营销机会。通过掌握数字营销的基本概念、战略与策略，企业可以更好地应对市场挑战，实现可持续发展。

案例分析

刘强东数字人直播首秀大放异彩

"大家要知道，京东超市的价格就是实惠。""在上链接之前，我准备了点小礼物，希望大家喜欢。"坐在镜头前的"刘强东"化身带货主播，眉头微锁，表情严肃，身着藏蓝色西装，坐姿端正。2024年4月16日下午，京东的创始人、董事局主席刘强东以AI数字人"采销东哥"的身份，在京东App上展开了他的直播首秀，并在京东家电家居、京东超市采销直播间闪亮登场。在长达42分钟的直播中，"采销东哥"游刃有余地介绍了多款食品和电器产品，他熟练地指挥货品上架，引导网友发表评论、抢夺红包。整个过程中，他语速稳定，只是偶尔出现一些卡顿。刘强东的数字人形象、口音、手势等动作习惯与真人几乎一致，只是缺乏真人直播时的情绪起伏和互动语调，略显机械化。据悉，目前已有超过4 000家品牌商在京东直播间使用了与"采销东哥"同款数字人。这种数字人在闲时的转化率提高了超过30%，而成本仅为真人直播的十分之一。

根据京东超市的数据，"采销东哥"AI数字人直播开始后的30分钟内，直播间的观看人数便突破了千万；仅仅40分钟，观看人数就已超过1 300万。直播期间，用户的平均停留时长更是达到了日常均值的5.6倍。在直播过程中，"采销东哥"AI数字人共介绍了13款商品，整体订单量相比上周日均增长了7.6倍。特别是京东超市的"百亿农补"货品，开播半小时内的成交额比上周日均增长了5.7倍。令人瞩目的是，在短短的40分钟内，直播间的整体订单量就突破了10万大关。

根据以上案例，请回答：刘强东以AI数字人身份进行直播首秀，这种数字人营销方式在京东的品牌推广中起到了怎样的作用？企业应如何结合自身特点和市场需求，制定有效的数字营销策略？

复习思考

1. 在数字化转型的背景下,数字营销与传统营销相比有哪些显著优势?
2. 什么是社交媒体营销?
3. 社交媒体营销的特征是什么?

第八章

数字商务物流

学习目的与要求

- 理解数字商务物流的基本概念与特征
- 掌握数字商务物流系统的组成
- 熟悉数字商务的物流模式
- 掌握供应链管理的核心概念
- 了解数字化转型在供应链中的应用

引导案例

京东物流落成全球规模最大仓拣一体智能物流园

2023年6月14日凌晨2点05分，一箱刚刚从苏州蟹塘打捞到的"六月黄"从京东物流昆山亚洲一号智能产业园2期自动分拣中心下线，成为亚洲一号的第100亿件智能包裹，这是中国智能物流又一座崭新的里程碑。

2023年是京东成立的第20年，也是京东物流亚洲一号智能产业园投入运营的第十个年头。作为国内智能物流新基建的代表，第一座亚洲一号于2014年在上海正式运营，十年时间，亚洲一号智能产业园的数量已经达到几十家，遍布全国20多个省区市。其高度智能的订单处理能力和生态效应，不仅与全国1 500多家仓储库协同构建多层次供应链基础架构网络，形成生产与消费紧密相连、全产业链提质，还形成了全亚洲最大规模的智能仓群，大幅降低社会物流成本，同时推动了半日达等优质物流服务的普惠。此次第100亿件包裹所在的昆山亚洲一号2期，是今年"618"期间最新落成的。

昆山，作为辐射长三角，连续18年位居全国百强县市之首的城市，是京东物流仓网布局的核心城市之一。早在2017年，京东物流就在昆山投入了首个全自动分拣中心。此次昆山亚洲一号2期投入使用，集仓储、分拣、转运等功能于一体，毗邻昆山亚洲一号1期建成。建成后的昆山亚洲一号整体园区成为世界规模最大的仓拣一体化智能物流园区，园区面积超过50万平方米，相当于70个足球场。其自动分拣中心拥有自动分拣流水线80多条，智能分拣机器人1万台，同样拥有99.99%的分拣精准度。在京东"618"期间，分拣中心以日均超过450万件包裹的分拣能力，全天24小时不间断作业，效率提高了5倍之多。

同时，在仓储环节，昆山亚洲一号2期投入了AMR搬运机器人、料箱拣货机器人等智能硬设备，还应用了北斗新仓生产模式——京东物流自研的自动化仓储生产管理系统，变传统的人工静态拣货任务分配为全自动动态任务分配，大大缩短了拣货员的走动距离，实现了物流自研自动化仓储生产管理，拣选效率提升3倍不止！园区投入使用后，昆山亚洲一号2期将使全国消费者的服务体验得到进一步提升，在苏浙沪皖等华东地区，93%的自营订单可实现当日达或次日，使传统"包邮地带"2亿人口的物流服务体验再上一个台阶。

资料来源：中国新闻网，https://m.chinanews.com/wap/detail/chs/zw/10024781.shtml。

思考：数字商务的物流体系与传统商务物流体系有哪些不同？

第一节　数字商务物流概述

一、数字商务物流的基本概念

（一）物流的概念

物流产业被喻为促进经济增长的"加速器"和"第三利润源泉"，是衡量一个国家现代化水平和综合国力的重要标志，是国民经济发展的基础性产业[①]。我国物流从20世纪70年代末开始，经历了从引入物流发展思路，到纳入国民经济发展规划纲要，物流产业逐步走向成熟的过程。随着数字化经济的发展，在经济发展中，物流成为新的经济增长点。

1998年，美国物流管理协会（Council of Logistics Management，CLM）指出，物流是以满足顾客需求为目的，组织产品（服务）并以高效、经济的手段送达消费者的过程[②]。中国国家标准《物流术语》（GB/T 18354—2021）中物流的定义：根据实际需要，将运输、储存、装卸、搬运、包装、流通加工、配送、信息

[①] 雷艳杰. 三明制造业与物流业联动的灰色关联分析［J］. 吉林广播电视大学学报，2017（2）：2.
[②] 赵妮. 山东省现代物流业影响因素分析及管理对策研究［D］. 济南：山东师范大学，2013.

处理等基本功能实施有机结合，使物品从供应地向接收地进行实体流动的过程。根据该定义，物流的基本功能如图8.1所示。

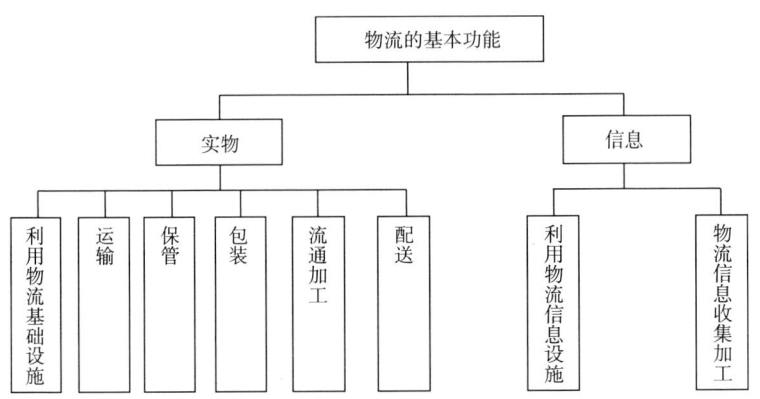

图8.1　物流的基本功能

(二) 物流的分类

1. 社会物流与企业物流

按照物流的门类，分为两大类：一是社会物流，二是企业物流（图8.2）。

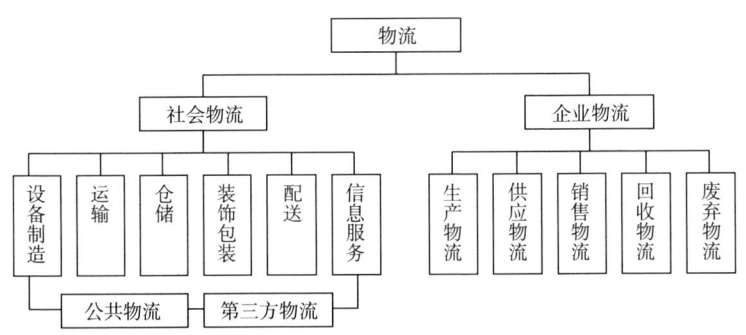

图8.2　物流的分类

社会物流（Social Logistics），又称大物流，是指发生在流通领域的物流，主要包括两部分：公共物流（Public Logistics）和第三方物流（Third-Party logistics，3PL）。社会物流包含了从原材料到成品、成品到商品、再到最终用户的全过程，包括运输、加工、分割、包装、搬运、贮存、信息交流等各个环节，如图8.3所示。

企业物流（Enterprise Logistics）是指企业内部的物流过程，主要存在于企

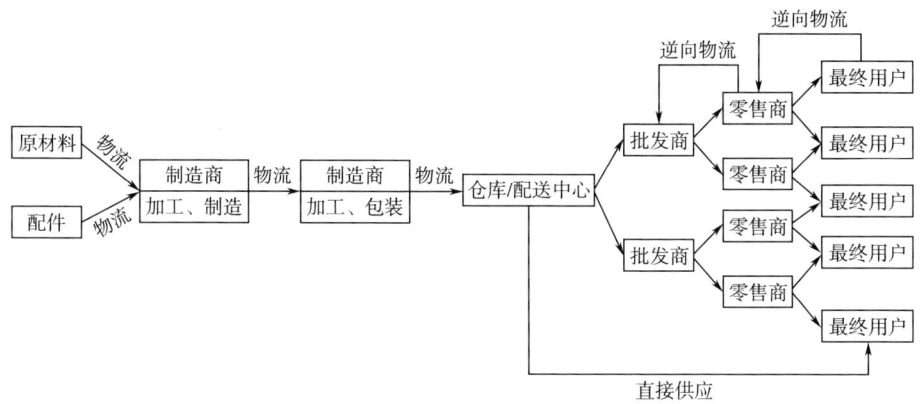

图 8.3 社会物流过程

业内部各车间、各工序、各仓库之间,由生产物流、供应物流、销售物流、回收物流以及废弃物流等组成。企业物流过程如下图所示(图 8.4)。

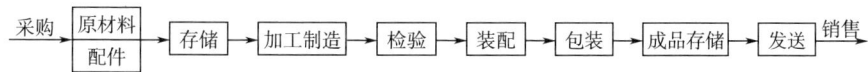

图 8.4 企业物流过程

2. 生产物流与流通物流

按照不同的作用领域,物流分为生产物流和流通物流。

生产物流(Production Logistics)是指原材料、零部件等辅材从仓库进入生产线直至加工结束的物料流动过程[①]。

流通物流(Circulation Logistics)是指原材料到产成品的供应、生产和销售的流通过程。

3. 传统物流、综合物流和现代物流

按照发展的历史进程,分为三大类:传统物流、综合物流和现代物流。

传统物流(Traditional Logistics)一般指包装、运输、装卸,以及产品出厂后的仓储等环节。

综合物流(Integrated Logistics)就是把两种以上不同种类的物流集中起来,变成功能全面、效率高的物流设施。

---

① 华细玲,张凤玉. 现代物流概论[M]. 北京:中国商业出版社,2006.

现代物流（Modern Logistics）是从采购物流开始，经过生产物流，然后进入销售物流，经过包装、运输、仓储、装卸、加工，配送到最终用户（消费者）手里，最后可能出现循环物流（Recovery Logistics）。现代物流包含了产品从"生"到"死"的整个物理性流通的全过程。

4. 代理物流和企业内部物流

按照提供服务的主体不同，分为两大类：代理物流和企业内部物流。

代理物流。代理物流（Logistics Agent）是指在没有固定资产的情况下承接物流业务，并在外部力量的帮助下，负责物流管理的方式，代替货主完成整个物流过程。

企业内部物流。企业内部物流（Inner-enterprises Logistics）是指企业在生产制造过程中的原材料、零部件和半成品的流通过程，主要集中在企业内部的各车间或各个产品制造过程中。

5. 流入物流和流出物流

按照物流的流向不同，分为两大类：流入物流和流出物流（表8.1）。

表8.1　流入物流与流出物流

物流系统类型		流入	流出
流入为主的物流系统	汽车装配厂	零部件、组件等	汽车
	运输企业	燃料、食品（航空）、零件、设备	（客货）运输服务
	财务公司	管理和办公设备	财务服务
	独立的零售店	商品和设施	无（商店不能流动）
流出为主的物流系统	采掘业	生产设施	大量的煤、矿石等
	林产品企业	生产设施	大量的木材
双向平衡的物流系统	日用品制造商	零部件、材料	面向最终用户大量的商品
	食品加工	生鲜食品、罐头、瓶子	面向最终用户的包装食品
	批发商	商品	商品

流入物流。流入物流是供给物流，是指企业在提供原材料、零部件或其他物品时所产生的实物流动。它是生产物流系统中相对独立性较强的子系统，这种物流活动对企业的高效运行起着保障和支持作用，企业供应物流既要实现保证供应的目标，又要组织供应物流活动，并且还有成本低、消耗少、可靠性高等限制，因此，在生产物流系统中具有较强的独立性。

流出物流。流出物流是指将生产出来的产品流向批发商和零售商直至最终用户的物流。

（三）数字商务物流的概念

数字商务物流是指应用互联网和移动网络技术、大数据和人工智能技术、物联网和供应链技术等，优化和完善传统商业物流流程，在电子商务的实际运营中实现物流的智能化、自动化、可视化、协同化和集成化，从而使企业达到高效率、低成本、高效益的一体化发展。这一新的物流模式涵盖了物流管理、物流运输、仓储管理、供应链管理、订单管理、数据分析等多方面的内容。

二、数字商务物流系统的组成

数字商务物流系统主要由以下几个部分组成：物流信息平台、物流自动化设备和物流网络。这些部分相互协作，共同实现数字商务物流的高效运作。

（一）物流信息平台

1. 物流信息平台的概念

物流信息平台（Logistics Information Platform）是全球卫星定位系统（Global Positioning System，GPS）、地理信息系统（Geographic Information System，GIS）和电子商务等多种技术的集成应用，主要用于经贸、运输、仓储、货代、联运、集装箱运输等物流相关领域以及政府行业管理等领域。从理论视角，信息平台可以被定位为在现代软件工程理念上建立的、面向公众的信息处理中心，通过数据共享工程、信息基础设施和公共应用的相互协同支持，开发出与该领域业务需求真正相关的部分，从而最大限度地利用现有软件和系统资源。信息平台主要有四大板块：信息源、信息处理单元、信息的管理、信息的传输。物流信息平台是为其他企业提供物流服务的重要场所，是现代物流企业收集资源、整合资源的重要手段。建设各种层次的物流信息平台，已经成为物流行业发展的一大趋势。

物流信息平台是一种旨在通过现代信息技术手段，提高物流效率，降低成本，提高服务质量的物流行业信息化平台。物流信息平台将物流行业信息资源进行整合、共享和优化，通过运用云计算、大数据、物联网等现代信息技术手段，实现物流信息的高效传递和智能化处理，从而推动物流行业的现代化发展。物流信息平台可以视为一个连接物流参与各方的桥梁，为物流需求方和提供方提供及时、准确的信息支持，促进物流资源的优化配置和高效利用。

2. 物流信息平台的功能

数据交换功能。主要涉及电子单证的翻译、转换和通信，包括网上报关、报检、办证、结算、缴（退）税等业务信息交换，是物流信息平台的核心功能。此外，存证管理功能也是数据交换的重要组成部分，通过保存用户在平台上的单证信息，为日后可能出现的业务纠纷提供证据支持。

信息发布服务功能。以 Web 站点的形式，提供物流供求信息、行业动态、政策法规等内容的发布，帮助用户及时获取所需信息。

会员服务功能。针对不同会员的特定需求，为注册会员提供会员单证管理、商品状态及位置追踪、交易统计、信用评价等个性化服务。

网上交易功能。通过提供虚拟交易市场，实现供需信息发布、查询、成交撮合，为供需双方搭建一个便捷的交易平台。

3. 物流信息平台的特点

一体化。物流信息平台通过整合各类物流信息资源，实现信息一体化管理和利用，提高物流信息处理效率。

模块化。将满足不同物流企业需求的物流信息系统，通过统一的标准，在各个模块之间进行开发和整合，形成多个功能模块。

实时化。借助先进的物联网技术，物流信息能做到实时采集和处理，确保信息准确、及时。

网络化。将各个物流节点和参与主体通过互联网连接起来，形成共享、协同信息的庞大物流信息网络。

4. 物流信息平台的实际应用案例

菜鸟网络通过互联网技术提供物流云仓和云服务，实现订单管理、仓储管理、运输管理等全流程服务，优化配送路径，提高配送效率。

顺丰速运利用大数据分析能力进行路径规划和运力调度，提供高效、优质的物流服务。

京东物流借助大数据和算法优势，实现仓储、运输、配送等环节的精细化管理，提升物流效率和服务质量。

（二）物流自动化设备

1. 物流自动化设备的概念

物流自动化设备是从物流工程的角度所提出的概念，是贯穿于整个物流系统全过程的现代物流系统的重要内容,是现代物流的物质基础。自动化是人类在长期的生产实践中不断形成,并随着科学技术的持续进步而日益完善的。物流自动化能使劳动强度大大降低,物流效率得到提高。物流自动化技术是发展现代物流的必然产物。

2. 物流自动化设备的分类

物流自动化设备主要包括连续输送设备、起重搬运设备、平衡重式叉车、自动导引小车、自动分拣装置、自动化仓储系统以及物流监控系统等七类。

第一,连续输送设备是指在不需要操作的情况下,一启动就能连续工作的装置。主要设备类型为各种输送机,如带式输送机、链式输送机、悬挂式输送机、辊式输送机等。

第二,起重搬运设备是间歇性作业设备,主要用于物料的搬运,分为起重机械和工业搬运车辆。

第三,平衡重式叉车(简称叉车)是物流自动化设备中应用最多的设备,也是我们最熟悉的设备之一,主要用于装卸货物,堆垛等作业中的各种物品。

第四,自动导引小车(Automatic Guided Vehicle,AGV)是根据系统设定的指令,沿着规定的路线和动作自动驾驶的车辆。美国物流协会是这样定义 AGV 的:安装有能够按照指定的导向路线行驶的电磁或光学导向装置、具有小型车辆运行和停车装置、安全防护装置和运输小型车辆的各种载重功能的汽车。我国国家标准《物流术语》对 AGV 小车的定义:具有可沿规定路径行驶的自动导向装置、具有安全保护装置和搬运车辆车身各种物料功能的可编程停车选车装置。

第五,自动分拣装置是指在到达指定位置上,由自动装置指令完成的货物进入分拣的装置。

第六,自动化仓储系统是一种不需要人工干预、可以自动进行货物的储存和取出的系统。

第七,物流监控系统是指一种计算机控制系统,主要用来监控物流运行情况。

(三) 物流网络

1. 物流网络的概念

物流的过程是由许多运动过程和相对停顿过程组成的。所谓物流网络结构,是指由执行物流运动使命的线路和执行物流停顿使命的节点构成的网络结构。物流网络研究从物流的运行形态出发,确立物流网络之上的综合物流服务网络体系。而物流信息网络、物流组织网络模式运作、物流基础设施网络是物流网络体系的三大子网体系。物流信息网络是物流网络运行的技术保障,物流组织网络是物流网络运行的组织保障,物流基础设施网络是物流网络运行的基本前提。

2. 物流网络的构造

物流网络的构造主要由两部分构成,分别是线路和节点。

3. 物流网络的分类

从物流网络覆盖范围来看,物流网络分为全球物流网络、区域物流网络、城市物流网络等。从全社会的角度看,物流网络可以分为物流园区、物流中心、配送中心(货运站)三个层次。

海尔模式——自营物流系统。自营物流系统的企业中,最典型的就是海尔集团。海尔物流特色可总结为借助物流专业公司力量,在自营基础上小外包,总体实现采购 JIT、原材料配送 JIT 和成品配送 JIT 的同步流程。1999 年,海尔开始实施以"市场链"为纽带的业务流程再造,以订单信息流为中心,带动物流、商流、资金流的运作,其物流运作模式日益引起人们的关注。对海尔来讲,物流首先是使企业实现三个"零"的目标,即零库存、零距离和零营运资本;其次,是使企业获得市场核心竞争力。

美的模式——剥离物流业务、组建物流公司。如果说海尔是把物流作为降低成本的机器,那么美的集团则把物流作为一个赚钱机器。2000 年,美的集团成立了安得物流公司,把物流业务剥离出来。安得物流公司作为美的集团一个独立的事业部,成为美的其他产品事业部的第三方物流公司,一方面能为美的生产、制造、销售提供最快捷的物流服务,另一方面也作为专业物流公司向外发展业务。美的的其他事业部可以使用安得物流,也可以选择其他的物流公司。

伊莱克斯模式——全面外包物流业务。伊莱克斯将物流完全外包给第三方物流企业,第三方物流商为它提供整个或部分供应链的物流服务,以获取一定的利润。1995 年,伊莱克斯合资组建伊莱克斯中意电冰箱有限公司时,就明确了责任分工,伊莱克斯只负责产品生产,而中意冰箱厂全权负责产品的销售与售后服务工作。随后,伊莱克斯又将物流外包给了专业的物流公司。目前,伊莱克斯将物流交由包括宝供物流企业集团在内的三家物流公司负责。

东芝物流——独立的物流子公司。日本的企业大多数都有自己的物流公司。东芝公司为了开拓新的业务,在 1974 年出资建立了东芝物流(株)的独立物流子公司,主要管理东芝集团的家电产品和信息产品。随后,日本其他电子企业也陆续建立起自己的物流子公司。东芝公司的内部物流业务大概在 70% 左右,外部业务在30%左右，基本上实现了与社会物流公司的资源共享。日本的家电行业基本采用这种模式，内部物流为主，外部物流为辅，比如松下、索尼等。

第二节　数字商务物流管理

一、数字商务环境下的物流管理

（一）物流管理的形成与发展

物流管理的概念是从商品配送中演变形成的。在第一次世界大战期间，英国商人成立了"即时配送股份有限公司"，旨在将货物及时送到使用者手中，这是最早记录的物流活动[①]。物流管理经历了三个阶段：配送管理过程、物流集成过程以及供应链物流综合过程。第一阶段主要集中在20世纪60—70年代，这一阶段，物流主要是实物配货；第二阶段是20世纪80年代，这一阶段，物流主要体现在企业内部物料的流通；第三阶段是20世纪90年代，这一阶段开始形成供应链的概念，物流是供应链体系中节点企业和节点企业之间的物流综合集成。

（二）物流管理的概念

1974年，鲍尔索克斯对物流管理的定义是"以买家为起点，有策略地在各个企业之间流转原材料、零部件和制成品，最终到达用户手中的所有活动的管理过程"。1998年，美国物流管理协会对物流管理的定义是"通过组织从供应到消费的产品、服务和信息的运动和存储的计划、执行和控制过程，以满足客户需求为目的。"[②] 中国国家标准《物流术语》对物流管理的定义是计划、组织、协调和控制物流的全过程，以达到既定的目标。

（三）物流管理的地位与作用

在数字商务中，物流管理占据了至关重要的位置。随着数字商务的快速发展，物流作为商品从供应商到消费者手中的桥梁，其管理效率和质量直接影响到数字商务的成败。物流是数字商务价值链的增值链，有效地管理好物流的全过程，有利于提高数字商务的水平。

1. 物流在数字商务中的地位

物流是数字商务的重要组成部分。数字商务是由商业实体、信息流、资金

---

① 田江．供应链管理基础与实践［M］．成都：电子科技大学出版社，2006．
② 张成海．现代物流与物流标准化［J］．中国标准化，2002（6）：2．

流、物流等基本要素构成的。物流是数字商务"四流"（商流、信息流、资金流、物流）的重要组成部分，是最终顺利实现信息流、资金流的根本保证。任何一件有形物品的买卖，如果不能将实物顺利转移出去，就不算完成交易。

物流保障生产。生产是商品流通的基础，无论是传统的贸易方式，还是电子商务，生产的顺利进行都需要各种物流活动的支撑①。生产的全过程是从原材料采购开始的，因此要求有相应的供应物流活动，否则，生产就难以进行，即采购物流；在生产的各个工艺流程之间，还必须有原材料物流流程和半成品物流流程，即生产物流，这样才能实现生产的机动性；产成品变成产品直至变成商品也需要物流活动，即销售物流；对一些余料和可重复利用的物资进行回收，即回收物流；垃圾、废弃物的处理，即废弃物物流；而已经售出的产品被退回，即逆向物流②。由此可见，整个生产、制造、销售、回收、退货乃至环保的过程，实际上是整合物流的一个系列化的过程。

物流服务于商流。在商流活动中，商品所有权从供给方转移到需求方手中，这是从买卖合同签订的那一刻开始的，而商品的实体却没有发生变化③。在传统的交易过程中，一般的商流必须伴随相应的物流活动，即将商品实体从供给方（卖者）转移到需求方（买者），按需求方（买者）的需要，以适当的方式和途径进行交易。而消费者在电子商务环境下完成商品所有权的交付过程，也就是商流过程，这是消费者通过在线购物的方式进行的。然而，电商的活动并没有就此结束，只有真正将商品和服务送到消费者的手里，商家的生意才算画上了句号。物流实际上是在整个电商的交易过程中，以商流的后续者、服务者的姿态出现的④。

物流是实现"以顾客为中心"理念的根本保证。电商的出现，让终端消费者得到了最大程度的便利。他们不用再奔波于人头攒动的商业街，一家一家地挑选所需的商品，完成自己的购物过程；而是只需坐在家里，上网搜索、查看、挑选就可以了。但是试想一下，如果购买的商品迟迟不发货，或者商家送达的商品并非自己购买的商品，那么消费者还会选择网购吗？可见，电商要实现以"顾客为中心"的理念，物流才是硬道理⑤。缺乏现代物流服务作为保障，电商为消费

---

① 张帆. 浅谈物流与电子商务的结合 [J]. 管理观察，2013（18）：2.
② 程国全，柴继峰，王转，等. 物流设施规划与设计 [M]. 北京：中国物资出版社，2003.
③ 梅绍祖，李伊松，鞠颂东. 电子商务与物流 [M]. 北京：人民邮电出版社，2001.
④ 袁媛. 电子商务实用教程 [M]. 北京：北京交通大学出版社，2013.
⑤ 刘学敏. 电子商务与现代化物流建设 [J]. 中国市场，2009（10）：2.

者带来的购物便利等于零,而消费者很快就会转向在他们看来相对安全的传统购物方式。

2. 物流管理在数字商务中的作用

物流管理在数字商务中扮演了至关重要的角色。

提高效率与效益。物流管理通过数字化技术的应用,使各项物流活动的计划、组织、指挥、协调、控制和监督更加精确,达到最佳的协同与协作,从而使电子商务的效率和效益得到显著提升。

扩大市场范围。物流管理通过优化供应链和配送网络,使得数字商务能够更广泛地覆盖市场,支持电子商务的快速发展。

优化客户体验。物流管理能够确保商品在恰当的时间、恰当的地点,送达到消费者手中,形成良好的购物体验。通过提供实时的物流信息、快速的配送和方便的退货服务,物流管理有助于提升顾客满意度和忠诚度。

降低运营成本。有效的物流管理可以通过减少库存积压、优化运输路线和方式、降低损耗等方式,帮助数字商务企业降低运营成本。

实现供应链整合。物流管理可以将商流、信息流、资金流在电子商务中进行整合,实现供应链的全面整合与优化,使电子商务成为竞争更为激烈的商业形态。

(四) 数字商务环境下物流的特征

数字商务环境的变化导致了企业商务模式的转变,数字商务环境下的物流主要有如下几个特征。

1. 信息化

物流的信息化表现为物流信息的商品化、数据库化、代码化,以及信息处理的电子化、计算机化,这是电子商务时代的必然要求。物流信息化使物流过程更透明、更可追溯,提高了物流管理效率和精确度,是物流领域一切活动的基础。

2. 自动化

物流以机电一体化为核心的自动化基础是信息化。自动化的外在表现是无人化,在提高劳动生产力的同时,也使物流作业能力得到提升,降低物流差错率。自动分拣系统、条形码自动识别系统、仓储一体化系统等等,都是物流自动化的体现。

3. 网络化

物流的网络化主要体现为计算机通信网络的物流配送系统,同时也体现为企业内部的网络化。这使得物流流程形成一个高效率的协同整体，效率和灵活性都得到了提高①。

4. 智能化

物流的智能化是在更高层面上应用物流的信息化、自动化。通过应用物流专家体系、物流预测体系、库存水平体系等技术，进一步提高物流运行过程中运筹与决策的精准性和高效性。

5. 敏捷性

物流系统需要对市场需求和变化做出快速反应。敏捷的物流系统能够灵活调整运输、仓储等策略，确保商品在最短时间内送达至消费者手中，满足消费者的即时需求。

6. 合作性

在数字商务环境下，物流的各个环节和参与者需要紧密合作，形成一个协同的整体。这种协作体现在下游企业在供应链上的信息共享、协同规划等方面，对整个供应链的效率和竞争力的提升都有很大的帮助。

7. 柔性

柔性物流是一种适应生产、流通和消费需要的新型物流形式。它可以根据市场需求、客户需求、商品属性等因素进行灵活调整，以满足不同的需求和要求。同时，灵活的物流可以对市场的变化和客户的需求做出快速的反应，提供更加高效和高质量的服务。

这些特征共同构成了物流在数字化经营环境中的核心竞争力。

二、数字商务的物流运营模式

数字商务的物流运营模式主要有自营物流、第三方物流和第四方物流三种运营模式。

（一）自营物流

1. 自营物流的概念

自营物流是指企业为商品的存储、运输、配送等物流环节，在数字化的商业活动中，为满足客户需求，实现经营目标而自行建立并管理物流系统的一种模

---

① 李宗耀，李灵，尉斌. 电子商务应用基础教程［M］. 北京：科学技术文献出版社，2007.

式。这种模式下，企业拥有对物流环节的完全控制权，可以更加灵活地调整和优化物流流程，以适应市场的变化和满足客户的个性化需求。

2. 自营物流的优势

对于数字商务企业而言，自营物流模式具有以下优势：

物流控制力强。数字商务企业自建物流体系可以确保对物流环节的全过程控制，包括运输方式的选择、仓储设施的规划、配送时间的安排等，从而确保物流运作的顺畅和高效。

服务质量高。自营物流模式下，企业可以根据客户需求和市场变化，提供个性化的物流服务，并且保证客户订单交付等工作及时准确高效地完成，提高客户满意度和忠诚度。

低成本。通过自营物流，企业可以更好地控制物流成本，避免因为外包物流而导致的信息泄露、费用上涨等问题。

提升品牌影响力。自营物流模式是企业数字商务活动的一环，高质量、高效率的服务可以增加顾客好感，从而提高本企业的品牌影响力。

3. 自营物流的不足

对于数字商务企业而言，自营物流具有以下不足：

投资成本较高。自营物流可能会对一些规模较小的企业产生较大的负担，需要企业在物流设施的建设和运营上投入大量的资金，包括仓库、运输工具、信息系统等。

管理难度大。自营物流涉及多个环节和部门，需要企业进行全面的物流管理，包括运输、仓储、配送等，企业需要投入大量的经验来管理具体的物流业务，这对企业的管理水平和能力都有很高的要求。

风险较高。自营物流面临各种风险，如运输事故、仓储设施损坏等，这些风险可能会对企业的正常运营和声誉造成负面影响。

4. 京东物流

京东集团于2007年开始自建物流，截至2024年3月，京东物流发布2023年全年财报显示，京东物流2023年全年总收入为1 666亿元，经调整后的净利润达到27.6亿元，未经调整（IFRS）净利润实现扭亏为盈。在业务布局上，京东物流主要聚焦于快消品、服装、家电家具、3C、汽车、生鲜等六大行业。通过为客户提供一体化供应链解决方案和物流服务，助力客户优化存货管理、降低运营成本、高效分配内部资源，实现新的增长突破。更值得一提的是，京东物流将多年积累的解决方案、产品和能力进行模块化处理，以更加灵活、可调用与组合的方式，满足不同行业中小客户的多样化需求。

在物流网络建设方面，京东物流建立了高度协同的六大网络，涵盖仓储、综合运输、最后一公里配送、大件、冷链以及跨境物流等多个领域。这些网络服务范围几乎覆盖了中国的所有地区、城镇和人口，京东物流不仅在中国电商与消费者之间建立了深厚的信任关系，还通过如"211 限时达"等高效时效产品和上门服务，重新定义了物流服务标准，使客户体验始终保持在行业前列。

京东物流主要有两大仓网优势。首先，京东物流拥有全国领先的仓网数量和多层次仓网网络，能够精准地将客户货物放置在最佳位置的仓储中，从而大幅提升配送速度和货物周转效率。其次，以京东自营的"亚洲一号"大型智能仓储为代表，其拥有业界顶尖的仓内技术水平和管理经验。这些先进的技术和经验不仅应用于高端仓储，还能被复制到普通仓储中，实现整体仓网的全局性效率提升。

京东强大的商流能够帮助京东物流更精准地运转货物，提升存货周转率，降低履约费用。同时，京东物流的良好品牌形象也为其低成本获客提供了便利。京东物流的品牌价值主要源于消费者的高度认可和企业形象的塑造。在日常服务中，京东物流持续提供快速配送、送货上门等优质服务，赢得了良好的口碑。在突发事件中，如武汉、上海在疫情期间，在社会化物流停滞状态时，京东物流都是作为第一批物流服务商率先为疫区客户提供服务。在国家邮政局已公布的 2023 年第三季度快递服务公众满意度调查中，京东快递再次以高分位列公众满意度快递企业第一阵营。

此外，京东物流的国际化步伐也在加速。截至目前，京东物流已在全球拥有近 90 个保税仓库、直邮仓库和海外仓库，总管理面积近 90 万平方米。通过引进领先的自动化设备、升级库存管理系统、优化运营流程等手段，京东物流为全球客户提供了优质高效的一体化供应链物流服务，展现了其强大的全球竞争力[1]。

（二）第三方物流

1. 第三方物流的概念

第三方物流，即 3PL（Third Party Logistics），是指独立于第一方发货人和第二方收货人，专门或全面地为客户提供物流系统设计或系统运营的物流模式[2]。

---

[1] 根据京东物流官网（https：//www.jdl.com/en/profile）整理。
[2] 孟凡珂，肖家林. 供应链管理环境下第三方物流发展策略分析［J］. 包装世界，2018（4）：1.

第三方物流模式是通过与第一方或第二方的合作，提供一种既不拥有商品，也不参与商品买卖的系列化、个性化、信息化的物流代理服务模式，主要以合同为约束，以联盟为基础。

2. 第三方物流的优势

对于数字商务企业而言，第三方物流模式具有以下优势：

降低企业物流开支。企业通过外包给专业的第三方物流公司进行物流管理，可以节省人力资源和运营投入，减少物流开支。

提高物流效率。第三方物流公司拥有丰富的物流资源和专业的物流团队，包括优化物流流程、合理配置资源等，可为货物运输提供高效的物流服务，提高运输效率。

降低物流风险。第三方物流公司对物流环节进行全面管理，包括货物跟踪、风险预警等，能够提前预防和解决物流中的问题，降低物流风险，保障货物安全。

全球范围的物流网络。第三方物流公司通常拥有全球范围的物流网络，可以为企业提供跨国运输、仓储和配送服务，有助于企业拓展全球市场。

定制化的物流解决方案。第三方物流公司能够根据企业的具体需求，提供个性化的物流解决方案，满足企业的特定需求。

3. 第三方物流的不足

对于数字商务企业而言，第三方物流模式具有以下不足：

客户隐私泄露风险高。在为客户提供服务的过程中，第三方物流公司可能会接触到客户的敏感信息，如货物清单、运输路线等。如果被不法分子利用这些信息，就有可能造成泄露客户隐私的情况发生。

服务质量参差不齐。虽然行业内存在一些知名的第三方物流公司，但服务质量却存在很大的差异。一些小型或管理不善的第三方物流公司可能无法提供高质量的服务，影响客户的满意度。

易出现合同纠纷。在物流服务过程中，可能会出现各种合同纠纷，如货物损坏、延误等问题。

（三）第四方物流

1. 第四方物流的概念

第四方物流，即 4PL（Fourth Party Logistics），是一个供应链的集成商，旨在整合和管理公司内部和具有互补性的服务供应商所拥有的资源、能力和技术,从而提供一套供应链解决方案①。这种模式不仅关注物流方案的执行,更注重战略规划和供应链优化。

2. 第四方物流的优势

对于数字商务企业而言,第四方物流模式具有以下优势:

一是全局观和整合能力。第四方物流具备强大的全局观和资源整合能力,能够将不同的供应链环节和参与者整合在一起,形成一个协同工作的整体,从而提高整体效率和响应速度。

二是战略咨询和运营支持。第四方物流能够为客户提供战略咨询和运营支持,帮助客户制定长期的供应链战略,从而降低成本、提高效率、优化供应链结构。

三是技术应用和创新。第四方物流注重技术的应用和创新,可以通过实时的数据监测和预测分析,提高供应链的可靠性和灵活性,实现供应链的可视化和智能化管理。

3. 第四方物流的不足

对于数字商务企业而言,第四方物流模式具有以下不足:

一是缺乏客户认同感和信任感。由于第四方物流的服务主要靠管理别人的资产和网络,所以要让客户对自己的能力产生认同感和信任感并不容易。尤其是在物流行业尚未完全成熟的市场中,客户对第四方物流的认知度和信任度可能相对较低。

二是对承运人和配送人的依赖。第四方物流的服务质量很大程度上是由承运人和配送人的业绩来决定的。如果这些环节达不到对客户的承诺,第四方物流提供的服务就有可能被认为是不及格的。

三是技术和管理的挑战。第四方物流需要处理大量的数据和复杂的供应链问题,因此需要具备强大的技术和管理能力。对于一些小型或经验不足的第四方物流公司来说,这可能是一个挑战。

第三节 供应链管理

近年来,SHEIN 在全球电商行业中异军突起,以其高速的增长轨迹和颠覆性

---

① 邓艳娟. 我国第四方物流运作模式、发展障碍及对策分析 [J]. 中国物流与采购,2012 (11):2.

的商业模式赢得了全球的关注与赞誉。这家源自中国的跨境电商巨头,起初只是一个专注于女装的在线零售商,但经过其多年战略布局和不懈努力,如今已成功跨越国界,转型为全球时尚产业的领军者。时至今日,SHEIN 已在欧美地区的年轻消费者群体中确立了其独具魅力的时尚品牌地位,并成功跻身为最受年轻人追捧的服装品牌行列,同时在权威的服装品牌及购物网站受欢迎程度排行榜中赫然在列,展现出其在全球时尚零售市场的非凡影响力。

根据研究机构 Piper Sandler 早前发布的调查数据,SHEIN 在 Piper Sandler 美国年轻人最喜爱的购物网站评选中位居第二,占据 12% 的支持率;而在 Piper Sandler 美国年轻人最受欢迎的服装品牌上,SHEIN 则位列第四,占比达到 3%。值得一提的是,作为唯一上榜的中国品牌,SHEIN 还与众多知名企业共同被 Morning Consult 评为"全美十大增长最快品牌"。

SHEIN 成功的关键在于按需生产的柔性供应链模式,能实时平衡产品供应与市场需求。2014 年在广州设立供应链中心并运用数字化按需生产模式,紧跟市场趋势控制产量,有效避免库存积压。通过实时分析潮流调整 SKU 生产和补货策略,快速响应市场需求。相比传统服装行业,SHEIN 的敏捷供应链显著提升卖家生产效率,并提供数字化工具促进产业链协同,实现小批量、快速反应,不仅满足消费者多元时尚需求,还有效解决了高库存与资源浪费问题。

值得一提的是,SHEIN 对于供应链建设的重视程度远超人们的想象。该公司曾宣布将在未来五年内斥资 5 亿元人民币,从技术更新、管理水平提升、工厂扩建以及公益项目等多维度全面赋能和强化供应商的能力。

SHEIN 深化投资供应商社区赋权计划,追加 5 500 万美元以强化按需生产模式,减少库存、突破传统供应链局限。从某种程度上讲,SHEIN 的举措不仅强化竞争优势,更是推动行业向敏捷供应链模式转型的关键驱动力。波士顿咨询公司报告强调,类似 SHEIN 采用的按需生产模式能够快速响应市场变化、平衡供需、降库存成本、提升资金效率,并通过实惠价格共享利益,从而提高整体收入。在全球范围内,构建敏捷供应链成为趋势,而 SHEIN 无疑是这一领域的先锋与领导者。

总的来说,SHEIN 不仅是一个全球化的时尚品牌,更是以其锐意进取的精神、深度创新的思维和务实高效的执行力,成为推动全球电商及时尚行业变革、引领供应链管理模式升级的重要力量。在未来,SHEIN 将继续坚守其发展理念,不断探索和实践,致力于推动全球时尚产业向着更加敏捷、智能和可持续的方向演进，为消费者带来更多样化、更快速度、更高质量的时尚消费体验。①

由于数字经济的不断发展、客户消费水平的不断提高、企业之间的竞争越来越激烈，再加上政治、经济、文化等环境的不断变化，市场需求的不确定性大大增加，使得企业不得不从传统的"纵向一体化"模式向供应链管理模式转型。供应链管理是强调以客户需求为导向，通过供应链上各个环节的协调，实现物流、信息流、资金流的高效协同的一体化管理理念和管理方法。在数字商务环境下，供应链管理更加注重数据的共享和智能化决策，以提高供应链的响应速度和灵活性。供应链管理模式不仅加快了数字商务的时效性，也为控制企业的信息流、物流和资金流提供了保障。

一、供应链管理的基本概念

（一）供应链的概念

供应链（Supply Chain）是将物质材料与非物质材料的生产、加工、流通和组配连接起来的系统。早期的观点认为供应链是将原材料转化为产成品再进行销售的过程；中期的观点则是将材料实体转化的过程扩展到供应链企业的外部环境；后期则扩展到供应链链条中的企业关系，即供应链实体转化的过程。随着数字经济的不断发展和电子商务的日益壮大，围绕核心企业的网链结构，供应链的概念更多地关注到了如何实现供应链网链结构的集优化。

关于供应链的定义，本书采用马士华和林勇在《供应链管理》一书中的定义，"供应链是围绕核心企业，通过对信息流、物流、资金流的控制，从采购原材料开始，制成中间产品以及最终产品，最后由销售网络把产品送到消费者手中的将供应商、制造商、分销商、零售商，直到最终用户连成一个整体的功能网链结构"②。供应链结构如图 8.5 所示。

供应链是一条价值链，通过制造、加工、运输等流通环节为原材料增值，通过包装、销售、组配等加工环节为成品增值，使其链条上的各个节点企业都能获得经济效益，因此供应链也是一条增值链。通过购买合适的产品为最终用户增值。

（二）供应链管理的概念

图 8.5 生动形象地表示了原材料到产品再到消费的全过程，对全过程的网链

---

① SHEIN 模式启示录：打造快速响应、高效协同的供应链体系（baidu.com）．
② 马士华，林勇，等．供应链管理［M］．北京：机械工业出版社，2020．

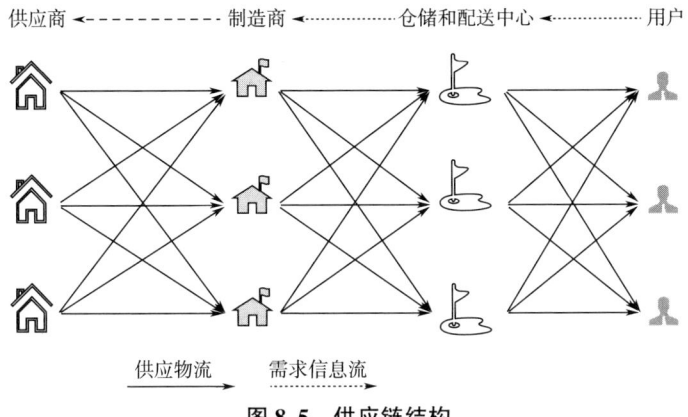

图 8.5 供应链结构

结构进行效益的最大化,即为供应链管理。

供应链管理是指以供应链整体利益最大化为目标,对产品(服务)从原材料到产成品、从供应商到最终用户的全链条管理进行整合的管理方法[1]。值得注意的是,虽然供应链网链结构整体利益的最大化的常规表现是供应链核心企业经济效益的最大化,但这个并不是标准答案。在很多成熟的供应链网链结构中,往往是前端和后端效益最大化,而核心企业很多起桥梁和纽带的作用。围绕着供应链节点企业,供应链管理最终的目的主要体现在"两低一高",即低库存、低成本、高效率。

(三)供应链管理的模型

按照供应链的定义,供应链是由链条上的节点企业组成的,以信息流、资金流、物流来促进企业经营活动的运转,也就是在核心企业的推动下进行的商务活动。供应链管理的模型如图 8.6 所示。

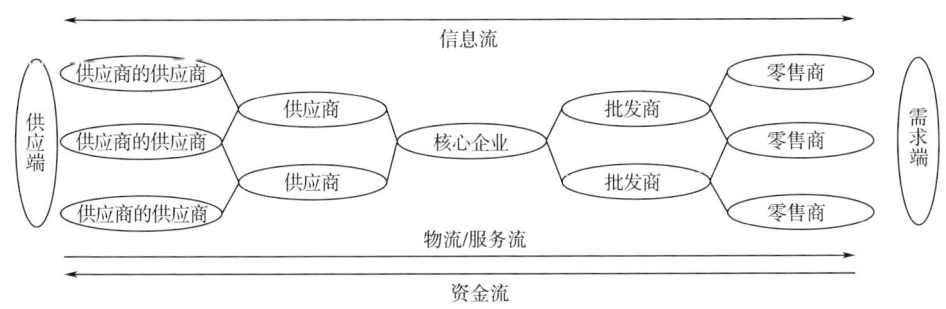

图 8.6 供应链管理的模型

---

[1] 谭敏. 供应链视角下物流企业低碳化运营模式研究 [J]. 商业时代, 2014 (14): 20-21.

二、数字商务环境下的供应链管理

(一) 供应链管理和数字商务的关系

供应链管理和数字商务之间存在密切的关系,这种关系可以从多个维度来理解。

第一,数字商务是供应链管理的集成驱动器。供应链各成员之间能够在数字化业务的推动下,更紧密地合作与沟通,使供应链概念得到合理延伸。数字商务为供应链管理提供了更具活力、更具灵活性和虚拟化的技术支持和发展平台,从而增加供应链节点企业的竞争力。

第二,供应链管理是数字商务发展的理论基础。企业需要以供应链管理理论作为建立数字商务模式的核心基础。供应链管理既被视为与数字商务相辅相成、相互影响的运行环境,也是与数字商务密不可分的发展平台。

第三,无论是数字商务还是供应链管理,从生产者到终端用户,都是一个价值增值的过程。数字商务作为可以连接各自独立的供应链业务流程的黏合剂,通过构建一个本身就是供应链管理过程的计算机网络技术平台上的虚拟供应链来实现价值增值。

第四,供应链管理受到数字商务的深刻影响。在供应链结构方面,传统的串行多节层级系统结构已经不适应数字商务的发展,取而代之的是由多家商家构成的"供应链网络"结构。这种结构有助于减少信息传递的扭曲,降低多级库存成本,提高市场响应速度。数字商务在供应链运营模式上,推动供应链从传统运营模式向电子供应链运营模式转型,使企业能够更加快速、动态地开展供应链重组、业务流程协同等方面的工作。

供应链管理和数字商务是相互依存、相互促进的关系。数字商务为供应链管理提供了强大的技术支持和发展动力,而供应链管理则为数字商务提供了理论基础和实现途径。二者共同构成了核心流程——价值增值,为企业的发展提供了强有力的保障。

(二) 数字商务对供应链管理的要求

1. 实时数据采集和分析

供应链要实现数据的实时采集和分析,需要在数字化的商业环境下进行。通过使用物联网技术,可以实时收集供应链中的各种数据,包括库存、运输、生产等。通过分析这些数据,可以快速识别供应链中的问题,并及时采取行动,以减少延迟和不确定性。

2. 自动化和机器人技术

数字商务要求供应链运用自动化和机器人技术，以提高效率，减少人为错误，并加快决策过程。例如，自动化仓库管理系统可以自动处理库存，而智能物流机器人可以在仓库和运输过程中执行各种任务。

3. 预测分析与规划

数字商务环境下，供应链管理人员需要利用预测分析技术来预测未来的需求和供应趋势，从而更好地规划生产计划和运输路线。高级排产是一种复杂且精细化的生产计划安排方式，它在传统排产的基础上，运用了更先进的技术、算法和优化模型。高级排产系统可以根据供应链的实际情况，合理安排生产、运输和库存，以最大限度地提高效率。

4. 供应链协同和沟通

数字商务要求供应链管理系统支持各参与方之间的实时沟通和协作，包括供应商、制造商、物流公司、分销商和客户等。通过实时的信息更新和共享，可以实现决策速度的提高和减少信息不对称。

5. 跨企业协作

数字商务要求企业供应链管理不能局限于企业内部，而应该延伸到供应商的客户和供应商的客户，甚至是供应商的客户和客户的客户之间，数字商务对企业供应链管理的要求是从产品设计、需求预测、外协外购、制造、分销、储运、客服等整个流程，都需要建立跨企业的协作关系[①]。

6. 客户关系管理

数字商务要求供应链管理使用客户关系管理技术，让需求方能够自动操作来预期需求，从而对客户有更好的了解，并将个性化的产品和服务提供给他们。通过让资源在供应链网络上合理流动，缩短交货期，减少库存，并通过提供自助交易等自助服务降低成本，提升速度和精确度，提升企业竞争力[②]。

7. 过程再造

数字商务要求企业适应数字化时代的要求，企业在整个供应链网络上进行流

---

① 王国文，赵海然，佟文立. 供应链管理核心与基础 [M]. 北京：企业管理出版社，2006.
② 周艳军. 供应链管理 [M]. 上海：上海交大出版社，2008.

程再造。这里面包括流程的优化、效率的提升、成本的降低。

8. 标准化

数字商务要求供应链管理和信息处理技术有统一的标准,以便实现信息共享协作,这有助于供应链的透明高效。

数字商务对供应链管理的要求是多方面的,需要运用先进的技术和理念来应对。这样才能达到供应链的高效运转,才能满足消费者的需求,也才能提升企业的竞争能力。

本章小结

数字商务物流在数字化商业活动中占据了重要地位。物流作为企业数字商务活动的支持保障基础,在企业竞争中具有重要的作用。在这一章,先介绍了数字商务物流的基本概念,包括其定义、特点以及在数字商务中所扮演的角色。接着,详细阐述了数字商务物流系统的组成。这个系统涵盖了很多关键环节,比如仓储、运输、配送、信息化管理。在数字商务的物流模式上,我们探讨了不同的物流模式,如自营物流、3PL(第三方物流)和4PL(第四方物流)。此外,还探讨了供应链管理在数字商务环境下的应用和发展。最后,总结了数字商务对供应链管理的要求及其促进作用。

案例分析

海尔:现代物流创造的奇迹

海尔从1984年12月成立至今,经历了三个战略发展阶段:第一阶段是品牌战略,第二阶段是多元化战略,第三阶段是国际化战略。海尔集团首席执行官张瑞敏曾谈起搞物流的原因时说:"物流对海尔的发展非常重要,为此我们大约用了两年半时间进行物流的整合和改造。到目前为止,我们认为物流对企业的发展起到了巨大的作用。"

第一,海尔现代物流重塑了企业的业务流程,真正实现了市场化程度最高的定单经济。

海尔现代物流的起点是订单。企业把订单作为企业运行的驱动力,作为业务流程的源头,完全按订单组织采购、生产、销售等全部经营活动。从接到订单时起,就开始了采购、配送和分拨物流的同步。

由于物流技术和计算机管理的支持,海尔物流通过3个JIT,即JIT采购、JIT配送、JIT分拨物流来实现同步流程。这样的运行速度为海尔赢得了源源不断的订单。目前,海尔集团平均每天接到销售订单200多个,每个月平均接到6 000多个销售订单,定制产品7 000多个规格品种,需要采购的物料品种达15万种。由于所有的采购基于订单,采购周期减到3天;所有的生产基于订单,生产过程降到一周之内;所有的配送基于订单,产品一下线,中心城市在8小时内、辐射区域在24小时内、全国在4天之内即能送达。总起来,海尔完成客户订单的全过程仅为10天时间,资金回笼一年15次(1999年我国工业企业流动资本周转速度年均只为1.2次),呆滞物资降低了73.8%张瑞敏认为,订单是企业建立现代物流的基础。如果没有订单,现代物流就无物可流,现代企业就不可能运作。没有订单的采购,意味着采购回来就是库存;没有订单的生产,就等于制造库存;没有订单的销售,就不外乎是处理库存。抓住了订单,就抓住了满足即期消费需求、开发潜在消费需求、创造崭新消费需求这个牛鼻子。但如果没有现代物流保障流通的速度,有了订单也会失去。

第二,海尔现代物流从根本上改变了物在企业的流通方式,基本实现了资本效率最大化的零库存。

海尔改变了传统仓库的"蓄水池"功能,使之成为一条流动的"河"。海尔认为,提高物流效率的最大目的就是实现零库存,现在海尔的仓库已经不是传统意义上的仓库,它只是企业的一个配送中心,成了为下道工序配送而暂时存放物资的地方。

建立现代物流系统之前,海尔的仓库占用50多万平方米,费用开支很大。目前,海尔建立了2座我国规模最大、自动化水平最高的现代化、智能化立体仓库,仓库使用面积仅为2.54万平方米。其中一座坐落在海尔开发区工业园中的仓库,面积1.92万平方米,设置了1.8万个货位,满足了企业全部原材料和制成品配送的需求,其仓储功能相当于一个30万平方米的仓库。这个立体仓库与海尔的商流、信息流、资金流、工作流联网,进行同步数据传输,采用世界上最先进的激光导引无人运输车系统、机器人技术、巷道堆垛机、通信传感技术等,整个仓库空无一人。自动堆垛机把原材料和制成品举上7层楼高的货位,自动穿梭车则把货位上的货物搬下来,一一放在激光导引无人驾驶运输车上,运输车井然有序地按照指令再把货送到机器人面前,机器人叉起托盘,把货物装上外运的载重运输车上,运输车开向出库大门,仓库中物的流动过程结束。整个仓库实现了对物料的统一编码,使用了条形码技术、自动扫描技术和标准化的包装,没有一道环节会使流动的过程梗塞。

海尔的流程再造使原来表现为固态的、静止的、僵硬的业务过程变成了动态的、活跃的和柔性的业务流程。未进行流程再造前的 1999 年,海尔实现销售收入 268 亿元,库存资金 15 亿元,销售资金占用率为 5.6%。2000 年实现销售收入 406 亿元,比上年超了 138 亿元;库存资金降为 7 亿元,销售资金占用率为 1.72%。今年海尔的目标是把库存资金降为 3 个亿,销售资金占用率将降到 0.5%左右,届时海尔将基本实现零库存。在海尔所谓库存物品,实际上成了在物流中流动着的、被不断配送到下一个环节的"物"。

第三,海尔现代物流从根本上打破了企业自循环的封闭体系,建立了市场快速响应体系。

面对日趋激烈的市场竞争,现代企业要占领市场份额,就必须以最快的速度满足终端消费者多样化的个性需求。因此,海尔建立了一整套对市场的快速响应系统。一是建立网上订单管理平台。全部采购订单均由网上发出,供货商在网上查询库存,根据订单和库存情况及时补货。二是建立网上支付系统。目前网上支付已达到总支付额的 20%,支付准确率和及时率达 100%,并节约近 1 000 万元的差旅费。三是建立网上招标竞价平台。供应商与海尔一道共同面对终端消费者,以最快的速度、最好的质量、最低的价格供应原材料,提高了产品的竞争力。四是建立信息交流平台,供应商、销售商共享网上信息,保证了商流、物流、资金流的顺畅。集成化的信息平台,形成了企业内部的信息"高速公路",架起了海尔与全球用户资源网、全球供应链资源网和计算机网络的桥梁,将用户信息同步转化为企业内部信息,以信息替代库存,强化了整个系统执行订单的能力,海尔物流成功地运用电子商务体系,大大缩短了海尔与终端消费者的距离,为海尔赢得了响应市场的速度,扩大了海尔产品的市场份额。在国内市场份额中,海尔彩电占 10.4%,冰箱占 33.4%,洗衣机占 30.5%,空调占 30.6%,冷柜占 41.8%。在国际市场,海尔占领了美国冷柜市场的 12%、200 升以下冰箱市场的 30%、小型酒柜市场 50%的市场份额,占领了欧洲空调市场的 10%,中东洗衣机市场的 10%。目前海尔的出口量已经占到销售总量的 30%。

第四,海尔现代物流从根本上扭转了企业以单体参与市场竞争的局面,使通过全球供应链参与国际竞争成为可能。

从 1984 年 12 月到现在,海尔经历了三个发展战略阶段。第一阶段是品牌战略,第二阶段是多元化战略,第三阶段是国际化战略。在第三阶段,其战略创新的核心是从海尔的国际化到国际化的海尔,是建立全球供应链网络,支撑这个网络体系的是海尔的现代物流体系。

海尔在进行流程再造时,围绕建立强有力的全球供应链网络体系,采取了一系列重大举措。一是优化供应商网络。将供应商由原有的2 336家优化到978家,减少了1 358家。二是扩大国际供应商的比重。目前国际供应商的比例已达67.5%,较流程再造前提高了20%;世界500强企业中已有44家成为海尔的供应商。三是就近发展供应商。海尔与已经进入和准备进入青岛海尔开发区工业园的19家国际供应商建立了供应链关系。四是请大型国际供应商以其高技术和新技术参与海尔产品的前端设计。目前参与海尔产品设计开发的供应商比例已高达32.5%,供应商与海尔共同面对终端消费者,通过创造顾客价值使订单增殖,形成了双赢的战略伙伴关系。

在抓上游供应商的同时,海尔还完善了面向消费者的配送体系,在全国建立了42个配送中心,每天按照订单向1 550个专卖店、9 000多个网点配送100多个品种、5万多台产品,形成了快速的产品分拨配送体系、备件配送体系和返回物流体系。与此同时,海尔与国家邮政局、中远集团、和黄天百等企业合作,在国内调配车辆可达1.6万辆。

海尔紧跟时代潮流,从各个环节入手,与多家企业合作,实现互利共赢。海尔采购流程再造,从供应上改变了原有的模式,创造了现代物流的一个奇迹。

资料来源:https://baijiahao.baidu.com/s?id=1770630955466790347&wfr=spider&for=pc

讨论题:你认为海尔公司的物流模式还有改进的余地吗?

复习思考

1. 物流的分类有哪些?
2. 数字商务物流系统由哪几部分组成?
3. 数字商务物流模式主要有哪几种?
4. 简述供应链的概念。

第九章
数字商务安全

学习目的与要求

- 熟悉数字商务环境中安全问题的核心知识,理解网络威胁与攻击的本质
- 了解如何保护数据安全和用户隐私,确保电子交易能够安全可靠地进行,最终建立可信赖的数字商务环境
- 掌握具备分析、评估数字商务安全问题的能力

> **引导案例**

无孔不入的病毒

2016年2月,黑客将dridex木马程序伪装成文档通过邮件发送到了孟加拉银行的一个职员的邮箱里,该职员在工作时间打开了电子邮件,木马病毒就在打开邮件的过程中成功地植入到其电脑,由于木马程序具有极强的潜伏能力,因此该职员并未察觉电脑被植入病毒。然而黑客的目标不仅限于黑入这一台电脑,而是在该职员的电脑成功植入木马程序后,通过监控这台电脑的所有活动,最后在这台电脑上成功盗取了孟加拉银行的环球银行金融电信协会系统(SWIFT系统)的账号和密码以及密钥。SWIFT系统的开发主要是为各国银行之间转账支付提供便利,但是孟加拉银行的网络安全系统并不安全,漏洞百出,不仅没有安装防火墙,而且服务器价格也比较低廉,网络之间不能进行有效的隔离。黑客正是通过利用环球银行金融电信协会存在的安全漏洞进行攻击,将孟加拉国央行作为攻击目标,他们先利用已获取的孟加拉银行的SWIFT系统的账号和密码以及登陆凭证登入了该系统,随即用这个账号向纽约联储银行发出了共计35条的转账申请,并窃取近10亿美元,万幸的是其中30条转账申请被拒绝,冻结大部分交易,但是仍有1.01亿美元被黑客成功窃取。事件发生后,孟加拉国积极应对,追回转到斯里兰卡的2 000万美元,另外8 100万美元被转到菲律宾,仍然不知去向,

无法追回。这起网络攻击造成巨额损失,是迄今因为盗窃损失最多的一次攻击,为全球金融界以及其他行业敲响警钟。

在数字商务迅速发展的今天,企业应该重视数字商务安全,在网络威胁发生前,采取一定措施进行预防,包括网络隔离、采用专门的网络安全设备、加强访问认证等,从源头加强管理,减少因网络威胁产生的损失;在网络威胁发生时,企业需积极响应,通过网络安全设备,进行网络流量异常监控以及服务器文件完整性监控,及时发现病毒,采取措施减少损失;在网络威胁发生后,通过查找原因并分析,有效提高其数字商务的安全性,保护公司及客户信息并降低财务风险。

资料来源:https://www.sohu.com/a/427672474_120000655

思考:

1. 在数字经济飞速发展的今天,如何避免网络威胁带来的风险?
2. 在受到网络威胁后,如何第一时间进行积极应对?

第一节 网络威胁与攻击

数字商务是交易活动的数字化体现。数字商务安全是指保护数字化商务活动免受网络威胁和降低风险的措施,保障数字商务信息的完整性、真实性、可用性、保密性不受侵害。

一、网络威胁与攻击的概念

网络威胁与攻击是指针对网络系统、数据和通信的恶意行为。这些威胁和攻击可以导致数据泄露、服务中断、信息篡改甚至系统崩溃。在数字经济时代,网络威胁将使得企业及个人的信息及财产安全受到严重的损失。以下是一些常见的网络威胁和攻击类型。

(一)恶意软件(Malware)

恶意软件是指在网络系统上执行恶意任务,具体包括病毒、蠕虫、特洛伊木马等恶意软件,黑客利用恶意软件入侵网络系统、窃取数据信息或对数据进行破坏,恶意软件是最常见的网络威胁。

(二)网络钓鱼(Phishing)

攻击者通过伪装成合法实体(如银行、公司等)向公众以短信、邮件或链接等形式发送虚假信息,诱导用户点击恶意链接,进行诈骗活动。受骗者往往会因为信任所谓的"合法实体",在点开链接后根据提示内容进行操作并提供自己的身份信息和财务数据,进而造成不同程度的损失。

(三)分布式拒绝服务攻击(Distributed Denial of Service,DDoS)

DDos是在拒绝服务攻击(DoS)基础上产生的一类攻击方式。攻击者利用Client Server技术,联合多台受控电脑作为攻击平台,通过不同IP地址向目标主机发起攻击并发送大量无效请求,造成服务器负荷困难,无法接收正确请求,从而造成系统瘫痪。DDos由于是由多个不同的IP地址联合攻击,因此难以追踪,对于数字商务而言是一种比较常见且极具威胁的攻击方式。

(四)勒索软件(Ransomware)

勒索软件通常加密用户数据并要求受勒索用户支付赎金才能够解密,是一种常见的网络攻击方式。通常以三种方式进行勒索行动:一是通过锁定用户屏幕使得系统无法正常使用,迫使用户付款才可正常使用;二是通过恐吓用户,通过伪装病毒,使得用户购买"防病毒软件"支付费用;三是绑架用户数据,用户在支付"赎金"之后才可释放数据。

(五)零日漏洞(Zero-day Vulnerabilities)

零日漏洞指尚未被软件开发者发现或修复的安全漏洞,而零日攻击则是黑客利用零日漏洞发起攻击。针对某个程序或系统漏洞的恶意软件会先行放出,但是软件的激活时间是等安全漏洞被发现的时候("零日"),并在"零日"开始数据窃取、泄露、下载恶意代码等等。零日攻击十分狡猾,能够利用网络漏洞轻易绕过防火墙、入侵检测系统的检测,并且对于多级安全防御体系都能够轻松跨越最后侵入内网,对网络安全产生巨大威胁。由于恶意软件并不是即时激活,因此可在"零日"之前做好准备工作。

二、网络威胁的来源和动机

网络威胁的来源和动机多种多样,了解这些因素可以帮助企业和个人更好地应对和防范这些威胁。

(一)网络威胁的来源

1. 黑客

黑客是最常见的网络威胁来源之一。黑客通过对数字商务和网络系统采用中断、窃听、篡改或者伪造等手段,窃取个人信息、商业机密、敏感数据等从而获得经济利益;或者对数据信息和网络系统进行破坏以达到提升或检验自己技术的目的。这些行为破坏了经济秩序,侵犯了个人隐私,阻碍了网络发展的正常运行。

2. 内部人员

内部人员是网络威胁的来源之一。一是员工、合作伙伴或承包商滥用其权限或发起恶意网络攻击活动,可能是出于破坏,也可能是为了利益,盗取并泄露数据信息;二是员工在工作中无意间引起的安全隐患,包括信息意外泄露或其他不良行为引起的安全漏洞造成的网络威胁。

3. 竞争对手

在网络威胁的来源中,竞争对手是指在同一市场或领域中,与企业或其他主体争夺资源、市场份额或竞争优势的个体或组织。其威胁行为可能包括商业间谍活动、网络攻击、数据窃取或破坏等进而削弱对手的竞争力或获取不正当利益。

4. 国家行为体

国家行为体指以国家或政府为主体,代表国家利益在网络空间采取行动的实体。其行为可能涉及情报收集、网络攻击、信息战等,旨在实现国家战略目标、维护国家核心利益或对其他国家施加影响。在网络威胁中均扮演重要角色,其行为不仅对商业主体构成威胁,也可能影响国家的安全与稳定。

(二) 网络威胁的动机

1. 经济动机

经济动机是网络威胁背后最常见的动机之一。在数字商务环境下,网络空间聚集了大量信息、数据和资源,因此大量不法分子试图从中获益。攻击者可能试图窃取财务信息,利用这些信息进行非法转账、消费或洗钱活动;盗取个人信息有利于构建更精确的用户画像,以便进行定向诈骗或广告推送,抑或售卖个人信息;盗取商业机密包括客户数据、市场策略等,并将商业机密售卖给公司竞争对手获益。

2. 政治动机

政治动机往往涉及国家、政府或政治团体之间的利益冲突和博弈。由国家组织或者资助的黑客团队,试图通过网络攻击来传递政治信息、对抗特定政府或组织进行干扰或破坏,或者实施网络间谍活动。这类攻击通常具有高度的组织性和针对性，可能涉及国家情报活动、军事行动和外交策略等多个层面。

3. 竞争动机

在数字商务环境中，出于竞争动机进行的网络威胁往往更加隐蔽和精准。一些公司可能为了获取市场份额、商业机密或破坏竞争对手的声誉而发起网络攻击。例如，通过数据窃取、恶意软件植入等，破坏竞争对手的业务流程，造成客户流失，使竞争对手失去竞争优势。

4. 个人兴趣

有些攻击者可能仅仅出于好奇心或技术挑战性对网络进行干扰和破坏，其目的在于测试自己的网络攻击技能，虽然此类攻击没有明确的政治动机和经济利益，但是仍然会对所攻击公司造成不同程度的利益损失和名誉伤害。

三、防御网络威胁攻击的策略

防御网络威胁和攻击是确保数字商务安全的重要策略。因此应该建立有效的应急响应机制，以快速应对网络攻击事件，保障数字商务不受侵害，以下是一些常见的防御策略。

（一）建立强大的防火墙

防火墙是保护本地系统或网络，抵制网络威胁的一种网络安全技术，可以监控、限制并阻止未经授权的访问及数据流，防止不被授权的攻击者进入，是目前最有效的网络安全工具。近年来防火墙功能不断增加，配置适当的规则和策略，建立强大的防火墙以确保只有授权用户能够访问网络资源，减少部分网络威胁对数字商务造成的威胁。

（二）使用入侵检测系统

入侵检测系统是用于实时识别网络违规行为并做出响应的系统。防火墙是保障数字商务安全、免受外部攻击的第一道防线，入侵检测系统则是防火墙被突破后的又一防护手段。入侵检测系统可以主动检测入侵行为，进行实时监控，及时发现潜在的外部攻击活动以及内部人员超权限行动，及时响应并采取相应的措施进行阻止或隔离。

（三）使用强密码和多因素身份认证

通过加密和认证两种方式提高账户安全度以减少网络威胁的危害，提升加密技术以保护信息安全。提升认证技术即通过加强消息认证和身份认证以减少网络威胁。消息认证是验证接收消息的完整性和真实性，主要利用对称密码体制、公钥密码体制、散列函数和消息认证码实现认证。身份认证则是通过用户的信息如短信验证码、物品如身份证或者某种特征如虹膜、指纹识别等实现认证。3种认证方式各有利弊，因此可以启用多因素身份验证，即将几种方式结合进行认证，以加强准确度。

（四）定期更新和升级软件

及时更新操作系统、应用程序和安全补丁，以修复已知漏洞和网络安全问题。定期应用这些补丁和更新可以显著降低系统被攻击的风险。同时，使用可信的安全软件和防病毒程序来检测和清除恶意软件。

（五）培训员工

内部威胁是网络威胁的重要来源之一，可以对员工进行专门的网络安全培训，提升员工网络安全意识，培训员工如何识别和避免常见的网络威胁，如钓鱼邮件、恶意软件等。使员工避免由于无意行为导致公司网络安全出现漏洞，因此提升员工的安全意识和行为是防止数字商务安全不受威胁攻击的重要途径。

（六）实施访问控制策略

有数据表明，大部分网络威胁来自内部威胁，因此应该从公司内部限制对敏感数据和系统的访问权限，并根据用户角色和责任分配适当的权限级别。这有助于减少潜在的内部威胁。在实施访问控制策略后，通过实时监控等方式确保用户只访问被授权的资源。并且随着业务需求和安全威胁的变化，定期审查和更新访问控制策略。实施访问控制策略是一个持续的过程，需要企业不断投入资源和精力进行维护和改进。通过实施有效的访问控制策略，企业可以保护其数据和资源免受未经授权的访问，避免潜在的安全威胁。

（七）进行安全评估

定期进行安全评估，及时发现和修复系统中的漏洞。数字商务评估是利用系统的方式，对数字商务系统以及保护措施和各种管理机制产生的效果做出安全程度的评价，一般安全评估对数字商务的环境安全、应用安全、管理机制、通信安全、审计机制几个方面进行评估。一般需要请公司以外的专业团队进行评估，提出客观的结论以便将公司风险降到最低。

（八）加密数据传输

使用加密协议和技术，保证数据安全、可靠的传输。安全协议是实现数字商务安全的重要技术之一，如SSL协议能够提供身份认证、秘密性和完整性三种安全服务。保护数据在传输过程中的机密性、安全性、完整性。

（九）数据备份和恢复

随着企业的信息化程度不断提高，对于数据的完整性和可用性的要求也越来越高，为防止数据丢失或损坏，数据备份和恢复已成为企业运营中不可忽视的一部分。企业应该对重要数据进行定期备份，并将备份数据存储在安全的位置。在数字商务安全遭受威胁或者数据丢失时，能够及时恢复数据是至关重要的。

（十）建立紧急响应计划

应该结合当地政治环境、数字基建情况，企业业务类型、经营状况和技术水平等，列出数字风险清单，将数字风险检查环节嵌入包括市场、技术、人力、招采等各部门对应的环节。制定应对网络攻击和安全事件的紧急响应计划，明确责任和行动步骤，以最大程度地减少潜在的损失和恢复时间，当风险发生时，召集信息安全、法律、技术等相关部门，评估和调查数字风险事件的性质、范围和影响，制定并执行相应的风险管控措施。

这些策略只是一些常见的做法，具体的防御策略应根据组织的具体需求和风险评估来制定。

第二节 数据保护与隐私保护

数据保护与隐私保护是数字商务安全的重要组成部分。在这一部分，我们将介绍数据保护与隐私保护的相关概念，并认识数据保护的重要性，了解相关法律法规如何保护敏感数据免受泄露和滥用的风险，以及如何通过加密技术和隐私保护政策来保护公司和用户的隐私权益不受侵犯。

一、数据保护与隐私保护概述

（一）数据保护和隐私保护的概念

1. 数据保护

《中华人民共和国数据安全法》第三条规定，数据是指任何以电子或者其他方式对信息的记录。可以说数据是信息通过一定载体呈现的。在数字商务环境下，关于企业数据的界定分为两个部分：一部分数据是指企业拥有的自身的数据和在生产经营活动中产生的经营数据，另一部分数据是企业在市场上收集的用户信息数据以及政府数据等需要二次整合的数据。企业数据是企业的重要资产，必须要加强对数据的保护力度。

数据保护是指通过一系列技术、政策和措施来确保信息数据安全，防止未经授权的访问、获取、使用、修改或泄露，数据保护会在最大程度上利用数据，并尽可能减少数据泄露带来的危害。数据保护旨在确保数据的完整性、可用性和保密性，以防止数据被损坏、丢失或遭受未经授权的访问。

2. 隐私保护

《中华人民共和国民法典》对隐私进行如下定义：隐私是自然人的私人生活安宁和不愿为他人知晓的私密空间、私密活动、私密信息。数字商务中的隐私包括用户的姓名、身份证等个人信息以及交易记录、支付账号、浏览历史记录等信息，以及其他涉及的个人信息。在数字经济时代，隐私所涉及的私密空间从传统的物理空间逐渐扩展到网络空间，包含电子邮箱空间、电脑储存空间和云端存储空间。数字商务企业应该对用户信息进行保护，防止用户信息被盗用、被滥用而产生声誉风险、财产风险和法律责任。

隐私权侵权的归责是以权利受到了实际侵害为承担责任的前提和基础，而个人信息数据的侵权因其系统性以及复杂性，所以个人信息、数据的侵权归责前提以违反相关法律法规为主。因此隐私保护是指保护用户的个人信息不受非法收集、使用和披露的一系列措施。隐私保护涉及对个人信息的收集、存储、处理和共享的规范，旨在确保个人信息的安全性和保密性，以保护个人的隐私权利不受侵犯。数据保护和隐私保护在数字经济时代变得尤为重要，需要综合考虑技术、法律和道德等方面，以实现信息安全和个人隐私的双重保护。

(二) 数据保护的重要性

1. 数据的重要程度

根据数据的重要性，可以将数据分为四类，分别是：重要数据、敏感数据、个人数据以及非个人数据。因此需要对不同重要程度的数据进行相应程度的防护。重要数据是指涉及国家安全、经济发展以及其他与社会利益相关的数据，一般重要数据的取得来自国家。敏感数据是来自个人或社会，若泄露会造成个人或社会公共利益受到危害的数据。个人数据是指需要取得个人同意才能获取的涉及人格权和隐私权的数据。非个人数据更注重财产属性。

2. 数据保护的重要性

数据安全是指通过采取必要措施，确保数据处于有效保护和合法利用的状态，以及具备保障持续安全状态的能力。21 世纪将发起全新的技术革命，被称为第四次工业革命，而 21 世纪第二个十年被称为"数字十年"，且发展迅速，其中 5G、云计算、工业互联网等是推动这次"工业 4.0"的核心动力。科技的飞速发展可以赋能商务领域，推动数字经济发挥数字商务的创新引领作用，也进一步推进了数字商务的发展。因此数据对经济生产方式和社会治理模式起着至关重要的作用，保护数据是促进经济发展、保障社会和谐的关键步骤。

(三) 数据与隐私立法概述

数据与隐私立法是指一系列法律法规、政策和标准，旨在规范并保护个人及企业数据的处理、保护和利用。

我国始终将个人信息保护放在与重要数据保护同等重要的地位。数据和隐私保护专项立法也在不断出台，如《中华人民共和国数据安全法》《中华人民共和国网络安全法》《中华人民共和国个人信息保护法》《数据安全管理办法》《数据出境安全评估办法》《网络安全等级保护实施指南》《深圳经济特区数据条例》等。欧盟通过了《个人数据保护比例原则指南》、《欧盟数据治理法》、《通用数据保护条例》和《电子隐私条例》。美国发布了《加州隐私权法》、《内华达州数据隐私法》、《美国数据隐私和保护法》和《数据隐私和安全法案》等。各国都在不断完善立法，为保障个人隐私和企业数据安全，专项立法主要涵盖了以下内容：

1. 法律框架

我国数据与隐私保护的法律框架，包括个人信息保护法、数据保护法、网络安全法、隐私法等，规定了数据与隐私一般条款、基本原则、主体的权利及义务、违法行为处罚等。

2. 数据主体权利

我国数据立法赋予数据主体享受一系列权利，包括知情权、访问权、纠正权、自主决策权等，以保障数据主体对数据的控制权和自主权。

3. 数据处理规范

我国数据立法规定了数据处理的合法性原则，包括数据最小化原则、目的明确原则、存储限制原则等，要求数据处理方在收集和处理数据时遵守合法、正当和透明的原则。

4. 数据安全要求

我国数据立法规定了数据安全的要求，包括数据保护措施、隐私保护、访问控制、访问权限控制、安全漏洞通报、数据泄露处理等，从法律的层面保护企业数据及个人信息。

5. 跨境数据流转

我国数据立法对跨境数据流转提出了相关要求，包括数据出境安全评估、数据转移机制、数据出境限制等，如欧盟《95指令》规定在涉及跨境数据传输时，应当确保数据接收国具有充分的保护水准。2022年9月我国施行的《个人信息出境安全评估办法》也明确指出，经过安全评估后认定个人信息出境后可能影响国家安全、损害公共利益，或者难以有效保障个人信息安全的，不得出境，以保护个人数据在跨境传输过程中的安全性和隐私权利以及保护国家安全和公共利益不受侵犯。

6. 违法行为处罚

《中华人民共和国个人信息保护法》和《中华人民共和国数据安全法》均明确了对违反法律法规行为的法律责任追究，涉及民事责任和刑事责任。例如，《中华人民共和国数据安全法》第六章"法律责任"中，第四十四条至第五十二条对数据处理活动中的违法行为作出了详细规定。这些规定不仅明确了数据处理活动中的法律责任，还通过严格的处罚措施，保障了数据安全和隐私保护的落实，为数字商务的健康发展提供了坚实的法律基础。

数据保护立法是为了保护企业数据和个人信息安全和隐私权利，旨在平衡数据处理方和数据主体之间的权利和利益，推动数字商务的发展并保护企业和个人权利不受侵犯。

二、主要数据保护与隐私保护法律概述

（一）《中华人民共和国数据安全法》

《中华人民共和国数据安全法》于2021年6月正式颁布，同年9月正式施行，该法律的颁布意味着我国数据安全进入了新纪元，数据保护上升至国家安全战略层次。该法关注数据安全与发展，对数据进行分类分级，针对不同级别的数据进行分类分级保护与管理，建立数据评估预警机制、数据应急安全处置机制

等、建立数据安全审查制度加强风险防范以及发生风险时的防护措施，并明确了相关主体的数据安全保护义务和相关法律责任。这部法律的颁布标志着中国朝着确保企业数据安全、数据可靠和对数据负责任使用迈出了重要一步，从而增强了对数字商务的信任和信心。

(二)《通用数据保护条例》

欧盟采用统一立法模式，1995年颁布了《关于涉及个人数据处理的个人保护以及此类数据自由流动的指令》，该指令明确了自然人的权利并使得数据得以在各个成员国之间正常流通。2016年4月，欧盟会议通过《通用数据保护条例》（又称为《一般数据保护条例》），该条例取代了1995年的指令，欧盟对于数据及个人信息的保护也达到了史无前例的高度，被称为史上最严格的数据保护条例，是一代人最重要的信息监管发展。该条例规定，任何在欧盟设立的机构或者公司以及其他向欧盟投资或者运营的公司在使用欧盟境内的数据时都要遵守该条例。该条例对"个人数据""个人数据外泄""生物识别数据"等名词进行了定义。同时遵守该条例需要七大原则：合理、公平、透明的原则；目的明确原则；使用限制原则；安全防护原则；准确原则；开放原则；责任原则。《通用数据保护条例》的颁布强化了个人对其信息的控制和权利，对于国际商业的监管在一定程度上起到了简化作用。《通用数据保护条例》对于其他国家研究相关数据保护也有着重要的借鉴意义，例如《加利福尼亚消费者隐私法案》于2018年6月通过，内容与《通用数据保护条例》相似。

(三)《美国数据隐私和保护法》

《美国数据隐私和保护法》（ADPPA）于2022年6月发布草案，《美国数据隐私和保护法》成为众议院委员会批准的第一个两院制和两党在线隐私法案。《美国数据隐私和保护法》定义了两类数据，即涵盖数据和敏感数据，在联邦层面提供对敏感个人信息保护。敏感数据包括收入水平、语音邮件和文字消息等信息描述。虽然《美国数据隐私和保护法》与正式联邦法律有一定差距，但是却反映出数字时代美国数据隐私保护的价值理念，美国采用分散式立法模式，因此该法律的推行将数据隐私立法从联邦层面推向统一标准规范，合法保护公民权利。

三、加强数据保护与隐私保护的措施

（一）法律层面：完善立法，增加监督主体

1. 隐私保护单独立法

法律的保护是隐私保护中最为强制性也最为有效的一步。必须加强对数据隐私的特殊保护。针对隐私保护法，德国、美国的法案较为具体且是单独立法，而我国在2021年出台的《中华人民共和国个人信息保护法》仅是对个人信息进行保护，未对隐私进行详尽的表述，中国目前尚未颁布和执行有关的数据隐私法，缺乏基础性和综合性的个人数据保护法，缺乏针对性和前沿性的法律和规章。因此，在数字化时代，我国更应在个人隐私保护上加强立法。从宏观上的角度可以保护个人隐私不受侵犯，从微观上保护个人数据在收集、分析和利用的过程中得到更好的保障。完善的法律体系，能够使用户安心地在数字商务大环境下利用数据，也会促进数字产业及我国经济的健康持续发展。

2. 设立专门数据保护机关

从企业及个人数据保护的角度出发，有效的监督机制能够保障数据主体的权利义务。但就目前我国的数据保护法律制度而言，缺乏相应的监督机制。从国家的角度而言，我国没有设立专门的数据保护机关，对数据保护相关问题没有监督机构，没有设立统一数据保护机关在一定程度上不能解决所有数据纠纷问题，也就是说我国不能从行政角度进行数据保护，而应该依靠民事诉讼或刑事诉讼进行解决。因此政府应该增加数据监督主体，使得数据隐私得到保障。

（二）企业层面：强化技术规范，丰富保护手段

为了在收集、共享及利用数据的过程中保障数据的安全性，在技术上寻求突破是关键步骤。企业应该从技术层面对数据加强保护，采用专门技术，追根溯源进行数据审查，监督数据并保障数据安全。技术手段可以从三个层面进行强化：从数据层的角度，对数据本身进行加密处理并能够进行安全传输，即加强数据访问控制；从应用层的角度出发，模糊数据，根据模糊信息锁定到特定主体，只有通过加密算法才能实现；从发布层来看，可以利用数据脱敏和匿名化技术，从源头上处理数据，让数据失去可识别性，最后要定时进行数据备份。

（三）个人层面：明确数据隐私理念，提升保护意识

数字经济时代飞速发展，大数据已经相对成熟，但是公众对于数据隐私的理

念并不清晰,数据保护意识还很薄弱。用户仅限于使用软件、网站等,并十分信赖和依赖,也并未意识到存在的潜在信息数据泄露的风险。因此从公众个人角度出发,应该培养个人隐私意识,提升公众对数据隐私理念、数据泄露风险,加强宣传力度,提升公民网络素质、自主保护意识和预防意识,将大大降低数据隐私泄露概率。

第三节　交易安全保障

习近平总书记在党的二十大报告中强调指出,要加快发展数字经济,促进数字经济和实体经济深度融合,打造具有国际竞争力的数字产业集群。随着数字技术的快速发展,数字商务领域融入经济实体使得消费者可以在全球范围内进行交易,数字商务已经深入人们日常生活,成为不可或缺的一部分。与此同时,网络安全威胁也日益增多,给数字商务交易带来了巨大风险。因此,保障交易的安全成为保障数字商务安全的核心问题。企业要多角度出发包括平台、企业、消费者以及国家层面采取各种措施,从多个方面入手,确保数字商务交易过程的安全可靠。

一、数字支付服务提供方:加强技术支持

(一) 身份认证与访问控制

身份认证技术是确保网络信息安全的重要方式,是能够鉴别网络通信双方真实身份的一种手段。身份认证是确保交易安全的首要环节,也是用户在交易过程中的一道保护屏障。在数字商务中一切信息包括用户的身份都是用一组数字表示,计算机通过识别数据,才能够确认用户在现实世界的身份,因此保障数字身份与现实世界身份相对应就是身份认证要解决的问题。在数字商务交易中,平台应采用多因素身份认证机制,保障网络交易安全,提升网络交易效率。当前的网络身份认证技术主要有以下几种。

1. 生物认证技术

基于生物特征技术进行认证,也就是对用户的特征进行认证。每个人的生物特征是独一无二的,难以伪造,因此生物认证技术是目前相对于其他身份认证最安全的一种认证方式,如指纹认证、面部识别、视网膜认证等。将生物认证与计算机技术结合起来能够符合企业对数据保护的要求并能够切实保障交易安全,因

此日后数字商务企业应该加强生物认证技术,保障网络交易安全。

2. 动态口令认证技术

动态口令认证技术是一种常见的身份验证方法,也是非常有效的手段,通过对数据的认证实现对用户的身份认证。20 世纪 80 年代初 Lamport 博士提出了动态口令技术,在一定程度上解决了静态口令容易遭受穷举攻击和口令猜测攻击等问题。十年后的 Haller 开发了广为使用的 S/Key 动态口令系统,尽管该口令认证具有相对便捷性和易用性,但是仍然容易受到口令猜测攻击、社会工程学攻击等问题的影响。因此研究人员还在持续改进版本,动态口令技术在口令认证领域备受关注。

动态口令技术是研究人员的热点项目,也是攻击者研究的热点。攻击主要通过以下手段:一是社会工程学,即利用人的弱点进行欺骗,获取利益;二是口令猜测攻击,即通过对受害人的相关信息进行整理汇总,编写程序进行口令猜测攻击;三是字典攻击,在口令猜测攻击的基础上,采用自动化程序攻击,一次又一次尝试;四是穷举攻击,将所有可能的密码进行罗列枚举进行测试;五是中间人攻击,即运用一定的技术手段使得攻击者成为通信中的一个部分,比如在通信中进行监听窃取信息;六是重放攻击。

为提高安全性,用户需要采用强密码,并定期更改密码。此外,多因素认证已经成为提高口令认证安全性的有效方法,根据实际情况由几种认证方式的组合认证方式从多个角度维护交易安全,以提高认证的准确性和安全性。多因素认证要求用户除了输入密码外,还需要提供其他身份验证因素,如短信验证码、指纹或硬件令牌。虽然口令认证存在一些挑战,但通过良好的密码管理以及多因素认证可以提高系统和用户账户的安全性。同时,平台应建立严格的访问控制策略,限制未经授权的访问,防止潜在的安全威胁。

3. 智能卡认证技术

智能卡认证技术在目前身份验证技术中相对强大,加密功能强,因此安全性较高。智能卡认证技术是利用嵌入式芯片的智能卡来验证用户身份,由专门的生产厂商进行生产,硬件是不能复制的。芯片中储存用户身份信息,智能卡的作用类似于钥匙的作用,也就是对用户进行身份验证。

当用户访问被保护的资源时,用户必须插入智能卡进行身份验证才能够进一步进入系统。智能卡的认证使用户不必对用户名和密码进行特殊记忆,减少用户因为频繁更换密码造成的问题。且智能卡认证技术使得黑客在破解存储在智能卡中的敏感信息时难度增加。因此，智能卡认证技术在数字商务领域得到了广泛应用，确保企业和用户在访问受限资源时数据信息的安全性和可靠性。虽然智能卡认证技术在目前来看安全性比较高，但仍需要企业进行定期升级维护，管理智能卡基础设施并与安全协议结合使用，以保证企业和用户的数据信息和财产不被威胁。

4. Kerberos 认证技术

Kerberos 认证技术最初是美国麻省理工学院开发的，至今在计算机网络中有着非常广泛的应用，该技术可以进行身份认证，且安全系数较高。Kerberos 认证技术使用共享密钥和加密技术进行加密，当企业或者用户进行访问时能够获得访问权限。其工作原理主要是票据交换技术，即用户通过票据发放服务器获取加密的票据，进行网络身份验证。这种票据是一种为安全传递用户身份所需要的信息的集合，且该票据存在一定有效期，因此在认证过程中安全性较高。

Kerberos 认证技术在数字商务领域应用广泛，尤其是在大型企业中，因为 Kerberos 认证技术能够提供高度的身份验证和授权控制，对于保护敏感信息和数据进而保障数字商务中的交易安全具有重大作用。虽然 Kerberos 认证技术安全性很高，但是在使用过程中也需要对复杂的密钥分发进行管理和维护，以确保系统的安全性。

（二）防火墙

防火墙是能够防御网络威胁与攻击的重要手段，进而在数字商务交易的过程中能够保障交易安全。防火墙通过软硬件的协同作用，实现了对网络访问行为进行科学控制。对所有的访问者进行合理过滤，只有在防火墙同意的情况下，外部使用者才能进入，这一步可以过滤潜在威胁从而降低交易风险。防火墙的警报功能十分强大，当外部用户要进入时，防火墙会立刻做出反应并判断外部用户是否进入，这样可以对内部信息数据进行有效保护，防止信息泄露对用户造成经济损失、信誉伤害等。实践证明，防火墙可对数字商务信息进行较好的保护，能显著提升交易安全，从而减少网络空间中病毒及黑客等潜在威胁。

（三）数字证书

数字证书广泛应用于网络安全领域中，它对用户身份进行认证，因此在数字商务也有着广泛的应用。数字证书包括证书版本、序列号、用户的公钥、用户标识符、证书所用的数字签名算法说明等内容。数字证书认证是通过第三方电子认证服务机构，为用户颁发基于 USB-Key 的数字证书，实现"双因子认证"

（USB-Key 和用户 PIN 码）。数字证书的原理就是对数据信息做到数字签名及深层次加密操作。用户可以使用数字证书中的公钥对数据进行加密，而解密数据需得到拥有私钥的被信任的实体。加密通信过程中的数据，可以使得用户在传输数据时更安全、保密性强，也就是说在数字商务领域中更具有安全性、交易者身份的确定性、不可否认性及不可修改性，为数字商务交易安全提供强有力保障。

二、企业：完善管理制度

为了有效应对网络威胁产生的网络交易安全问题，数字商务企业应该正视安全防范问题，加强企业内部管理。企业若想安全运行数字商务网站，就必须建立安全管理体系，才能确保数字商业网站的安全运营。

（一）提升内部员工网络安全意识

要解决网络交易安全问题就要从根本上改变人的思维模式，企业应全面提升全体职工网络安全意识，让每位员工认识到网络安全的重要性。设置专职安全管理员，对员工进行安全教育培训并在培训后对员工进行考核，提高安全意识。通过定期举办网络安全培训、分享网络安全案例等方式，使员工了解网络攻击手段、防范技巧以及应急处理方法，不会出现因无意识的违规操作而出现的网络交易威胁，从而提高整体网络安全防护能力。

（二）建立健全的交易安全管理制度

从企业自身管理角度出发，建立健全的交易安全管理制度是保障交易安全的基础。企业应制定详细的交易流程规范，明确各方职责和权限，确保交易过程的透明度和可追溯性。同时，建立完善的风险管理机制，对可能出现的风险进行预测、评估和应对，防止交易风险的发生。

（三）建立支付安全机制

支付环节是数字商务交易过程中极易受到网络攻击的环节之一。企业应采用既安全又可靠的支付系统，通过多种安全措施保障交易安全，如采取短信验证码、支付密码、生物识别等多种方式并存的身份验证方式，及时更新和改进自身的安全措施，确保交易的过程中企业及用户身份的机密性和支付信息的完整性，且企业也要密切关注最新的安全技术信息和威胁动态，及时掌握网络安全信息。在此过程中，企业应与银行等支付机构进行深度合作，从用户以及双方的角度出发共同制定安全标准，在支付环节提高其安全性，保障各方的财产安全，共同推动数字商务安全的长久发展。

三、消费者：提高安全防范意识

从企业和支付供应商的角度出发保障交易安全可以很大程度上提升交易安全程度，二者都有责任保护用户，但用户应该认识到自身也负有保障交易安全责任。在交易安全中有一种说法是"人是最弱的一个环节"。60%的人经常会在各个不同账户中使用同一个密码，因此当遭受网络钓鱼或者恶意软件入侵后，会造成更大的经济损失。

（一）加强宣传，提高安全防范意识

用户是数字商务交易安全中的重要一环。提高用户的安全意识，让用户了解交易网络安全的重要性，掌握数字商务交易中基本的安全知识并能熟练运用交易技能，是保障网络交易安全的关键步骤。从用户的角度出发，企业可以开展数字商务安全宣传和培训，向用户普及交易安全知识，帮助用户提升防范意识和能力，能够从根本上保护用户的财产安全。

（二）学习防护技巧，保护财产安全

用户需要从自身角度出发，为抵御在数字商务中的安全威胁，学习简单、有效的防护技巧，以降低遭受欺诈和盗窃的风险。比如用户可以对不同的账户设置不同的安全密码，并且隔一段时间更换密码；在输入个人信息或交易密码之前，确保进入的网络系统具有安全标识；使用经过授权的、正规的并不断更新的杀毒软件；等等。在数字经济时代保障财产安全，用户必须在保障财产安全措施上也要跟上时代发展的步伐，才能够在应对网络风险时得心应手。我们必须意识到，支付系统中的每个人都需要尽到自己的责任，才能够建设一个更安全的数字商务世界。

四、国家：加强法律监管

（一）立法的更新与完善

法律是保障数字商务交易安全的重要手段。政府应加强对交易市场的法律监管，根据数字商务的发展制定和完善相关法律法规，包括数据保护法、网络安全法等，明确交易双方的权利和义务，保护用户和企业的数据不被非法使用或泄露，打击交易欺诈、非法交易等违法行为，以应对数字商务中新兴的交易方式带来的挑战。

(二）设立专门监管机构

监管是保障数字商务交易安全的根本方式，须成立专门监管机构专门负责数字商务的数据安全，该机构专门负责监督市场运作，确保交易的公正和透明。例如，可以设立数字交易监管局，专门处理与数字商务相关的各种事务。

(三）建立法律援助机制

建立健全的法律援助机制，可建立线下、线上法律服务平台，为用户提供即时的法律咨询。通过这些措施，从国家层面不仅能够加强对数字商务的监管，还能够为企业和消费者提供一个更安全、更公正的交易环境。

第四节　建立可信赖的数字商务环境

随着数字商务飞速发展，如何建立可信赖的数字商务环境是当前炙手可热的重要议题。可信赖的交易环境是数字商务健康可持续发展的基础，安全的网络环境为数字商务的存续提供良好的保障。

一、可信赖的数字商务环境内容

(一）可信主体

在数字商务领域，交易主体在开展商务活动前须通过公共服务机构按照交易主体基础信息规范注册登记其身份信息，公共服务机构通过对交易主体所登记信息进行查验，且联合查验工商部门的企业注册信息、公安部门个人身份信息、相关业务主管部门生产经营许可信息等，保证交易主体的信息的真实、完整，增强可信度。

(二）可信客体

在计算机操作系统中，文件、磁盘等被称为客体，当客体的内容是安全且真实的，并能够在主体与客体之间进行验证的，称之为可信客体。在数字商务领域中，可信客体也是可信交易客体，是指交易的产品或服务具有安全性和真实性，并且能够追溯其来源。

(三）可信的交易过程

在数字商务交易的过程中，网站、App 等会收集用户的相关信息，因此企业有义务保护用户的信息，并进行合理的使用。为保障交易的可信性，应向消费者出具购货凭证或者服务单据，同时保证支付环节的安全可靠。

（四）可信的纠纷处理机制

数字商务活动存在复杂性与虚拟性。尤其近年来直播电商等新模式的兴起，对于纠纷处理相关问题，用户提出越来越高的要求，可信的纠纷处理机制尤为重要。数字商务应建立网上交易投诉维权、争端快捷处理的解决机制，当用户在网站、App等购买产品或在接受服务发生纠纷时应及时协助用户维护自身合法权益，本着公平、可信的原则，为用户提供满意的服务。

二、构建数字商务信用体系

（一）实施积极的数字商务政策

建立全国数字商务指导小组，作为常设机构全面推进数字商务工作，协调全国各行业、各部门、各机构的数字商务的发展。例如，上海市商务委员会发布《上海商业数字化转型实施方案（2021—2023年）》积极推进上海市数字商务发展，进行数字化转型。设置当年交易总额目标，培育千亿级电商平台、推动线上品牌会展、发展数字贸易重点企业、打造商业数字化转型示范区等，并推进商务诚信体系建设。

（二）健全数字商务监管体系

政府可以构建商品交易监管平台，通过大数据精准预测市场主体风险并掌握信用等级状况，对数字商务领域能够全面实施监管。在经济全球化的大背景下，更要加强跨境电商公共服务平台的建设，加强系统对接，进行数据共享并搭建数字商务国际展会平台，夯实国际市场。

（三）加强数字商务信用治理

建立数字商务信用治理数字化公共服务平台，构建全景式信用分类监管体系，涵盖信用信息归集、查询、等级评估、风险预警和联合奖惩等环节。打造商务信用应用场景，推广特色信用商圈，为商圈商场、商户、零售企业提供信用等级自查、信用数据申报等服务。

（四）规范商业数字化标准

推动商业数字化转型相关标准建设。研究制定直播电商等新业态的行业规范和服务标准。完善商业服务质量标准体系，制定各地市的数字化服务规范标准，推动跨境数字商务，加强信息共享，促进国内外标准相互认可。

(五) 推进数字商务业务流程改造

推进数字商务业务流程向高效化、便捷化、精准化的目标发展,加快业务流程优化再造,为各类企业提供在线"不打烊"政务服务。日常监管范围,加强常态化、长效化监管。推进数据治理,研究制定省、市数字商务公共数据标准,对高频数据进行"一数一源"治理,推动公共数据应归尽归,提升公共数据的准确性、时效性。

(六) 加强人才培养

构建数字信用体系最根本的是要加强对人才的培养。从外在基础保障来说,要加强数字化转型基础环境以及加强技术研发和商业应用几个方面的研究。推广数字商务"四新",具体包括新技术、新模式、新规范和新应用。强化专业技术人才,发挥各企业、组织和机构的作用,培养和引进数字商务领域的专业型、复合型人才,保障数字商务环境健康有序的发展。

三、建立可信赖数字商务的途径

(一) 加强安全保障

1. 数据加密

采用先进的加密技术保护用户数据的安全,确保敏感信息不被未经授权的访问,且防止数据在传输过程中被窃取或被篡改。

2. 身份验证

强制用户进行身份验证,采用多因素身份验证(如密码、短信验证码、指纹识别等)来确保用户身份的真实性。

3. 防火墙和入侵检测系统

在服务器部署防火墙和入侵检测系统,及时检测和阻止恶意攻击,保护系统免受未经授权的访问和攻击。

4. 安全的存储

对用户的个人信息和交易数据进行安全存储,采用加密技术和访问控制策略,防止数据泄露和非法访问。

5. 及时更新和漏洞修补

及时更新系统和安全应用程序,修补已知的安全漏洞,确保操作系统和软件的安全性和稳定性。

6. 定期安全审计

对数字商务系统进行定期的安全审计和漏洞扫描，发现并及时修复潜在的安全问题，保障系统的安全性和可靠性。

7. 采用安全可靠的支付系统

支持多种支付方式，确保用户的支付安全和交易资金的保障。同时，提供支付风险识别和欺诈检测机制，及时发现和中断异常交易。

（二）采用信任认证机制

采用信任认证机制是建立可信赖的数字商务环境的重要步骤之一。在实施信任认证机制时，需要平衡安全性和用户体验之间的关系，确保安全认证过程既能有效防止欺诈行为，又不会给用户带来过多的麻烦和不便。同时，搜集认证数据要遵守相关的法律法规，保护用户的隐私和个人信息。下面是一些常见的信任认证机制。

1. 实名认证

要求用户在注册账户时提供真实的身份信息，并进行验证。这可以通过要求用户上传身份证件照片，并使用人工审核或自动验证技术来实现。实名认证可以提高用户的信任度，减少虚假账户和欺诈行为。

2. 多因素身份验证

在用户登录或进行敏感操作时，要求他们提供多个身份验证因素，如密码、短信验证码、指纹识别或面部识别等。这种方法可以增加账户的安全性，防止未经授权的访问。

3. 信用评级系统

建立一个基于用户行为和交易记录的信用评级系统。根据用户的信用评级，对用户进行分类并给予相应的信任等级。信用评级可以根据用户的交易历史、评价和投诉记录等信息来确定，以帮助其他用户评估交易参与者的可信度。

4. 社交网络验证

允许用户通过他们的社交网络账号进行登录和验证。这种方法可以利用社交网络平台已经进行的身份验证和信任建立机制，帮助确认用户的真实身份。

5. 第三方认证服务

委托专业的第三方机构对用户进行身份验证和信任认证。专业第三方机构通常具有独立的信用评级系统和身份验证技术，可以提供更加可靠和权威的认证服务。

（三）保证交易过程的透明度和公正性

保证交易过程的透明度和公正性是建立信任和维护良好商业关系的关键。保持交易的公正性，不偏袒任何一方，确保交易过程公平、公正。

1. 明确规则和条款

确保所有交易参与方清楚了解交易的规则和条件。这些规则应该清晰简明，避免模糊不清的术语或漏洞。

2. 记录所有交易信息

确保所有交易的详细信息都得到记录和存档，包括交易日期、金额、参与方信息等。这有助于追踪交易过程和解决潜在的争议。

3. 公开透明的定价机制

当涉及定价时，确保定价机制是公开、透明的，参与方能够理解交易定价背后的原理和依据。

4. 多方监督

允许第三方或独立机构对交易过程进行监督和审查，以确保所有交易都遵循透明和公正的原则。

5. 建立良好的监管制度

政府或行业组织可以制定监管规定和标准，以确保交易市场的公平竞争和参与者的权益。

（四）设定客户评价和反馈机制

在数字商务环境中设定客户评价和反馈机制可以帮助企业收集客户意见建议，提高客户满意度、增强品牌信任度，并为产品和服务的改进提供反馈，持续改进产品和服务。

1. 在网站或应用程序中集成反馈功能

在数字商务平台上提供用户反馈的渠道，例如网站底部的反馈表单、产品页面上的评价和评论区域，或是专门的反馈页面，确保这些功能易于访问和使用。

2. 使用客户调查工具

企业可使用客户调查工具，如 SurveyMonkey、Google Forms 等，设计并分发用户满意度调查或产品体验调查。这些工具可以帮助企业收集大量的数据和评价性反馈。

3. 监控社交媒体平台

企业要定期监控企业品牌在社交媒体上的提及和评论，以获取用户对产品和服务的实时反馈。积极参与这些对话，并对用户的问题和意见做出及时回应。

4. 利用数据分析工具

企业可利用数据分析工具，如 Google Analytics、Hotjar 等，来跟踪用户行为和网站交互数据。这些数据可以帮助企业了解用户在购买流程中的瓶颈和问题，从而改进用户体验。

5. 鼓励用户评价和评论

积极鼓励用户在网站或应用程序上对产品和服务进行评价和评论。企业可以通过提供优惠券、积分或抽奖活动等方式激励用户参与。

6. 及时回应和跟进

对用户的评价和反馈做出及时的回应，并在必要时采取行动解决问题。这可以表明企业对用户意见的重视，并增强用户对品牌的信任。

（五）建立纠纷解决机制

在数字商务环境中建立纠纷解决机制可以增强用户的信任和忠诚度，是维护品牌声誉的重要一环。通过建立有效的纠纷解决机制，以确保数字商务环境中的良好客户关系。

1. 明确的政策和条款

确保企业的网站或应用程序上有清晰明确的服务条款和政策，包括退款政策、产品质量保证、交付时间等内容。这些条款应该简明扼要地说明用户的权利和责任。

2. 提供多种联系方式

在企业网站或应用程序上提供多种联系方式，包括在线聊天、电子邮件、电话等，以便用户在遇到问题或纠纷时能够及时联系到客户服务团队。

3. 建立专门的纠纷解决团队

在客户服务团队中建立专门负责处理纠纷的团队，应该具有专业的沟通和问题解决能力，能够客观公正地处理纠纷事件。

4. 设立合理的解决期限

对于用户提交的纠纷或投诉，设立合理的解决期限，并确保企业在规定时间内及时处理和回应。

5. 采用第三方调解服务

考虑与第三方调解服务机构合作，当纠纷无法在双方内部解决时，客户可以寻求第三方的调解帮助。

6. 记录和跟踪纠纷解决过程

建立纠纷解决的记录和跟踪系统，确保每个纠纷事件都有记录，包括问题的性质、解决过程和结果等信息。

7. 公开透明的处理流程

向用户公开纠纷解决流程和步骤，让用户了解如何提交投诉和纠纷，以及企业将如何处理和解决这些问题，并根据用户反馈和实际情况进行调整和改进。

（六）持续监管和改进

持续改进和创新数字商务平台的功能和服务，提升客户体验和安全性，适应市场和技术的变化，企业才能保持竞争优势以及取得客户信任。在数字商务环境中，持续监管和改进安全性是确保客户数据和交易安全的关键。以下是一些方法和建议。

1. 定期安全审计和漏洞扫描

企业须定期进行安全审计和漏洞扫描，以发现和修复系统中的安全漏洞和弱点。这可以通过内部安全团队或第三方安全专家来完成。

2. 实施访问控制和权限管理

企业要确保只有授权人员才能访问敏感数据和系统功能。通过实施访问控制和权限管理机制，限制员工和外部用户的权限，降低潜在的风险。

3. 监控和警报系统

企业要部署监控和警报系统，实时监视系统和网络活动，及时发现异常行为和潜在的安全威胁。这可以帮助您快速响应安全事件并采取必要的措施。

4. 加强身份验证和多因素认证

企业须实施强化的身份验证机制，例如多因素认证，以确保用户身份的安全性。这可以有效防止未经授权的访问和身份盗窃。

5. 定期培训和意识提升

企业要定期对员工进行安全意识培训,教育他们识别和应对安全威胁。提高员工对安全问题的认识和警惕性,是保护数字商务环境安全的重要一环。

6. 及时更新和维护系统

企业要定期更新和维护系统和软件,确保其安全补丁和更新版本得到及时应用。及时修复已知漏洞和安全问题,以减少系统遭受攻击的风险。

7. 与合规性标准保持一致

企业要确保数字商务环境符合相关的合规性标准和法规要求,例如 PCI-DSS(支付卡行业数据安全标准)、《通用数据保护条例》等。企业应该对数字商务环境进行持续监管并改进其安全性,以确保在开展业务时能够满足法律和行业标准。

通过采取以上措施,企业能够提升数字商务环境的安全性,包括客户数据和交易安全等,并能够维护品牌声誉,并避免潜在的网络安全威胁。因此,企业需要持续性关注不断发展的数字商务形式,为数字交易环境提供安全保障和监管。

 本章小结

数字商务的快速发展给企业和消费者带来了巨大的便利,但同时也带来了网络安全风险。数字商务安全是确保企业和用户数据、交易和隐私安全的关键。在数字商务环境中,安全问题涉及用户身份验证、数据保护、网络安全等方面。

首先,了解和防范各种安全威胁至关重要。跨站脚本攻击(XSS)、钓鱼攻击、DDoS 攻击等是常见的数字商务安全威胁,企业必须加强防范,以保护系统和用户免受攻击。

其次,采取有效的安全措施是确保数字商务安全的关键。加强身份验证、加密数据传输、定期漏洞扫描和修补、实施访问控制等措施都是保护数字商务安全的重要手段,可以有效地降低风险。

再次,安全意识培训对于降低内部安全风险和提高员工的安全意识至关重要。通过定期的安全培训和教育,可以帮助员工更好地理解安全风险,并学会避免和报告安全问题。

最后,持续改进是保持数字商务安全的关键。企业需要定期审查和评估其安全措施,并不断改进以适应新的安全威胁和技术发展。通过采取综合的安全策略和持续改进的方法，企业可以有效地保护数字商务环境的安全，维护良好的客户关系和品牌声誉。数字商务安全是一个持续演进的过程，只有持续加强安全管理和提高防范意识，才能有效地保护数字商务环境的安全。

案例分析

数字商务安全事件

一家在线零售商公司在数字商务领域拥有一家知名的电子商务平台，通过该平台销售各种产品。该公司注重客户数据的保护，采取了一系列安全措施来保护用户信息和交易安全。然而，最近公司发现一起数字商务安全事件，客户数据可能遭到泄露。该公司的安全团队收到了一份匿名报告，称该公司的网站存在安全漏洞，导致客户数据泄露。经过初步调查发现，黑客已经成功利用一个未经修补的漏洞，入侵了公司的数据库，并窃取了包括客户姓名、地址、电子邮件地址和部分支付信息在内的大量客户数据。

分析和影响：

一是这场网络攻击导致客户数据泄露，会对公司的声誉造成重大影响。客户可能会失去对公司的信任，并对其安全性产生怀疑。泄露的个人信息可能会被用于进行欺诈活动，给客户带来不良影响。

二是从合规性角度分析，泄露客户数据可能导致公司违反数据保护法规和合规性标准，公司可能面临罚款和法律诉讼，造成巨大的财务损失。

三是此次网络攻击会使公司业务中断。一旦客户得知其数据泄露，可能会导致用户流失和销售额下降。公司可能需要暂停业务或关闭网站进行修复，这将导致业务中断和收入损失。

四是此次网络攻击使得企业必须进行调查和修复，会产生一定的成本。公司需要投入大量资源进行调查、修复安全漏洞，并恢复受影响的系统和数据库。

解决方案：

一是公司应立即采取行动，关闭漏洞并修复受影响的系统和数据库，以阻止进一步的数据泄露。二是公司应该及时通知受影响的客户，并向他们提供相关信息和建议，以保护其个人信息的安全。三是公司需要与法律顾问合作，确保其合规性，履行数据保护法规和合规性标准的法律义务。四是公司进一步加强安全措施，包括定期漏洞扫描、加密客户数据、实施访问控制和多因素认证等，以提高系统的安全性和抵御能力。

结论：

数字商务安全事件对公司的影响可能是灾难性的，但通过及时采取行动并加强安全措施，公司可以尽量减少损失，重建客户信任和品牌声誉。这个案例强调了数字商务安全的重要性，突出了保护客户数据和应对安全威胁的紧迫性。

 复习思考

1. 为什么多因素认证对数字商务安全至关重要？列举并解释至少三种常见的多因素认证方法，说明它们如何增强用户身份验证的安全性。

2. 如何评估和管理数字商务平台的风险？列举并解释至少三种常见的数字商务安全风险，并提供预防或减轻这些风险的方法。

3. 什么是DDoS攻击（分布式拒绝服务攻击）？描述它的工作原理，说明它对数字商务平台的影响，并提供几个抵御DDoS攻击的策略。

4. 什么是"零日漏洞"（Zero-day Vulnerability）？它对数字商务安全的威胁是什么？列举几个处理零日漏洞的最佳实践，并说明它们的重要性。

第十章
发达国家数字商务的发展态势

学习目的与要求

- 基于数字经济、国际商务和管理学等视角,学习发达国家电子商务发展的相关知识
- 了解发达国家作为全球数字经济领先主体在跨境电子商务、网络生活服务和网络共享经济方面的数字商务现状
- 以阶段性发展视角探究发达国家数字商务的情况

引导案例

亚马逊的数字商务

亚马逊作为全美最大的在线商务平台,依托信息化和互联网热潮实现了快速发展。近年来,随着智能化、数字化和一体化转型的持续深入,亚马逊积极适应市场变革,探索了从传统电子商务向数字商务转型的系统策略,其围绕"数字"热点开展了三方面改革。

(一)数字化营销

- 在社交媒体上分享有关产品和服务的信息,以吸引新客户。
- 利用移动营销技术为客户提供定制化的购物体验。
- 使用联盟营销技术,通过网络营销合作伙伴来推广产品和服务。
- 利用电子邮件营销技术,向客户发送有关产品和服务的促销信息。

(二)数字化供应链

- 使用数字化库存管理技术,更有效地管理库存,提高客户的服务水平。
- 使用数字化物流技术,更有效地管理物流流程,提高客户的服务水平。

- 使用数字化订单处理技术，更有效地处理订单，提高客户的服务水平。

(三) 数字化支付

- 使用移动支付技术，更便捷地完成支付。
- 使用虚拟货币技术，更安全地完成支付。
- 使用数字发票技术，更快捷地完成支付。

思考：从亚马逊的数字商务发展，如何看待美国的数字商务发展？

第一节 美国数字商务的发展

一、美国数字商务的发展历程

数字商务是以规则构建为前提，以互联网平台为重要载体，以数据为关键资源要素，对商务经济活动进行数字化赋能的新经济模式，涵盖电子商务共享经济、网络教育、网络生活服务、网络医疗数字贸易等诸多领域，是数字经济的核心支撑。数字商务依托大数据、云服务和互联网信息集成等，能够孕育新的商业模式、创造新的商业需求、激发新的商务供给以及提升运维质效，这对于美国等在工业 4.0 阶段的经济动能转型具有重要价值。

从发展历程来看，美国数字商务的发展与其数字经济的增长形成了高度耦合的发展态势，在美国政府支持下都呈现出了蓬勃的发展态势，快速从新业态萌芽转变为美国经济增长的新动能。

(一) 前期萌芽阶段

20 世纪 60 年代，美国国防部为了应对集中军事指挥可能遭遇的毁灭性风险，斥巨资建立了世界上第一个计算机网络并命名为阿帕网。从 20 世纪 80 年代开始，美国国家科学基金会连同多所美国大学和研究机构构建了信息共享的国家科学基金网，为以互联网为依托的数字战略布局夯实了基建基础。此后，随着军事领域向民用领域的延伸拓展，美国数字商务依托于互联网热潮实现了信息技术升级、计算机基础普及、软硬件技术迭代和经济耦合的联动发展。

(二) 野蛮增长阶段

1993 年前后，克林顿政府首次提出了将数字商务作为国家支持重点产业的战略规划，并发布了国家信息基础设施行动计划等明确的政策性文件，依托信息产业和互联网的发展热潮夯实数字商务多业态基础，以硅谷为试点启动了互联网经济的区域化发展，这一举措为大量初创企业投身数字商务创造了良好的环境。自此，美国的数字商务从无到有实现了爆发式的增长。

（三）巩固推进阶段

2000年以后，美国的数字商务发展步入了巩固推进阶段。随着科技泡沫的破灭，数字商务也从飞速发展和无约束管理阶段转向了稳步推进阶段。美国政府通过税收支持、科技赋能和战略规划等方式，扶持脸书、谷歌等头部企业的发展，这一举措也使得美国的数字商务逐渐融入公众生活，基于公众互动探索了新的增长空间。

（四）快速发展阶段

奥巴马政府执政时期，美国的数字商务逐渐成为国家经济发展的重要支撑部分之一。美国政府颁布了网络空间国际战略等支持性政策，将政治立场、自由贸易、知识产权保护和创新研发的要素导入数字商务的战略规划层面，主张以技术研发为核心，夯实数字商务的引领地位，扶持了苹果、亚马逊、谷歌和脸书等数字商务相关企业发展。截至2016年底，全球排名前十的上市公司中，美国与数字商务相关的企业已有五家。

（五）重点谋划阶段

近年来，随着网络安全重要性的提升，美国持续巩固数字商务领先的发展优势，并探索国际网络空间战略转型机遇。美国的数字商务发展叠加互联网热潮转型AI热潮的时代巨变背景，实现了依托重点战略谋划的系统发展。2019年2月，特朗普签署《维护美国人工智能领导地位的行政命令》，大幅提高美国在人工智能和量子信息科学领域的研发支出，强化关键技术领域的国际竞争，此后接连颁布了《临时国家安全战略指南》《2021年战略竞争法案》《2021美国创新与竞争法案》等，确保美国在人工智能、5G、自动驾驶等数字经济领域的领先地位；2020年，美国国际开发署发布了《数字战略（2020—2024）》，试图在全球范围构建以自身为主导的数字生态系统，依托庞大的政策支持体系，强化纽约、洛杉矶等中心化数字商务的产业发展。美国数字商务立法和政策见表10.1。

表 10.1 美国的数字商务立法和政策

类型	细分领域	详细情况
数字经济立法	整体管理	《全球电子商务框架》《电子安全交易法案》《数字签名法案》《数字签名与电子认证法案》等
	数字金融	《虚拟货币恐怖主义用途国土安全评估法案》《金融科技保护法案》
	信息保护	《隐私权利法案》《2019年商业人脸识别隐私法案》《2019年遗传信息隐私法案》《2019算法问责法案》《信息隐私和数据透明法案》
	跨境数据流动	《澄清域外合法使用数据法》《出口管理法》《出口管理条例》《国际军火交易条例》
数字经济政策	国家主导构建完备的信息化基础设施和保障措施	《国家信息基础设施行动计划》《1996年电信法案》《美国复苏与再投资法案》《美国国家空间数据基础设施战略规划草案（2014-2016年）》《联邦大数据研发战略计划》等
	构建完善的数字经济政策体系	《数字经济议程》《美国全球数字经济大战略》《2021美国创新与竞争法案》
	维护数字经济市场公平竞争	《数字市场竞争状况调查报告》等

二、美国数字商务的发展重点

结合数字商务概念可以看出，美国数字商务的发展重点涵盖跨境电子商务、网络生活服务和网络共享经济等，以下就近年来各发展重点作简单介绍。

（一）跨境电子商务

跨境电子商务的核心为客户体验、质量保障、对外投资和互利共赢等，已成为当代美国数字商务规模最大的细分领域之一。跨境电子商务高度重视客户体验，集成应用了数字支付、精准商务推荐、服务模式创新、物流拓展和海外仓体验融合等多元业态，商务规模继续扩大。跨境数字商务构建了标准化的质量追溯体系和消费者权益保护机制，相较于传统线下服务，赋予消费者更充分的选择自主权及透明化维权机制，因此获得消费者的广泛认可。跨境电子商务融合了以美国为中心的对外贸易投资战略，在参与建立国际标准、跨境开展保税业务等方面展开了多元探索，更能及时迅速地反馈全球时尚信息，提升了数字商务服务效率。

（二）网络生活服务

美国网络生活服务具有极强的本地化特色，往往服务于区域和社区的电子商务经济，具体发展出了智慧物流、网络数字金融和数字旅游等业态，也赋予了数字商务更丰富的业务内涵。

美国智慧物流主要依托电子识别、智慧末端物流投放和信息集成平台建构等技术，在物品挑选、内容识别、高效存储、无人搬运、高价值及危险品物流、智能快递一站式服务等领域，提供信息共享、有效协作与及时反馈等社区服务。伴随着电子商务经济发展，美国智慧物流也呈现出了前所未有的市场活力。

近年来，以比特币为代表的数字货币和区块链、元宇宙等新兴创业领域的兴起与发展，使得美国数字金融获得了更广泛的公众关注。网络数字金融也依托全域互联网平台以及社区化的信息共享机制，延展了网络信贷、移动支付、电商金融、众筹融资、智能合同、智能结算、经纪人咨询等丰富的业务。基于生物识别技术和区块链技术的便捷网络数字金融服务，推动美国的数字商务渗透至个人消费层面，依托科学评估、动态监测和精准投放机制，衍生了丰富的金融业态。

美国在数字旅游方面，依托迪士尼等主题乐园和红石公园等自然地理公园，发展了虚拟现实的智慧景区与数字公园；整合周边社区的基础设施条件与信息热点，提供了涵盖智慧游览、智慧酒店、智慧旅游小镇、智能餐饮整合共享等内容的公共服务，真正实现了集旅游体验、旅游管理和旅游营销为一体的数字商务体系建构。

（三）网络共享经济

美国发展网络共享经济，推动餐饮、资金、空间、知识、技术技能、二手物品等闲置资源分享。目前，美国网络共享经济已经渗透到各行各业（表10.2）。

表10.2 美国网络共享经济的发展现状

序号	细分类型	代表案例
1	共享出行	・2000年成立的Zipcar，专注租车共享； ・2009年成立的UBER，专注驾乘共享； ・2016年成立的Spin，专注自行车共享

续表

序号	细分类型	代表案例
2	共享空间	· 2008年成立的Airbnb,主营在线短租分享业务,已经在全球190多个国家和地区34 000个城市拥有超过40亿的房源数。 · 2010年成立的WeWork,用折扣价租下某写字楼的集中办公区并将之划分成小块,每月向初创企业和小公司收取会员费。 · 2010年成立的Liquid Space公司,专注于一天或者更短的短期办公空间服务,例如2小时临时会议场地
3	共享资金价值	· 2007年,Prosper公司和Lending Club公司成立,2014年12月,Lending Club公司在美国纽约证券交易所上市
4	共享知识/教育	· 非营利性代表为维基百科(Wikipedia)和TED; · 营利性代表为Coursera、Udacity、EdX、Udemy、Lynda等MOOC平台
5	共享饮食	· 2010年成立的Eatwith公司,提供为游客寻找在旅游地正宗的本地美食、家庭美食等软件服务
6	共享医疗/健康	· Page,为纽约市内患者提供早8点到晚10点的"按需医生服务"的远程医疗公司; · Medicast,提供感冒、发烧、轻微的外伤等简单病症的诊疗服务,多利用退休专家和医院名家的闲暇时间
7	共享物品交易	· 1995年成立的eBay网站,提供了一个第三方的平台,让两个C端的用户进行物品的交易;Craigslist则是最早的分类广告网站; · 2005年成立的Etsy,纯原创的手工艺品共享网站; · 2005年成立的Chegg网站于2013年在纽约证交所上市,为在校学生提供教科书租赁等图书共享服务; · 2012年成立于美国加州的Poshmark,为二手服装共享交易平台
8	共享公共资源	· 2012年于纽约成立的Open Garden公司,可通过手机、平板电脑、PC等安装转变为WiFi热点,继而相互连接形成庞大的自动连接和互助的WiFi网络
9	共享技能/服务	· TaskRabbit、Zaarly、Exec、Done等公司,提供基于位置邻近性的个人需求服务,能让用户发布外包任务和跑腿等

第二节 欧盟数字商务的发展

一、欧盟数字商务的发展历程

（一）前期萌芽阶段

数字化是近年来全球视野聚焦的未来方向，其在 2000 年就已得到欧盟理事会的重视。早期的数字商务依托于数字化发展热潮，作为数字经济规划组成部分加以推进，被纳入了 2000 年以来互联网等信息数字产业发展的支持体系之中，在欧盟积累了初步的发展基础。

（二）缓慢推进阶段

欧盟数字商务基础建设逐步完成后，欧盟数字化和数字化转型依靠成员国自行推动，因此很多政策法令分散在了多个区域和多个主体国家之间，各国的政策联动及数字化转型的商务贸易体系搭建关注度也比较有限。虽然欧盟于 2013 年启动了统一数字化服务，2014 年将市政纳入了数字化施政优先改革事项，2016 年提出了欧洲工业数字化概战略；但是就发展进程而言，相较于美国数字商务的高速增长和中国、印度等新兴国家的爆发式增长，欧盟的数字商务发展显得相对缓慢。

（三）重点发展阶段

2019 年，冯德莱恩委员会基于数字商务等数字化转型战略，启动了全面的欧盟数字化转型；2020 年，欧盟密集发布了《塑造欧洲的数字未来》《欧洲新工业战略》《欧洲数据战略》《人工智能白皮书》多项文件，从整体维度层面界定了未来一段时期欧盟数字化产业和商业运营的重点发展维度，主张在扩大数字主权、构建数字规则并拓展数字空间的基础上推动数字商务等跨行业综合发展；2021 年，欧盟正式启动了"2030 年数字罗盘计划"。

二、近年来欧盟发展数字商务的关键举措

从发展路径和关键举措层面来看，相较于美国分五大阶段快速推动数字商务发展的一体化规划，欧盟在数字商务及其相关领域发展方面相对滞后。2020 年以来，欧盟聚焦数字转型战略、工业化发展和劳动者数字技能提升等目标，主张以市场规则和公平竞争为基础，推动数字商务及其相关行业的健康发展及投资规

模的有序扩张。

第一，完善数字化转型战略规划、法案。为提升欧盟数字商务及其相关行业的全球竞争力，2020年以来欧盟聚焦数字战略转型，在单一数字市场战略基础上拓展了欧洲工业数字化战略等，并将人工智能数字时代总体规划、新工业战略和数据战略等融入"欧盟2030年数字罗盘计划"等系统规划之中，将扩大数字主权、搭建规则标准、拓展数字空间作为重要指南，持续完善相关的政策文件和法律规范。这一成果也为美国和中国等其他数字商务领先国家的市场机制构建提供了重要参考。

第二，大力推动工业数字化、企业数字化。在互联网热潮后的人工智能等引领数字化的新时代，欧盟各国已经在推动工业数字化转型以拓展未来增进增长空间方面取得了普遍共识。近年来，以法国和德国等为代表的欧盟国家集中出台了国家级的新型工业战略，德国的"工业4.0"、法国的"新工业法国"等均具有极强的引领风向和重要目标价值。

第三，在2020年公布的欧洲新工业战略基础上，主要欧盟国家已通过物联网、大数据和人工智能的技术，合作探索欧洲工业智能化和整体化的可行机制；部分大型企业与中小型企业及创新初创企业等展开了产业链为基础的广域合作。依托数字商务工业体系搭建和数字化深入的转型发展，已成为欧盟在全球市场竞争持续加剧、欧洲数字化市场碎片化严重及疫情冲击后复苏经济的必然选择。2023年数字欧洲协会的调查结果显示，90%的受访企业将大规模的数字化合作与数字商务转型发展视为经济复苏的重要刺激措施。但是正如前所述，欧盟各国之间缺乏政策共识、很难协同支持与工业协作发展，这就使得欧洲老牌的工业技术优势难以快速向数字化、网络化和现代化的新型工业优势转型。推动各国构建工业数字化和企业数字化网络并形成欧盟系统内的整体优势集成，仍需要各国贡献智慧。

第四，着力提升劳动者数字技能。在数字化转型和新型工业化发展过程中，欧盟仍面临较为突出的数字商务专家短缺、民众技能与数字商务岗位需求不完全适配等障碍。为了培养具有工作技能的劳动者，近年来欧盟多国提出了系列支持政策，主张依托系统化的数字教育和商业教育推动传统工业人才培育向新型工业人才培育转型、支持欧盟民众理解并掌握基本的数字技能、提升数字理解能力，为数字商务的普及发展和行业化集中经营提供坚实的人才保障。正如"2030年数字罗盘计划"所述，到2030年，能够直接从事数字商务等新型工业行业的专业人员预计可超过2 000万人。

第五,积极引导与协调欧洲各国加大数字投资。受基础资金支持有限、资源投入不足等因素影响,当前欧盟在数字经济发展层面仍面临着资源瓶颈。根据欧洲数字战略所述,2021年至2027年,在数据共享、云计算服务、人工智能支持等维度,能够直接启用的资金约为40亿~60亿欧元;据欧盟各国的《人工智能白皮书》所述,2030年之前欧盟计划投入年均超200亿欧元的资金,支持数字化信息技术的研发投资。但是,直接适配数字商务发展所需的研发投入及资源支持却仍不明朗,将研发成果转化为商业价值综合体的资源支持或许仍比较有限;当前,比较明确的大规模数字投资来源于欧盟重建基金,该基金计划每年将1 500亿欧元资金投入数字领域,其中以"伊拉斯谟+计划"为依托的数字教育、数字投资和数字产业发展备受关注,与之相适配的数字商务也具备了极大的价值与规模增长空间。

第六,加强数字经济监管、保证数字企业公平竞争。从全球数字产业的整体市值来看,欧盟的数字产业价值占全球总量仅约4%,其市场影响力与市场规模均比较有限;但是,美国和中国等数字产业发展态势强劲的国家,在数字监管及公平竞争方面仍主要采用欧盟标准。一方面,欧盟公布了《通用数据保护条例》,这一条例已被120余个国家直接采用纳入行业标准。作为保护隐私、规范行业发展并引导可持续增长的全球通行标准,该数据保护条例在后疫情时期备受关注,为数字经济规范发力提供了新的指引。另一方面,欧盟签署《人工智能伦理罗马宣言》成为全球化数字监管合作的标志性事件,规范人工智能发展并赋能数字商务已成为全球共识,在此基础上发布并使用的《数字服务法》和《数字市场法》等草案,也被视为数字领域的重要基础立法。相关国际举措不仅是欧盟为适应数字新时代的自我创新变革,更是在全球维度内维护公平竞争、打破垄断和推动市场有序发展的重要尝试,顺应了数字商务发展的时代所需。

三、欧盟数字商务的发展重点

(一)核心数字商务技术

在正式公布并实施"地平线2020"计划之后,欧盟于近年再次提出了"地平线欧洲计划",其中明确了以欧盟为主体的数字商务研发框架,竞争与创新策略、创新与技术研究规划等,并匹配了相应的资金预算。基于新时期欧盟数字商务发展的技术路线和产业集群规划,突破人工智能等核心技术的商业端应用并拓展数字化的跨域融合,已经成为欧盟数字商务技术的探索重点。为此,欧盟投入了巨量资源,以期减少对美国等持有主要数字商务技术国家的核心依赖,以此确保在传统工业向新型工业转型过程中的欧洲科技创新领先优势。此外,目前共有 25 个欧盟主要成员国统计并公布了平均科技创新绩效,数据显示欧盟的创新增长效率在 2019 年正式超过美国,目前领先于美国和巴西但暂时落后于加拿大、韩国、澳大利亚和日本等。欧盟在数字商务技术领域的增长势头不容小觑。

(二) 数字商务基础设施

长期以来,欧盟将强大的数字基础设施和庞大的市场供应作为新时期数字工业发展的重要基础,德国、法国等国家均强化了数字商务基础设施配套。在"2030 年数字罗盘计划"中,欧盟聚焦安全和高效的战略导向,细分明确了数字商务基础设施的发展定位;中长期计划将欧盟占全球的数字商务产值提升至 20%,并计划假设覆盖更广域人口区域的 5G 网络,发展相应的数字商业经济。

(三) 公共化数字商务服务

2013 年以来,欧盟一直致力于提升成员国的数字化公共服务水平,并以电子政务的转型为前期导入,推动了欧洲电子政务平均水平几何式增长。2023 年统计数据显示,欧盟电子政务的发展平均指数已趋于全球领先地位,通过在线方式完成行政审批、标准化流程办理和系统诉求回应的在线政务办理,为欧盟创造了巨大的经济效益,不仅节约了巨量的人力成本,更以智能导入和规范管理的方式减少了争议纠纷。

此外,面向民用领域的商业化数字服务也在持续完善。2023 年统计显示,欧盟民众不仅在本国的购物网站上完成消费,还积极拓展了跨境购物等的电子商务服务。契合"2030 年数字罗盘计划",未来欧盟不仅将持续深化电子行政数字商务发展,还将进一步拓展消费领域的公共商务数字服务,持续提升数字商务的可用规模。

(四) 数字能源商务贸易

不同于美国聚焦社区的商务经济、生活服务和共享发展的数字商务策略,欧盟的数字商务发展更侧重产业搭建和数字集约管理,比较具有代表性的是聚焦能源领域的数字商务发展。在俄乌战争爆发之后,欧盟对于能源自主化的战略进一步加强,于 2022 年启动了"能源系统数字化行动计划",根据《欧洲绿色协议》和"欧盟 RE Power EU 计划"要求,持续推动数字化为引领的能源系统改造:一方面,整合去碳和电气化行业技术,将分散的能源体系及产业链条做数字化集约管理，力争实现2030年之前55%温室减排和45%可再生能源份额供应；另一方面，激活智能工厂、5G、物联网标准化、人工智能和区块链3.0等技术优势，推广数字孪生系统模型，依托云计算实现虚拟化技术的计算资源池化（即虚拟化），提升能源集约商务管理和数字商务共享的效率。

第三节 英国数字商务的发展

一、英国数字商务的发展历程

（一）起步阶段

早在21世纪初英国就已意识到了发展数字商务的重要性。作为工业革命引领者的英国，依托2008年全球金融危机的产业迭代转型契机，将数字商务作为未来大国竞争的关键领域，重点扶植并培育了多个数字商务增长点，启动了数字商务新增长的战略方案，计划围绕量子数字、通信技术和电商经营等投资增长机遇，培育经济疲软背景下的第二增长爆发点，进而巩固英国作为未来全球经济强国的重要地位。在此背景下，2009年英国正式推出了聚力深化数字改革的白皮书《数字英国》，并在此后每年更新发布相关的统计报告、政策法规和行业管理规范等；2010年，英国在全球率先通过《数字经济法》，数字商务作为数字经济的重要组成部分，其治理范围从传统媒体扩大到互联网和新媒体，规范了在线版权和互联网域名注册等相关事宜，发展数字经济从此"有法可依"；2017年，英国修订并通过新一版《数字经济法》，重视与欧盟内部各国深度协调，以构建产业协同、经济领技术领先和经济规模化增长的数字产业集成体系为具体策略，推动英国及其周边国家数字经济体系的快速构建和产业经济效益的转型提质。此外，2010年至2020年，英国的数字经济在政策引领的背景下快速增长，形成了以数字城市为代表的数字商务发展名片，利用先进技术和创造力赋能城市的商业建设并提升居民的生活质量，也成为颇具英国数字商务发展代表性的城市名片。例如，伦敦及其周边城市密尔顿等城市，发展了基于大数据指导的智慧交通、智慧物流和智慧充电等集成商务体系，围绕伦敦"数字中心"建设及其周边的智慧商务外溢效应扩展，发展起了由奔驰、大众等汽车，以及英国石油公司等能源性企业集成的总部智慧商务基地，整合了数字产业生产、商业服务、信息交流和数字贸易相结合的数字商务全产业链，快速推动了以伦敦等核心城市为中心的产业集群和规模化优势建构，相关成功经验也在雷丁、布拉克内尔、布里斯托尔和曼彻斯顿等地得到了复制推广。

(二) 规模化增长阶段

2019年底至2023年初，受疫情及其后续发展影响，英国经历了开放贸易——防疫封锁——再次开放的经济环境。疫情期间线下消费的收缩为线上电商、数字社区、数字政府等建设与发展带来了重要契机，推动了数字商务多项重点业务的规模化增长；疫情过后，很多消费者形成的居家办公、线上消费和线上服务的习惯，进一步加速了数字技术商业化应用的发展进程。此外，受2020年英国正式宣布退出欧盟单一市场和关税联盟这一重大局势因素的影响，英国更为关注供应链建设、劳动力人才培育和产业体系规模化复苏，发布了涵盖零售业、传统优势产业和新兴数字产业增长点拓展等要点的系统经济复苏计划，以确保未来技术开发和部署为重要目标，持续聚焦全球市场的共同繁荣和安全发展，提出并逐步时间了构建英国新时期数字商务增长优势的规模化结构方案，以此引领英国经济于近年走向了数字商务规模化增长的新阶段。

从建设成果来看，截至2023年底，英国的互联网普及用户率已经超过了90%。大量新增人口纳入互联网管理体系，不仅丰富了底层数据分析的数字商业经营基础，更逐步培养并调整了消费者习惯，推动了数字化电商、数字服务、数字社区、数字经济联盟等数字商务集成体的建构与运维。从轻重工业逐渐向日常生活渗透的数字生物全领域产业建构，催生了依托数字技术和数字赋能的英国数字商务全产业链不断迭代完善，也提升了英国数字商务经营各业态的便利度、安全性、选择多样性和消费周转率，为英国摆脱脱欧影响并赋能新时期经济增长注入了活力。

(三) 稳步提质阶段

聚焦当前，在完善的产业链建构和持续领先的数字技术支持下，英国在数字经济发展方面始终处于国际领先地位，逐步从此前的规模化快速增长阶段步入了稳步提质阶段。

从建设成果来看，英国的数字经济整体水平仍有待提升。最新统计数据显示，美国在数字经济业务及其商业运营方面的规模（约16万亿美元）和增速始终保持世界领先，中国居于全球第二，英国（超过1万亿美元）则与日本、法国等国家共同位于第三梯队。

从占比情况来看，英国、德国和美国的数字经济占GDP比重均超过65%，处于全球领先水平。相较于中国和日本等国约40%的数字商务占比,其具备相对优势。

从结构方面来看,英国的数字结构也位居全球领先地位。受到英国脱欧和全球贸易市场复杂性提升等因素影响,近年来英国的数字商务产业化转型主要聚焦内部结构改革和市场结构重整等,其产业化水平超过了80%,仅次于德国(91.3%),与美国、中国和日本等国家共同位于第二梯队。

在产业渗透率方面,英国具有全球最高的数字商业渗透率,其第一产业数字商业渗透率超过了30%,超过了美国、中国、日本和新加坡等且远高于全球平均水平。

二、近年来英国发展数字商务的关键举措

从21世纪初启动数字经济发展战略至今,英国始终重视数字商务的管理体系建设、技术发展和配套实体优势的培育,在建设更具公信力的政府、构建行业标准规范、强化国际伙伴关系和培育专业人才等方面采取了多项积极举措。

第一,加强英国的数字商务领导力,以加强全球数字标准生态系统建设。长期以来,从服务数字化向数字服务化转变的战略调整,深刻影响了英国政府的数字化建设战略方向及英国人的日常工作方式。在数字商务起步早期,英国政府主要依托于阶段性的政策指引以及2009年以来每年发布的《数字英国》等报告,做数字商务管理的细节性战略调整;2010年《数字经济法》的制定和2017年的更新,扩大了英国政府强化数字基础设施保障,对于提升国民数字技能、发展新型数字产业和建设数字政府等提供了更强大支撑,但在业务实操领域仍存在着诸多空白;2022年以来,应英国脱欧后的数字商务发展及其规模化经营的发展所需,英国政府陆续发布了《英国数字战略》、《数字经济法案》、《国家数据战略》、《产业战略:人工智能领域行动》和《国家计量战略实施计划》等,围绕保护知识产权、赋能专业人才、畅通数字商务增长渠道等方向作出了全面周密部署,并在最新版的英国数字战略中明确了未来英国发展数字经济的六大支柱。另一方面,英国也将强化系统内各信息服务部门的统一管理和支付监管,持续将GOV.UK网站作为政府各部门信息和服务的统一入口,为采用数字身份、通用福利系统、电子支付等90余类服务提供系统保障。

聚焦未来,英国政府持续加强对全球数字商务的领导力,从而加快全球数字标准的新姿态赋能生数字生态系统建设,努力在2025年实现超过两千亿英镑的数字产业增长集群,将数字硬实力打造成为数字时代下英国未来经济持续领先的重要支撑，持续扩大数字商务的税收收入。

第二，增加研发支出，提振英国研究创新的软实力。持续的科研和大规模的研发投入，是英国保持数字商务领先地位的核心所在。与欧盟高度重视研发投入战略相似的是，近年来英国划定了专项财政预算，用于数字标准、量子战略、无线基础设施和人机交互等领域，并拓展了人工智能、下一代半导体、数字孪生、自主系统和量子计算等公共研发支出，实现了超过200亿英镑的总量预算投入；在强化科研技术引领基础上，英国也高度重视数媒合作的数字商务价值转化，拓展了开放流媒体创作和税收减免支持为一体的数字商务新空间，畅通标准中心试点向规模化集成、增长运用的业务转型，并就人工智能、量子网络等提供了涵盖机构合作、关键技术标准制定和实验合作开发等系统服务，以数字标准开发为重点增强研究创新的软实力。

第三，加强国际伙伴关系，制定发展安全可靠技术的共同方法。长期以来，英国将数字商务及其相关经济体系的建设发展作为与工业革命等同的战略加以推进。在持续强化技术支持和政策引领的同时，英国也高度重视国际伙伴关系的建构和技术交流合作的深化，主张在巩固技术优势的基础上，与国际合作伙伴共同制定安全可靠的技术策略并探索协同共进的市场转化方法，进而建构具有未来话语权的数字决策者体系。通过与强国建立联系，实施行业主导和透明开发，邀请更多利益相关方参与数字商务的全产业链建构，英国期待畅通全球化的数字产业发展链路，支持区域化数字商务向全球数字商务模式复制以实现规模增长。

第四，重视人才培育和引进，依托数据能力实现产业闭环。相较于欧盟各国，英国政府在建构数字商务经济新体系的过程中，将人才培育和高水平人才引进作为重点策略方向，致力于依托数据能力实现产业闭环，已获取了有效建设成果。从外部人才吸纳来看，英国密集推出了人才吸引计划。尤其是在近年来脱欧的背景下，英国推出了面向高级人才的无担保科技类精英签证、为有高潜力人才开放顶尖大学生签证申请并提供增长型企业签证等，吸引大量数字商务相关产业初创型人才前往英国安家置业；此外，英国于2022年正式启动了全球人才网络计划，依托政企合作契机，面向海外校园、创新中心、研究机构等对象主体发送技能需求和人才邀约，定向吸纳并整合了来自美国、印度和德国等国家的数字商务高技能人才。从自有人才培育来看，英国采取了STEM提升计划。英国《数字经济战略》报告指出总人口中仍有27%的人口只具备最低的数字化能力，这意味着他们难以进行在线互动且有被社会排除在外的风险，社会的数字包容性方面存在重大缺失。为此，英国持续更新了STEM教育体系，共同重视普通教育和职业教育的数字商务等技能培育，计划 2022—2025 年累计投资 7.5 亿英镑用于支持 STEM 教学设施建设、编码必修课程开设、专业大学生扩招、数字媒体及数字应用活动策划等；还与富士通和亚马逊等知名跨国企业在英国联合实施数字商务等职业教育发展计划，希望通过 2022—2025 年的数字商业服务、数字设计和支持开发等教育，为 19 岁以下的青少年提供更为明确的数字素养服务和数字技术选择。

三、英国数字商务的发展重点

从英国数字商务的发展重点来看，在美国强势领先和中国快速发展的背景下，英国将数字商务发展的重点放在了新工业、电商拓展和游戏服务等方面，聚力夯实数字商务基础并拓展优势业务，实现了差异化的竞争优势与全球化规模经营业绩的增长。

（一）数字化新工业

基于此前工业革命的技术基础和长期工业化发展的配套优势，英国率先在制造业方面引入了数字技术迭代的商业运行机制。截至 2023 年底，其增材制造采用率达到了约 30%，机器人采用率超 20%，工业互联网赋能数字商务的支持率超 10%；随着近年来 VR 和人工智能交互技术商用条件成熟，运用增强现实和虚拟技术支撑的制造业创新迭代升级业务比例接近 10%，将人工智能和机器学习用于深化的数字制造业建设和产业迭代的比率也超 5%。

（二）数字化电商

受英国脱欧、近年来疫情及全球经济增长疲软等大环境影响，英国的传统线下经济受到了极大冲击，但线上电商业务保持了持续繁荣增长。据英国国家统计局数据，政府政策引导和数字电商产业迭代加速等提振了消费者数字商务的参与信心，英国的数字电商比重持续增加，截至 2022 年底英国全国新设超 2 万家电商企业、倾向网上购物的英国消费者接近于 50%，为数字电商的发展提供了重要的消费基础；非食品销售为代表的数字电商在 2020 年迎来了最高增幅，年均增长率超过 80%。数字电商的规模化经营成为英国数字商务发展的新增长极，而持续完善基础服务、强化消费者权益保障并落实各项支持性政策，也成为当前和未来一段时间内英国数字商务支持电商规范化运营的重点。

（三）数字化游戏服务

长期以来，英国游戏业在全球居于领先地位，游戏业的生产总值超过英国整体娱乐市场的50%，市场份额位于欧洲第二，市场销量超40亿英镑。随着数字技术的持续丰富和电商运营机制的不断完善，依托于VR人工智能等技术的创新产品投放市场吸引了消费者关注，实体和线上销售额在近年都实现了超过10%的复合增长，手柄、耳机等相关产业配件的销售也实现了超15%的复合增长，网络游戏整体增长超15%。

第四节　日本数字商务的发展

一、日本数字商务的发展历程

（一）"电子日本战略"的起步阶段

日本的数字商务最早起步于20世纪90年代初。依托21世纪农林水产领域信息化的战略规划，日本将数字技术的应用场景拓展到了智慧农业层面，快速布局并完善了农业经济信息建设领域的基础建设，夯实了数字乡村建设的基础，也为长期以来日本农业的精细化管理和高品质发展奠定了重要基础。在农业领域的数字商务取得初步成功基础上，自2000年开始，日本聚焦IT热潮，以创建全球最领先的IT国家为发展目标制定了明确的"电子日本战略"，并正式成立了隶属于日本内阁的信息通信技术战略本部；2003年，日本再次提出了"电子日本战略2.0"，聚焦国计民生和社会经济的领域推进ICT技术广域应用的多场景建设。

（二）IT新改革战略的深化阶段

2006年，日本IT战略本部聚焦个人应用场景的拓展和创新价值提升，搭建起了IT新改革战略框架体系，主张将数字技术广阔应用于私域经济流量盘活和IT经济发展新动力转型等领域。但是，这一战略从提出到实施经历了数年过程，其间受2008年金融危机等影响日本的数字技术进步及其产业化应用极大程度放缓，直至2015年日本的IT战略本部才再次启动了中长期的IT推广计划。该项新计划围绕数字技术渗透和社会场景拓宽等数字电商务未来愿景，虽然提出了能够被人们普遍接受的策略，但是过度侧重电子政务、医疗卫生和人力教育等宏观领域的资源投放却难以触及国民的个体化需求，该推广计划的实际成效受限，执行策略漏洞频现，所设定的诸多目标并未能如期实现，未能扭转数字商务相关领域的增长颓势。

（三）数字化缓慢推进阶段

2010年中期，日本从高速经济发展逐渐步入了放缓增长阶段，其网络设施、网络数据和互联网等发展虽然处于世界领先水平，但数字商务聚焦的增长速度和绝对数量收缩。这一阶段，日本发布了"世界最先进IT国家创造宣言"；于2012年正式启动了应对长期经济低迷和少子化、高龄化等问题的"安倍经济学"政策，主张以数字商务等新经济增长点为引擎并调整长期货币政策和财政政策，IT战略作为增长战略的基础之一被安倍内阁寄予了厚望；2013年，日本正式提出了未来五年达到世界最高水平、将其IT成果在世界范围扩大应用的战略宣言。但是，在此期间内，安倍经济学对于数字商务及其关联产业的关注度更多侧重传统经济结合点，在挖掘新型技术场景、培育技术新实力和拓展国际影响力等方面均未实现有效突破，政策支持和产业迭代的数字商务发展进程也比较缓慢。在全球化数字浪潮快速奔涌的背景下，日本仍体现出了固守传统经济趋向。比较具有代表性的是中央政府和地方政府仍采用传统的纸面手续办理方式，能够采用网络申请并数字化管理的手续约10%，很多地方甚至未能开通网上办公和数字管理的新型电子政务机制；大量日本企业惯于采用传真机而非电子邮件，数字签名的熟悉度和普及度也较低，且存在过度依赖光盘、迷你光盘或软盘的存储方式等问题；甚至在交易领域，日本民众和组织机构高度偏好现金交易，2010—2020年日本的无现金支付比例虽然实现了翻倍增长，但是其应用比例仅约30%且远远落后于韩国和新加坡等亚洲国家，日本社会的高频交易仍以现金为主。传统思维局限了日本民间经济活动的数字化推广进程，数字商务技术和全产业链管理条线影响下的经济活动发展相对迟缓。根据2020年洛桑国际管理发展学院所公布的一项排名情况，日本在全球共63个考察对象中数字竞争力位列全球第23名，该排名与日本的经济体量和国际影响力不完全匹配，也侧面验证了日本数字化进程缓慢的诸多局限。

（四）重点布局的调整阶段

早在安倍政府时期，日本就已意识到了数字化发展落后对于政府影响力和国家生产力提升的负面影响，也聚焦政策引导和产业调整等出手解决数字化发展问题，但收效甚微。日本经济产业省在2018年《数字化转型报告》中提及，如果日本社会难以顺利度过数字化转型的挑战，在2025年以后可能会造成每年高达12万亿日元的经济损失，这也被称为"2025悬崖"。

2020年以来，日益复杂的国际形势和新冠疫情的遗留影响，使得日本政府面临更大的发展压力,也由此下定决心推动再次数字化转型。在借鉴欧盟严格的立法、政策和监管机制的基础上,日本在著作权法中增补了关于机器学习、人工智能与版权保护的相关管理条例,以此保证人工智能的规范化应用和版权保护的有效执行。此外,日本政府完善了数字商务产业经营的相关引导性政策,于2022年公布了"人工智能战略2022",将数理科学、数据科学和人工智能教育作为社会5.0时代的重要知识性内容,计划以基础教育为侧重点以切入数字化转型的人力资源储备工作,持续完善学科体系建设、通信基础设施建设并培育提升各阶段学生的数理应用能力,计划每年培育数字科学和人工智能领域的专业人才约25万人,挖掘创新人才超2 000人,吸引全球顶尖人才超100人,实现面向职业管理和应用教育的社会人员培训超100万人。2021年9月,日本正式成立了数字厅并由其负责数字化战略的制定与实施,主张通过数字化的系统升级驱动数字商务等产业发展,使得日本能够实现区域化数字商务领导等发展目标,时任日本首相岸田文雄也围绕数字商务等转型发展作出承诺,加快日本数字化转型速度,并以特殊经费支持的方式支持偏远地区数字基建投资。2023年,日本文部科学省划拨专项财政资金支持新一代人工智能等顶尖人才的研发工作,明确了以AI为导向的未来数字化战略转型设置目标,每年给年轻人员提供超千万元日元的补助,并给予相关专业研究生专项奖学金,以措施制度化的奖励政策扶持AI专项数字商务技术发展与产业化运用。

综合来看,2020年至今,日本政府围绕AI体系建设及其数字商务发展作出了系统规划,但是受到多年数字商务发展缓慢停滞和社会观念未能有效扭转等因素影响,日本难以通过短期的政策刺激和激励补偿实现数字商务等迭代发展,在夯实数字商务体系、应对老龄化社会问题、推动数字技术研发和数字商务产业化转型等方面仍面临诸多困难。

二、近年来日本发展数字商务的关键举措

以安倍时期向岸田文雄时期过渡为契机,日本对于数字商务发展的关注度和财政投入日益扩大,围绕新资本主义战略、教育转型、数字田园探索、数字国际战略深化的相关常识也不断丰富,聚焦重点领域以谋求技术突破和数字商务跃迁发展的战略目标日益明晰。但是日本在数字商务发展及其常态化经营等方面面临的诸多问题仍难以得到有效解决。

第一,启动新资本主义战略。新资本主义战略是日本围绕数字商务及其经济系统运行所提出的一项特质化战略,具体包含增长战略和分配战略两个部分。增

长战略主要聚焦国家振兴领域，希望通过数字化改革构建起数字商务等系统行业发展的新动力，聚焦国家建设、数字基建、数据发展、5G 深化、法律完善和区块链等九个方面激活国家数字商务发展新引擎。分配战略则在增长战略的基础上强调了更公平的全民分配导向，期待通过专业人才培育和税收调节等方式，健全链条式的数字商务产业运营机制，进而构建新时期日本数字商务发展的可持续机制，保障新资本主义战略的中短期落实和长期深化。

第二，重点布局数字商务相关的教育转型。2017 年，为了改变日本教育数字化在实践层面应用不足的现状，文部科学省出台《今后学校信息环境改革发展方针》，并制定了《面向教育数字化改革的五年计划（2018—2022 年度）》；2020 年以来，日本修订了《科学技术基本法》为《科学技术创新基本法》，推进了初中和高中教育阶段的 STEAM 教育，正在推动面向"超智能社会"GIGA-学校计划的数字化改革和 Plus-DX 计划的高等教育数字化改革。

第三，深化数字田园探索。2021 年日本召开了数字田园城市国家构想会议，旨在建立与都市圈不同的地区活力新形象。与之相适应的是，日本在地区振兴的数字基础设施上，完善了 5G 等信息通信基础设施的早期布局、重视"数字专业人才"的企业联合培养；进一步加强完善高龄者、残障者等数字使用困难人群的支援，缩短数字鸿沟；还将智慧农业最新技术应用于地区经济分析系统中，构建起了城乡合作的数字田园探索机制，持续巩固智慧工业等数字商务的经营发展优势。

第四，布局国际数字化战略。为推进数字化发展、加强世界各国政府合作，日本以数字厅为指挥中心，积极推进与世界各国建立数字领域合作，呼吁全球建立数字标准，以成为全球数字化标准制定主导国之一为目标，积极推进与数字大国间的数字标准制定合作；同时加强推进与世界各国数字贸易合作，推动跨国数字人才交流，参与新兴国家的数字化援助。

三、日本数字商务的发展重点

受限于传统产业经济活力有限和老龄化危机持续深入等影响，日本的数字商户难以在广域范围内快速铺开。不同于欧盟侧重于体系建设的数字商务系统集成，美国侧重于多维应用的数字商务集中转型，中国依托互联网、智能汽车和 AI 创新创造的热潮以建构的数字商务竞争优势，日本的数字商务则聚焦了智慧农业这一传统优势领域和 AI 这一创新领域。

（一）AI 相关的数字商务业务

长期以来，日本作为技术创新和传统工业领先的国际主体，在错失了互联网发展的红利后，将数字商务发展的重点投至 AI 智能领域。2024 年初，日本经济团体联合会发布建议，要求政府着眼于 2040 年前后综合产业战略的建构，将解决少子化和老龄化问题的有效策略与数字商务 AI 应用相结合，集中投放资源和人力发展 AI 数字产业并配置完善系统监管和税收管理等，进一步构建起符合本地企业和研究机构发展所需、结合日本独特国情并能激发新型产业动能的可循环数字商务机制。2024 年 4 月，日本进一步宣布了与微软的战略合作，计划在未来两年内合作投资 29 亿美元，以建构超大规模云计算和人工智能的基础设施、实现为 300 万人以上群体提供人工智能服务、培育人工智能技能关键技术并引入产业循环的数字商务集成体建设，帮助超过 80% 企业削减工作时间、帮助超过 60% 企业提高生产效率和营业销售额并帮助超 50% 企业削减管理成本费用。此外，Open AI 这一国际领先的 AI 数字商务服务机构也于 2024 年 4 月中旬正式宣布了东京城市合作，计划以东京为扩展点，开放 GPT-4 定制模型的研发，通过与政府、企业和研究机构的集成合作以开发符合亚洲人工智能应用和安全管理所需的系统模型。

（二）智慧农业相关的数字商务业务

20 世纪 90 年代至今，日本围绕智慧农业的基建投资与专业人才培育投放了巨量资源，形成了政策良好循环和政企协同联动的数字商务条件，夯实了数字乡村建设的重要基础。面向经济增长停滞和转型压力陡增的当代背景，日本再次启动了数字农业相关数字商务业务的战略调整，计划在传统农业政策基础上引导数字化的农业生产方式变革和商务业务扩展，在提高智慧化的数字技术使用效率同时，以智慧农业为试点探索数字商务背景下财政、信息和技术耦合发展的执行框架。一方面，日本以部分数字乡村为前期试点，启动以现代化为导向的高素质农民培养策略。强调政府主导和农林水产省统筹协调，鼓励农民积极加入终身学习的教育体系之中；同时围绕农、林、牧、渔具体问题，深化社会组织的技术支持协作，提升农民运用数字素养解决社会乡村建设具体问题的能力。另一方面，日本持续更新了智慧农机和管理机制，提供了覆盖农业生产和经营全过程的数字商务支持，构建便于操作和效益较高的特质化运行体系。这一举措不仅加深了高素质农民对于新技术的理解与采纳水平，更快速推动了数字乡村的建设与效益回收，在转化数字农业技术应用场景并拓展数字商务业务领域等方面实现了良好的应用效果。

本章小结

本章围绕美国、欧盟、英国和日本的数字商务发展展开分析，具体介绍了各国/国际主体的数字商务战略规划、发展阶段、关键举措和重点方向，勾勒了国际主要经济体数字商务脉络。立足数字商务影响持续深化和规模持续扩大的当代背景，读者要提炼主要国际经济体的数字商务发展共性并了解其差异性，也需要立足历史经验以研判发展重点，深化数字商务发展相关的知识运用。

案例分析

一直以来，日本的百货业都被看作全球的标杆，其运营模式、管理理念等不断地被输出到世界各地，成为各国同行模仿和学习的对象。从三越、伊势丹到高岛屋、西武·崇光百货（Sogo&Seibu）等等，都是业界耳熟能详的名字。二战后日本经历了经济复兴和经济高速增长，百货行业恢复经营并获得了快速发展；20世纪80年代后期的泡沫经济时期，民众狂热的消费行为支撑了百货店的收益增长，随着泡沫经济的破灭日本经济进入低速增长期，零售业也步入高度成熟时期。

日本与其他国家的零售商比起来具有更强的生存能力，一是因为日本的电商普及率尚低，二是因为近年来蓬勃发展的旅游业为其带来了源源不断的海外客流。但是新冠疫情和新型消费人群个性化追求的凸显，直接让这两个优势成了日本百货行业传统商业模式的最大痛点。据统计，2021年日本全国百货店的营业额达到了4.4万亿日元，但与疫情前的2019年相比，降幅超过20%。

复习思考

1. 美国、欧盟、英国和日本数字商务均起步较早，但是发展迥异，请分析这一情况出现的原因。

2. 近年来全球经济发展复杂性加剧，数字商务也成为各国应对经济压力的一致性选择，请结合相关国际主体的发展经验，归纳提炼数字商务发展的重点方向。

3. 直面数字化浪潮，中国面临着不进则退的压力，请结合相关国际主体的数字商务发展进程，剖析中国的可行应对举措。

第十一章
中国数字商务发展历程

学习目的与要求

● 了解中国数字商务的发展态势、中国与其他发达国家数字商务的主要共同趋势和特点、中国数字商务的主要机遇与挑战

● 熟悉中国数字商务的发展动态、与其他发达国家数字商务的对比分析

● 掌握中国数字商务的未来发展策略、中国领军企业成功的关键因素、中国数字商务面临的机遇、挑战和应对的核心要点

引导案例

全球数字贸易协定谈判取得突破

2023年12月20日,世贸组织数字经济谈判的主办国联合发布了一则新闻公告及三方部长联合声明。声明强调,已有包括中国、美国和欧洲国家在内的90个世贸组织成员在推动全球数字贸易规则制定上取得了显著进展,并催促各方尽快在2024年前实现谈判的全面终结。世贸组织总干事及中国、美国、欧盟、英国、新加坡等12国部长以书面形式一致肯定了这一进展,并对此寄予厚望。

在书面发言中,中国商务部部长强调,全球各国正全力以赴推动数字化和绿色化进程。他强调,数字贸易无疑是推动21世纪全球贸易繁荣的关键驱动力。他对世贸组织关于数字商务谈判的联合声明给予高度评价,强调迫切需要各国迅速制定一套高标准、均衡且开放的数字贸易准则,以支持发展中地区有效利用并从中获益于数字化时代的机遇。

三方部长在联合声明中详尽剖析了当前谈判的最新动态和进展。参与方已就电子签名、认证等关键的13个议题实现了初步共识。各方正集中精力在电子支付等领域迅速达成一致,目标是实现电子传输免税的高级别承诺,从而大幅提升

协定的商业价值。未来，各参与方将聚焦于数据流通、本土计算设施、源代码共享以及横向议题的深入探讨，目标是尽快达成全面且实质性的协议。

资料来源：中华人民共和国商务部。

思考：在"全球数字贸易协定谈判取得突破"的背景下，如何评估中国数字商务的发展态势、机遇与挑战，并探讨政府、企业和社会应采取的有效策略，以促进中国数字商务在全球市场中保持竞争力并实现持续稳定增长？

第一节　中国数字商务的发展态势

近年来，随着互联网技术和全球数字化趋势的迅猛推进，中国数字商务领域展现出前所未有的生机。

一、现状概览

（一）市场规模

中国数字商务业务持续扩张，已跻身全球瞩目的市场前列，以下是相关数据和趋势的概览。

1. 整体规模

根据国家统计局最新对外公布的数据，2023年中国网上零售额超过15万亿元，2015—2023年，网上零售额年均增长超过20%，2023年底，我国网民规模达到10.92亿人，其中网络购物用户数量为9.15亿人[1]。根据CNNIC（中国互联网络信息中心）发布的第55次《中国互联网络发展状况统计报告》显示，中国网民规模从1997年的62万人增长到2024年的11.08亿人，中国互联网普及率达到78.6%[2]。这些数据无疑展示了中国网民对于网络购物的极高热情。

2. 跨境数字商务

中国在跨境数字商务领域也有值得一提的表现。2024年，中国跨境数字商务进出口总额为2.63万亿元人民币，较上年同期增长10.8%，不断刷新历史新高[3]。

---

[1] 国家统计局. 消费市场繁荣壮大商贸流通创新提质 [N]. 中国商报，2024-09-20（1）.
[2] 第55次《中国互联网络发展状况统计报告》发布 [J]. 传媒论坛，2025，9（2）：121.
[3] 李娣. 2024年我国外贸形势分析与2025年展望 [J]. 中国经贸导刊，2025（3）：45-47.

3. 移动支付

除此之外，移动支付在中国也得到了迅猛的发展。根据中国人民银行发布的数据，2024 年一季度，中国移动支付业务量达 443.32 亿笔，总支付金额为 152.07 万亿元，同比分别增长 7.38%和 5.17%[①]。移动支付市场划分为三大主要板块，分别是支付宝、微信支付和其他，截至 2023 年 12 月底，微信支付和支付宝在中国非银行支付行业移动支付市场的交易规模占比分别为 38.8%和 54.5%，二者合计占据了 93.3%的市场份额[②]。

4. 社交化数字商务

中国在社交化数字商务方面也处于世界领先地位。根据智研咨询的统计，2023 年，中国社交化电商市场规模已增至 3.42 万亿元[③]。其中，以短视频、直播为代表的新型社交数字商务模式已逐渐成为社交化数字商务的重要载体，并吸引着众多消费者与商户的积极参与。

5. 线上零售平台

中国有着众多知名数字商务平台，如阿里巴巴集团的淘宝和天猫，京东推出的京东商城，以及快速崛起的拼多多等。种类繁多的产品、无缝的购物体验和优质的售后服务，使这些平台深得消费者喜爱，从而驱动了中国数字商务市场的稳步增长。

简而言之，中国数字商务市场规模巨大，增速迅猛，涉及行业多元且全面，对经济数字化转型和消费升级贡献显著。展望未来，该市场将持续稳健增长。

(二) 商务领域的数字化架构与地域特性

中国数字经济生态多元化，包括数字商务、金融科技、电子支付、物流与配送以及供应链数字化等多元板块。数字商务领域尤其活跃且发展成熟，阿里巴巴和京东等公司堪称领军者，共同构建了稳固的市场竞争生态体系。

数字商务平台。中国拥有像淘宝、天猫等深受瞩目的数字商务巨头，皆隶属于阿里巴巴集团。

移动支付。移动支付在金融领域中扮演了核心角色。在中国移动支付领域，支付宝和微信支付作为领头羊，凭借庞大的用户群体和卓越的服务质量，几乎垄

---

① 智研咨询 https：//www.chyxx.com/2025.03.09.
② 中国报告大厅 https：//www.chinabgao.com/2025.03.09.
③ 智研咨询 https：//www.chyxx.com/2025.03.09.

断了市场九成以上的份额。

跨境数字商务，是中国数字商务中增长很快的一个业务趋势。中国有很多跨境数字商务平台，比如阿里巴巴主要做批发，全球速卖通做 B2B 零售，京东全球购提供很多国际商品。

社交数字商务，是数字商务的新潮流。短视频、直播这些新模式加到社交平台上，让购物和社交结合得更紧，中国有抖音、快手、微信小程序这些大型的社交数字商务平台。

互联网金融。这是中国数字商务的重要组成部分。现在支付宝、微信支付在移动支付上优势很明显。

在线教育平台，如腾讯课堂和数字娱乐巨头网易，以及新零售典范盒马鲜生，均因数字化商务的推动而迅猛发展。

（三）用户规模及行为特性

随着大量中国消费者倾向于手机购物、支付及社交，对商品质量、服务水准和价格公道性的关注度日益提升，这驱使数字商务企业持续创新并强化服务品质。

1. 用户规模

用户基数庞大。中国庞大的网民群体，超过 11 亿人，绝大多数已转变为数字商务的活跃用户，他们借助互联网和移动设备，深度体验并享受着数字商务带来的高效与便捷。

用户行为移动化。当前，中国消费者大都偏爱使用移动设备处理像购物、支付及社交等在线事务。

2. 行为特征

多渠道购物。中国数字商务的消费者会看商品特点、价格，还有促销，选最适合自己的购物平台。这样买东西，既满足了个性化需求，也让数字商务生态更多样。

强调个性化服务。中国消费者大都期望消费时能得到有针对性的个性化服务。

喜欢社交购物。中国数字商务的消费者爱在社交平台上分享购物经验，和朋友交流，互相给建议，寻找购物灵感。

支付快捷方便。支付宝、微信支付这些移动支付，又快又安全，深得中国消费者信任。

看重品质。消费者会选口碑好、质量有保障的商品,看重商家信誉和售后服务,对性能和价格比较在意。所以,读懂中国数字商务消费者的行为对数字商务企业稳定增长很重要。

二、中国数字商务的特性与发展动态

(一) 移动化和社交化

由于中国数字商务的移动化和社交化特性。消费者能够自由分享购物体验、搜索新产品和参加推广活动。

1. 移动化案例

阿里巴巴集团。在数字商务领域,阿里巴巴集团的淘宝、天猫等移动购物应用凭借其流畅的用户体验和琳琅满目的商品选项,稳固保持中国最受欢迎数字商务平台的领先地位。顾客无论何时何地都能体验到安全迅速的移动支付服务。

滴滴出行。滴滴出行凭借高效的交通服务享誉业界,其移动应用整合了多样化的出行选项,包括叫车、拼车等。用户操作简便,能迅速召唤车辆,费用结算通过移动支付快捷完成。

2. 社交化案例

微信小程序。很多品牌和商家用微信小程序平台,该平台可以线上购物、餐饮等服务预订,这样直接加强了和用户的互动。

抖音数字商务。抖音社交平台把购物功能加进去,看视频的时候就能浏览和买东西,让数字零售企业能用短视频新方式来推广和销售产品。

微信公众号。公众号数字商务平台让数字商务企业发产品信息、购买链接和促销消息,鼓励用户互动,让社交联系更紧密。

小红书。小红书是中国有名的社交数字商务平台,它凭借其特别的购物分享和社交评价功能,吸引了很多品牌和商家来推广产品,通过用户的社交网络来促进销售。

(二) 创新推动和数字化深化

中国数字商务企业正经历从技术到商业的双重革新,涵盖关键技术研发、创新商业模式以及产品设计优化,致力于通过精确的营销策略、高效供应链和卓越客户服务,推动行业前行。

1. 创新驱动案例

阿里巴巴的新零售模式。阿里巴巴运用尖端的大数据分析技术推动新零售模式,实现线上线下的无缝融合。盒马鲜生整合线下超市与线上购物流程,运用智能科技优化商品选择和配送流程,打造无缝购物体验。

京东推出无人超市。京东推出了无人零售店系列,包括京东便利店和超市,采用脸部识别及指纹支付等先进技术,让顾客能全天候自助购物,体验无缝便捷。

腾讯的社交数字商务战略。腾讯凭借微信、QQ等庞大的社交媒体网络,大力拓展社交数字商务版图。微信小程序与微信直播购物功能,设计旨在提升用户的购物便利性。

2. 数字化升级案例

拼多多的农村数字商务战略。拼多多凭借数字化科技与社交策略,深入开发农村数字商务蓝海。拼多多实施"村淘"项目,采用线上线下的融合方式,向农村用户提供高品质商品及高效服务,积极推动乡村经济振兴。

(三)跨境数字商务和全球化布局

中国数字商务巨头加快全球扩张,积极开拓国际电商市场。随着"一带一路"倡议的推进和数字贸易的发展,中国数字商务企业在海外市场越来越出色。比如阿里巴巴组织的"双11"全球购活动,已经成为中国数字商务吸引全球消费者关注的标志,显示了其国际影响力。

1. 阿里巴巴集团

阿里巴巴集团的1688和国际站跨境电商平台,把海外买家和中国供应商连接起来,跨境线上交易很顺畅。这些平台让海外买家能直接找到中国的优质供应商,快速顺利完成交易,轻松买中国产品。

2. 拼多多

拼多多在海外市场也很有知名度。拼多多的海外购频道让中国消费者方便购买全球的产品。拼多多积极开拓国际市场,通过全球购平台,把中国好商品卖到全球,提升了海外用户的参与度和购物满意度。

3. 网易考拉海购

作为中国跨境电商的领头羊,网易考拉海购给海外用户提供中国和世界各地的好商品。网易考拉海购建有海外仓库和高效的物流,保证海外订单快速送达。

三、未来展望与发展建议

(一) 未来展望

一是中国数字商务持续增长的态势。未来几年,中国数字商务零售额估计能保持两位数增长。二是中国数字化转型速度更快。三是跨境数字商务持续发展。中国跨境数字商务的市场会越来越大,因为中产阶级多了,消费也升级了,海外商品需求会更多。中国企业正在加快海外布局,推动跨境数字商务快长。四是社交数字商务潜力无限。移动社交数字商务让消费者购物体验更愉悦更有活力,会给商家和消费者带来很多创新机会。五是技术驱动创新。中国将充分利用大数据等先进技术,进一步深化电商的国际化布局。同时,加强与国际伙伴的合作,共享数字商务创新技术和应用成果,共同推动全球数字商务的繁荣发展。

(二) 发展建议

第一,我国政府要加强数字商务的基础建设,保证基础设施运行平稳,数字商务业绩会持续增长。

第二,政府要积极培养人才。加强数字商务人才队伍建设,培养全球化、数字化的多面手。

第三,在政策方面应予以大力支持。加大政策扶持,推出利好的政策推动数字商务发展,比如减税、支持创业创新,让营商环境更好,助力数字商务企业发展。

第四,注重防控风险。加强风险管理和监管,应对数字商务里的各种风险和安全挑战,保护好消费者的合法权益,让数字商务市场健康、良性发展。

第五,积极推进产业协同。让数字商务和实体行业深度融合,和制造业、物流业、金融业等一起发展,建立完整的产业数字化生态。

第六,注重加强国际合作。中国要积极参与国际数字商务规则和标准制定,推动全球数字商务繁荣,扩大中国数字商务在国际上的份额。

第二节 中外数字商务的对比分析

一、中外数字商务发展共同点

（一）数字商务市场发展前景广阔

中国与发达国家的市场不仅用户量大，而且消费意愿强烈，需求多元化。

（二）技术驱动创新

技术创新是驱动全球数字商务进步的关键驱动力。各国无论发达与否，都在全力以赴地研发和应用新技术，旨在提升数字商务运营效率，优化消费者体验，从而不断推动行业创新。

（三）数字商务的跨境进程

全球范围内，跨境数字商务已广获认同，成为推动商业增长的关键驱动力。中国及欧美发达国家积极投身其中，致力于拓展各自的国际数字商务版图。

（四）健康、环保与可持续发展意识不断提升

全球健康和环保意识提高，世界各地的消费者都喜欢买天然、有机或绿色认证的商品，这说明他们重视健康生活方式，也支持环保。消费者还偏好选那些环保做得好，注重可持续发展的公司。

（五）社交商务

在数字时代洪流中，全球各地的消费者，无论发达与否，都热衷于融入品牌在线社区，通过与志趣相投的人交流，共创品牌形象，彼此的消费决策深受其影响。社交化消费模式强化了消费者与品牌的互动关联。

（六）个性化数字商务

无论在全球哪个角落，消费者的需求已超越了传统的标准化消费，倾向于定制化。他们不惜为个性化的产品和专属体验投入额外价值。

二、中国与发达经济体的数字商务比较分析

（一）概述

1. 市场扩展与增速情况

尽管中国数字商务起步相对较迟，但其强劲的上升趋势和可观的市场潜力却

不容小觑。相比之下，发达国家的数字商务市场已相当成熟，竞争激烈，尽管增速不逊于中国，但增长态势不如中国这样迅猛。

2. 支付方式

中国的消费者普遍倾向于使用支付宝和微信等移动支付手段，相比之下，发达国家的消费者更倾向于信用卡支付和 PayPal 等传统支付方式。不过，随着其他发达国家的移动支付普及度的不断提升，这一领域的差距正在逐步缩小。

3. 政策环境

政策环境对数字商务的影响力显然可见。中国与发达国家在数字商务政策环境上的区别主要源于各国监管侧重的差异化。

4. 文化和消费习惯

中国的消费者倾向于寻求高性价比和个性化服务，相比之下，发达国家的消费者往往更侧重于价格优惠和购物便利性。

(二) 各国数字商务具体表现

1. 市场扩展与增速情况

美国、德国的数字商务市场与美国相当庞大，尽管持续扩张，但其增长速率相对较缓。尽管如此，数字化进程并未完全替代传统的零售行业，后者仍保持着一定的市场份额。

英国：尽管英国的数字商务市场规模相对较紧凑，但其正呈现稳步上升趋势。尽管亚马逊等国际品牌在该国市场占有重要份额，但与中国的数字商务巨擘相比，其规模和影响力尚有差距。

法国、日本：数字商务规模和增长率都较小。

2. 支付方式

中国在支付领域的优势表现先前已有阐述，尤其是移动支付的普及度较高。相比之下，全球其他发达经济体更倾向于依赖刷卡等传统支付方式。

3. 政策环境

(1) 数据安全和隐私保护。中国：数字化发展越来越快，数据安全和个人隐私保护成了大家关心的核心点。中国政府不仅过了《个人信息保护法》这些法律，还在努力构建和细化数据安全和隐私保护体系，明确行业相关的规范。

欧洲和一些发达地方，数据隐私法规较严格。欧盟的《通用数据保护条例》等法规让全球数据安全和隐私保护有了新标准。

（2）数字金融与支付创新。中国：中国在数字支付和金融科技上全球领先。政府大力支持推动数字支付、区块链、人工智能这些新技术在金融里创新。同时，也加强监管，设监管沙箱，让金融科技健康发展。

美国和欧洲这些发达国家，监管更严更细。有关金融科技创新的相关规范，各个企业和机构都需要遵守。

欧洲代表性的法律法规是《金融科技法》。美国则有《电子签名法》保障交易安全，还有《金融科技监管沙箱指南》，给金融科技企业留试验空间，鼓励创新和新业务模式。

（3）知识产权保护。中国：中国在知识产权保护领域长期受到国际关注和被质疑，尤其是在版权侵权和盗版行为方面的争议尤为显著。中国为保护创新和知识产权，已出台多项法律和政策，强化法治支持体系，以下是典型的实例：

《中华人民共和国数字商务法》是中国第一部专门管数字商务的综合法律。里面论述了侵权会有什么法律后果，将会面临怎样的处罚，就是为了保护创新和知识产权。《中华人民共和国著作权法》主管数字商务里的各种作品，像文学、艺术、音乐、软件等，明确了作者有什么权利，将会受到怎样的保护。《中华人民共和国商标法》详细规定了怎么注册、应用和保护商标，就是为了保护商标权，防止被侵权。《中华人民共和国专利法》详细规定了怎么申请、授予和保护专利。

相比之下，发达国家如美国在相关保护机制上更为成熟且严谨，将重点以美国为例进行阐述。

版权法：美国版权法保障原创作品的知识产权，涵盖文学、艺术等多个创意领域。反不正当竞争法：这部法律旨在规制市场行为，确保公平竞争环境。消费者保护法：这部法律广泛包括产品质量、服务品质、误导性广告以及不正当商业竞争等多元议题。

4. 文化和消费者习惯

以美国为例，与中国消费者现状作对比分析。

（1）线上购物和电子支付。中国作为全球领先的数字商务大国，消费者普遍依赖移动设备和电子支付系统进行购物与交易，追求高效快捷的消费体验。相比之下，美国消费者更倾向于采用现金和信用卡等传统支付手段。

（2）消费者群体特点。中国消费者因地域不同而有其各自消费特点，但信守的文化消费理念基本一致，美国有很多不同底蕴文化及源自不同国家移民，消费者群体多样、个性，和中国比有一定的不同。在美国的消费者，每个人都有自己的文化背景，所以消费行为和喜好都不同。在这种多样化的市场里，大家都想找适合自己的消费方式。

（3）消费主义和品牌忠诚。中国消费者比较注重理性消费，不崇尚消费主义，并且购物更看重性价比，但对企业品牌忠诚度较低。美国社会很看重消费主义。在美国，消费者认为品牌忠诚度很重要，与中国相比较为明显。很多消费者对自己喜欢的品牌特别忠诚，愿意花大钱，因为他们觉得这些品牌质量好、体验独特。

三、数字商务企业对比

接下来，将聚焦于中美两国，具体剖析各自国家中发展最为突出的数字商务企业，以此深化对中西方数字商务差异的理解。

（一）中国：阿里巴巴

1. 公司概述

成立于1999年的阿里巴巴集团，扎根于中国杭州这座数字商务的热土，作为全球顶尖的数字商务巨头，其独特的商业地位在全球范围内堪称翘楚。阿里巴巴集团凭借其独创的创新策略和在市场上卓越的表现，已牢固确立全球数字商务领域的领导地位。

2. 数字商务模式分析

阿里巴巴集团凭借独特策略，打造了涵盖淘宝、天猫等极具市场影响力的多元数字商务平台，以及支付宝等高效支付手段，成功实现了全链条的数字商务生态系统无缝融合。多个数字商务平台凭借完善的商家和消费者服务体系，成功吸引了庞大的买家和卖家群体。

在数字商务发展里，阿里巴巴的支付宝是个重要角色，它支付功能高效、简便、安全，推动了行业成长，为数字商务生态打了金融基础。支付宝还有余额宝这样的新金融产品，也提供很多金融服务，满足用户理财需求。

阿里巴巴在跨境贸易中的地位也是举足轻重，它推行着数字世界贸易平台理念，连接中国商家和全球买家，促进了全球贸易。

3. 成功因素

阿里巴巴成功源于它的创新，把创新当核心竞争力，一直找新商业模式和运营方法。

阿里巴巴很看重用户体验，一直改进平台设计，让操作更简便，服务更好，让用户更满意。

阿里巴巴还在全球化上发力，深化国际业务，通过国际合作、市场拓展、资源调配，保持全球商业领军地位。

（二）美国：思科公司

1. 公司概述

思科1984年成立，在美国加州，是全球网络解决方案的巨头。它专注网络应用服务，用创新技术帮客户提高生产效率和竞争力。思科在网络技术上有开创性成就，市场表现也好，是数字商务里的领军企业。

2. 数字商务模式分析

思科战略核心是客户，把客户当创新的动力。它懂客户需求，找准市场，优化客户体验，提业务价值。思科收集数据、分析市场，定制创新产品和精细服务。作为硬件供应商和网络技术专家，思科提供全方位服务，支持客户。思科一直创新，推企业网络架构革新。思科在未来还计划战略革新，不只卖硬件，要做全价值链的网络集成服务，给客户定制创新方案，其服务价值超出硬件本身的价值。

3. 成功因素

思科靠技术创新，持续研发新技术和尖端产品。它还有人才发展计划，培养和吸引人才，要建个技术和管理都顶尖的团队。思科以客户为中心，懂客户需求，致力于提供个性化解决方案。

第三节 中国数字商务发展的机遇与挑战

一、机遇

（一）庞大的市场规模

1. 庞大的人口基数与城市化进程

中国的庞大的人口基数与持续增长的城市化进程，为数字商务市场孕育了巨大的发展机遇。

2. 跨境数字商务和海淘行为

中国消费者对国际品牌及高质量商品日益增长的需求，促使政府积极完善跨境贸易和进口消费政策，这为数字商务市场的繁荣创造了广阔的空间。

(二) 技术创新与应用

中国数字商务的创新业务正被移动支付和前沿科技领域的迅猛发展持续赋能。大数据分析与人工智能等技术的快速迭代，不仅重塑了行业生态，更为数字商务的升级转型注入了强劲动能。从移动支付渗透率的全球领先，到 AI 算法驱动的用户行为预测，再到区块链技术保障的交易安全，中国通过技术集群效应构建起数字商务的核心竞争力，形成了"场景-技术-服务"三位一体的创新闭环。

(三) 升级消费，需求多元

1. 个性化定制服务

个性化定制服务让消费者有理由认为自己是商家的特别客户，自己是被尊重的，这样的消费体验能够使消费者更加的愉悦，对品牌、商家的忠诚度更高，这些都是数字商务平台的长期竞争优势。

2. 提升消费档次，打造高端领域

现在的消费者已经不再仅仅满足于得到"合格"的产品或服务，而是追求"符合"自身心理预期的高品质产品或优质服务，数字商务平台顺应消费者的心理，吸引高端的商家入驻，加上平台对品控的监管，满足消费者对高档次产品的需求，让消费者获得更佳的购物体验，有利于增强消费者对数字商务的信任度。

3. 健康和环保消费

越来越多的消费者倾向于选购健康、有机、环保的商品，数字商务平台顺势创新性引入此类商品，丰富了商品的品类。这样的做法不仅帮助平台抢占了更多的市场，还能为平台打造或者提升其在可持续发展方面的形象。

4. 生活方式和文化消费

消费者生活方式和文化消费的偏好越来越多样，数字商务平台就持续创新，适应满足这些变化。有远见的数字商务平台拓展商品种类，不仅有传统商品，还有和生活紧密相关、有文化底蕴的创新产品。这样平台消费覆盖面更广，消费者购物也更有趣，更注重生活品质和文化内涵。

5. 社交数字商务和内容数字商务

新兴的社交数字商务和内容驱动的数字商务模式越来越多，给数字商务平台带来了很多营销途径和用户获取策略。社交数字商务用社交媒体的广泛触达和互动,让品牌直接和目标客户联系,主要靠分享、交流和口碑来推动业务。内容数字商务靠创作推送优质内容,激发消费者兴趣,促进消费者购买。

6. 共享经济和创新服务

共享经济与创新服务的发展为数字商务平台拓展了多维商业空间。新兴业态的涌现不仅精准对接了消费者对资源共享、体验升级和便捷服务的需求,更催生出"订阅式服务""即时配送"等创新商业模式。

(四)跨国数字商务业务与全球布局

中国正积极布局国际市场,加速跨境数字商务的扩张,力推中国数字商务的全球化发展,为跨国数字商务业务与全球布局开辟了前所未有的机遇空间。

1. 数字基础设施和支付体系

中国拥有包括高速互联网、移动支付、数字商务平台等先进的设施和支付体系。

2. 区域合作和"一带一路"倡议

中国全力推动与周边及区域伙伴的数字商务协作,如"一带一路"倡议,为国际跨境数字商务企业拓展了庞大的商业版图。

3. 品牌出海与全球化路径

中国企业在实施品牌国际化和全球化进程中,积极设立海外分支机构,强势地拓展了海外市场,从而显著提升品牌国际知名度。

(五)政策扶持、法制健全

政府推出了一系列强力扶持数字商务创新发展的政策,目标明确地激励高品质的创业与创新活动。同时,法规环境的日益健全为数字商务的稳定运营提供了强有力的法律支持。

1. 政府政策扶持

中国官方对跨境数字商务的态度很积极,一直在加大相关政策扶持。一方面,通过简化海关通关这些办法,优化服务,给数字商务平台提供资源,提高它们运营效率,满足消费者和企业需要。另一方面,用多种办法帮数字商务企业发展,比如给税收优惠、资金投入,还设创新基金,让企业多进行研发,促进创新成果产出。这些政策共同打造了良好的商业环境,助力跨境数字商务快速发展。

2. 筹划数字商务战略蓝图

中国已制定详尽的数字商务战略规划，强调加快数字化转型并全力促进数字商务的稳步增长，为数字商务企业设定了清晰的发展路径，并提供了强力的政策扶持。

3. 数字商务法律法规

中国政府部门致力于维护数字商务市场的法治化发展，不断强化相关法律法规的制定，如2018年颁布《中华人民共和国电子商务法》，2021年颁布的《网络交易监督管理办法》等，近年来中国政府还发布了一系列政策文件，如《中共中央办公厅　国务院办公厅关于数字贸易改革创新发展的意见》等，这些文件从国家战略层面推动数字商务的发展，为数字商务领域的创新提供了政策支持。

4. 研究跨境数字商务业务的政策环境

中国已推出一系列高效且针对性强的政策，如优化海关清关程序，大力扶持跨境数字商务业务，为相关企业创建了良好的政策环境。

5. 数字支付和金融科技政策

中国官方高度关注并积极推动数字支付与金融科技的发展，已实施多项扶持政策。具体而言，设立百亿级金融科技专项基金，对关键技术攻关实施税收减免；建立监管沙盒机制，为创新产品提供安全测试空间，目前试点已覆盖北京、上海等8个重点城市；同时推出"金融科技创新监管试点"计划，通过弹性监管框架激发市场主体创新活力。这些政策包括对金融科技创新的全方位扶持措施。

二、挑战与应对

（一）市场竞争激烈

1. 面临挑战

当前的中国数字商务市场竞争激烈至白热化程度。市场内各大数字商务平台激烈竞争，新进者面临严峻考验。

数字商务市场趋于饱和。中国数字商务市场竞争白热化，鉴于市场已趋近饱和，各平台间的角逐日趋严峻。

同质化竞争。市场上的数字商务平台普遍存在产品和服务高度相似的情况，消费者在进行商品挑选时常常感到困惑。为了解决这种现状，实现从众多同类产品和服务中脱颖而出，企业亟须积极寻求差异化竞争策略。

价格竞争压力大。在价格高度透明的数字化商业环境中,激烈的竞争主要围绕价格展开,因此,企业需策略性地提升服务品质、强化品牌形象,以确保在竞争中稳固自身优势地位。

法律法规的不确定性。中国数字商务法规环境瞬息万变,企业必须密切关注其最新动态,构建"动态合规体系",通过智能监测工具实时追踪政策动向,将合规管理从被动应对转为主动布局。数字商务市场准入门槛低。

2. 应对措施

深入挖掘细分市场,寻找新的增长点、加强品牌建设和用户忠诚度培养,提高市场份额,以及创新商业模式,提供差异化服务,以脱颖而出。

实施差异化竞争策略,突出产品和服务特色、加强产品研发和创新,满足消费者个性化需求,以及提升用户体验,通过优质服务增强消费者黏性。

策略性地提升服务品质,增加附加值,避免单纯价格竞争、强化品牌形象,提高品牌溢价能力,以及优化成本控制,提高运营效率,保持盈利能力。

密切关注法律法规最新动态,确保企业合规经营、加强与法律顾问的合作,及时应对法律风险,以及积极参与行业协会活动,共同推动行业规范发展。

加强核心竞争力建设,提高市场壁垒、不断创新,保持技术领先和服务优势,以及拓展国际市场,寻求新的发展空间。

(二)消费者信任和安全问题

1. 面临挑战

现代数字化商业里,消费者碰到很多问题:网上假货多、售后服务时常有争议,数据泄露事件频发与网络安全漏洞,使消费者越来越担心个人的隐私能否得到有效的保护。

假货问题。数字商务平台上假货多,导致消费者信任度持续下降。

信息泄露和隐私。在数字化商业里,消费者在进行选购和金融交易时担心个人信息不安全、个人隐私被泄露或乱用。

交易纠纷和售后。数字化商业交易中,消费者常因为虚假交易和售后服务推诿扯皮的乱象,维权耗时又低效。

售后和投诉。消费者希望自己有关售后的诉求能够尽快地得到解决、各方满意的得到处理,能够做到这些的平台才更有可能得到消费者的信任。

网络诈骗和安全漏洞。消费者担心账户信息安全,这影响平台信誉和用户信任度。

2. 应对措施

数字商务平台加强商品审核,确保信息真实、严厉打击售假行为,引入正品保证计划。

加强数据加密,保障信息安全、明确隐私政策,尊重隐私权,以及定期审计,修复隐患。

完善客服体系,快速响应、引入第三方仲裁,公正处理,以及优化售后流程,便捷服务。

采用支付加密技术,保障安全、与支付机构合作,确保稳定,以及提供支付保险服务。

建立快速售后机制、提供便捷投诉渠道,实行定期服务评估制度。这样的做法既实现纠纷解决的提质增效,又推动服务标准的持续优化。

加强用户安全教育、建立应急响应机制,以及与企业合作打击网络诈骗。

(三) 物流和配送瓶颈

1. 面临挑战

当前物流配送体系的完善程度滞后于数字商务的增长速度,不仅制约了消费者对即时满足的购物体验需求,更成为行业实现更高发展规模的关键瓶颈。

配送效率与成本问题。由于高订单量与广泛的配送区域,导致局部地区配送效率降低。末端配送"最后一公里"成本居高不下,尤其在农村及偏远地区表现尤为突出。

配送网络建设不足与服务水平不均。部分地区配送网络尚未健全,配送覆盖范围存在局限,且服务水平存在区域差异。

物流信息化水平较低,跨境物流面临挑战,同时环境成本压力较高。

2. 应对措施

通过智能调度算法优化配送路径,建立更加完善的服务网络;升级仓储设施,引入自动化立体仓库和智能分拣系统提升运营效率;构建 PDCA(Plan-Do-Check-Act)管理循环机制,持续监控物流全链条效能并动态优化。

利用物联网技术、云计算和大数据分析这些先进技术,让物流信息能被实时查看和管理,优化运输和配送的路,配送速度更快。农村或偏远地方,可以建物流集散中心,集中配送节约成本。尝试社区配送站这些方式,减少最后一公里配送的花费。启用新能源配送车,节省企业物流运营成本。

完善配送网络，向偏远和不太发达的地方建物流设施，让服务能覆盖更多地方。提高服务水平，给物流人员培训，让他们更专业，服务也更好，保证各地的服务水平都能达到设定的高标准目标。

建高效的物流信息系统，让信息能共享和交换。用大数据技术，分析市场情况，做决策更准。建海外仓，让跨境物流更快。用能循环用的包装，减少垃圾。优化运输线路，减少运输车辆空载的情形以及减少车辆等待的耗时，能够有效地减少能源的消耗和尾气的排放。输送的货物购买保险，东西丢了或损坏，联系保险公司或物流公司理赔，从而降低物流企业风险。

（四）知识产权保护的困境

1. 面临挑战

数字商务市场普遍存在假冒商品及侵权现象，主要有以下几种情况：

知识产权侵权现象突出。随着数字商务快速发展，盗版问题日益凸显。部分商家或平台违反法律法规，擅自销售盗版商品。

假冒伪劣商品泛滥。部分商家通过数字商务平台销售侵权商品，此类行为不仅侵犯正版产品的知识产权，更可能危害消费者的健康与安全。

维权机制不完善。产品遭受侵权后，消费者面临维权困境，导致网络购物顾虑增加。

平台监管责任缺失。数字商务平台对侵权商品监管不力，审核机制疏漏致使问题商品违规上架，为侵权者提供可乘之机，严重损害消费者权益。

2. 应对措施

加强知识产权法规的宣传和教育，提高商家和平台的法律意识、加大对侵权盗版行为的打击力度，提高违法成本，以及建立健全的知识产权保护机制，为权利人提供便捷的维权渠道。

加强数字商务平台的商品审核机制，确保上架商品的真实性和合法性、加大对假冒伪劣产品的查处力度，严惩违法商家。以及加强消费者教育，提高辨别真假商品的能力。

简化维权流程，提高维权效率，降低消费者维权成本、建立快速响应机制，对消费者的投诉和举报及时进行处理，以及加强法律支持，为消费者提供法律援助和诉讼支持。

明确数字商务平台的法律责任，督促其加强商品监管、建立健全的平台管理制度，对侵权商品进行严格管控，以及加强对平台的监督和检查，确保平台履行监管职责，避免侵权商品上线流通。

(五) 城乡数字鸿沟

1. 面临挑战

在数字化时代背景下，城乡数字鸿沟仍然显著，农村数字商务发展滞后，亟需加强基础设施建设与人才培养。具体问题主要包括以下方面：

基础设施发展不均衡。城乡数字基础设施差距显著，农村地区网络覆盖率低，网络传输速度较慢，制约农村数字商务发展。

物流配送体系不完善。农村物流配送体系建设不足，配送成本较高，服务水平与城市相比存在差距。

支付方式单一。农村地区数字支付普及率较低，尤其是偏远地区仍以现金支付为主。

消费观念与习惯差异。农村消费者的消费观念与城市用户存在差异，偏好实用且价格低廉的商品，对高端产品及服务需求有限。此外，由于数字技能与教育水平的限制，农村消费者在网络购物时易遭遇欺诈，导致他们对数字商务信任度较低。

2. 应对措施

加大农村数字基础设施的投资，提升网络覆盖率和网速、实施农村宽带普及工程，确保每个村庄都能接入高速网络，以及鼓励和支持电信运营商在农村地区建设更多基站和光纤网络。

开展农村数字技术培训，提高农村居民的数字技能和应用能力、利用村委会、农村学校等场所开设数字技术普及课程，以及推广简单易用的数字技术和应用，降低农村居民的学习门槛。

完善农村物流配送体系，建立更多农村物流站点、鼓励物流企业与农村合作社合作，降低配送成本，以及利用科技手段，如无人机、无人车等，探索农村最后一公里配送解决方案。

推广移动支付和电子支付在农村的应用，提高支付便捷性、与银行合作，在农村设立更多ATM机和POS机，以及开展支付知识普及活动，提高农村居民对电子支付的认知和接受度。

加强农村数字商务的宣传和推广，改变农村居民的消费观念、提供更多符合农村居民需求的实用、价廉的商品和服务，以及加强农村网络安全教育，提高农村居民的防骗意识，增强他们对数字商务的信任。

中国数字商务面临着机遇与挑战并存的局面，妥善把握机遇、有效应对其挑战，将助力中国持续保持强劲而稳定的增长趋势。政府、企业、社会和各方需建立稳固的长期合作关系，协同推动数字商务的可持续繁荣。

本章小结

中国数字商务的发展很有潜力，其业绩一直在增长。它不只是信息技术和商务的简单加在一起，还显示出很强的市场活力和稳定的上升势头。中国数字商务应用了互联网、物联网、无线通信等技术，让商务的流程、渠道、营销、运营都数字化、互联网化、智能化了，推动了整个行业快速发展。深入挖掘数据价值，让商业流程和业务更智能，进一步加快了行业变革。

在全球商业里，中国数字商务有独特的优势和价值。它具有全球性、高效、互动性、创新，和信息化、智能化的特征，使其在现代商业里发展良好。虽然和全球领先的数字商务国家比，中国数字商务进步很大，但还是要学习借鉴发达国家的经验，提升竞争力和创新能力，保持在全球市场的领先地位。

中国数字商务面临着机遇与挑战并存的局面。对于中国数字商务，既要看到它有很多增长机会，比如科技进步带来的商业革新，也清楚其面临挑战，比如市场竞争激烈和技术革新压力大。所以，我国要开放发展，持续学习借鉴，抓住机会，勇敢面对挑战，促进中国数字商务行业稳健发展。

案例分析

阿里巴巴国际站在上海浦东启用全国首个数字贸易服务基地

记者获悉，2023年12月14日，阿里巴巴国际站第一个数字贸易服务基地在上海浦东开设。这是阿里国际站为了浦东"丝路电商"合作先行区建设，推出的一个重要项目（见图11.1、图11.2）。

现在，阿里国际站在浦东康桥产业园有了本地服务团队，给外贸企业提供合适的出海方法，帮外贸企业数字化升级，还要建数字外贸生态。

在当日举行的浦东新区"丝路电商"合作先行区建设发布与签约活动中，阿里国际与浦东新区商务委、上海自贸试验区保税区管理局共同签订了合作备忘录，同时，阿里国际站也被授予了"丝路电商"合作研修中心的成员单位称号。相关负责人表示，这个全国首创的数字贸易服务基地将与浦东新区携手，为外贸

图 11.1 浦东新区"丝路电商"合作先行区中心功能区启航仪式

图 11.2 阿里巴巴国际站被授予"丝路电商"合作研修中心成员单位

企业提供一站式综合服务,并成为探索制度型开放的新应用场景,力争先行先试,形成具有示范引领作用的制度型开放成果。

现在,全球贸易越来越快地数字化,数字贸易成了我国扩大开放、培养外贸新动力的重要方向。上海自贸区提出,他们要率先用高标准的数字贸易规则。阿里国际站,这个全球厉害的数字贸易平台,也加入其中,还推出了数字贸易服务基地这种新模式。

今年上半年,阿里国际站上的海外优质商机多了30%,这说明阿里国际站用完善、安全、可靠的数字外贸服务,帮国内企业找新机会。今年1到5月,长三角地区有几千家外贸企业加入阿里国际站,开始数字外贸。

阿里国际站还推出了外贸AI产品"生意助手",用最新AI技术,帮中小企业更容易做全球贸易。这个产品能智能发商品、智能接客户,融入外贸各环节,还能根据阿里国际站的数据,快速给实用建议,一键做图片视频。

测试数据显示,AI生意助手能帮外贸商家提升约19%的曝光量。

阿里国际站还在海外精细运营,帮外贸企业准确找海外客户。在东南亚等新兴市场,阿里国际站开了东南亚馆,还第一次办B2B外贸大促"新年备货节",帮国内企业方便地拓展海外市场。

资料来源:阿里巴巴国际站。

复习思考

1. 中国的数字商务正处于怎样的成长轨迹?

2. 请任选至少两个其他发达国家(如美国、欧洲国家),将它们与中国进行对比,分析数字商务发展方面的差异。

3. 中国数字商务应该采取哪些措施以确保其能够实现更加稳定与持久的发展。

4. 请简要分析中国数字商务在数字化方面的发展存在哪些不足之处。

5. 请你谈谈你认为的中国数字商务的发展趋势是怎样的?

参考文献

[1] 国家互联网信息办公室. 数字中国发展报告（2022年）[R/OL].（2023-05-23）[2024-12-25]. https：//www.cac.gov.cn/2023-05-22/c_1686402318492248.htm.

[2] 商务部. 数字商务三年行动计划（2024-2026年）[A/OL].（2024-04-26）[2024-12-25]. http：//m.mofcom.gov.cn/article/gztz/202404/20240403506347.shtml.

[3] 中国互联网络信息中心. 中国互联网络发展状况统计报告[R/OL].（2024-03-22）[2024-12-25]. https：//www.conic.cn/n4/2024/0322/c88-10964.html.

[4] 携手将数字贸易打造成为共同发展的新引擎：从数贸会看数字经济发展新动能[N]. 人民日报, 2023-11-25（01）.

[5] 马述忠, 廖红. 国际企业管理[M]. 3版. 北京：北京大学出版社, 2013.

[6] 王东, 付云. 后金融危机时代电子商务企业成本管理分析[J]. 现代营销（学苑版）, 2011（6）：34-34.

[7] 姚建文. 基于功能提升视角的产业升级研究[J]. 经济问题探索, 2007（8）：4.

[8] 史达, 胡世宏. 电子商务与网络经济[M]. 大连：东北财经大学出版社, 2001.

[9] 敖毅菲. 快递配送中心农村配送路线优化研究[J]. 福建质量管理, 2019（19）：284-285.

[10] 熊家丽. 8省份居民收入增长跑赢经济增速[C] 廊坊市应用经济学会. 对接京津：京津乐道绿色廊坊论文集. 廊坊：廊坊市应用经济学会, 2018.

[11] 刘卫东. 市场营销理论与实务[M]. 北京：对外经济贸易大学出版社, 2009.

[12] 王志文, 李玥. 从消费倾向看增加收入对GDP的乘数效应[J]. 现代经济信息, 2017（14）：3.

[13] 吴文盛. 宏观经济学 [M]. 北京：清华大学出版社，2007.

[14] 国家统计局. 2023年居民收入和消费支出情况 [EB/OL]. (2024-01-17). [2024-12-31]. https://www.stats.gov.cn/sj/zxfb/202401/t20240116_1946622.html.

[15] 左凤荣. 中俄战略协作伙伴关系顺利发展的经验与启示：纪念《中俄睦邻友好合作条约》签署20周年 [J]. 苏州科技学院学报（社会科学版），2021 (3)：24-29，100.

[16] 杨县宗，唐豪. 论网络营销中的价值分析 [J]. 经济论坛，2007 (2)：3.

[17] 周浩. 数字营销时代的市场营销策略研究 [J]. 营销界，2023 (14)：20-22.

[18] 林永海，邱重植. 数字营销模式下对罗汉果的市场推广的研究 [J]. 2020 (7)：47.

[19] 马雪峰. 企业数字营销发展特征及实践方法 [J]. 管理学家，2012 (15)：115.

[20] 玉坚，谢镕键. 三亚藤海渔村旅游发展与规划探析 [J]. 特区经济，2022 (6)：135-138.

[21] 刘嘉慧. 品牌定位在市场营销战略中的地位 [J]. 全国流通经济，2018 (17)：2.

[22] 代桂勇，杨文凯. 产品整体概念新解：产品=实体+服务+概念 [J]. 中国市场，2011 (48)：2.

[23] 冯金祥，蔡南珊. 市场营销实务：商品经营专业 [M]. 北京：高等教育出版社，2004.

[24] 韩创飞. 闯荡国际 [M]. 北京：中国纺织出版社，2004.

[25] 吴长顺. 营销学教程 [M]. 北京：清华大学出版社，2005.

[26] 周鹏. 综合营销实务 [M]. 北京：电子工业出版社，2006.

[27] 刘勇. 品牌层次的应用与管理 [J]. 湖南包装，2021，36 (5)：153-156.

[28] 李艳娥. 新实用营销学 [M]. 广州：中山大学出版社，2005.

[29] 黄鹏程. 需求弹性理论及其在经济决策中的重要作用 [J]. 长春金融高等专科学校学报，2010 (2)：4.

[30] 王春国. 网络虚拟物品定价问题探析 [J]. 神州，2011 (1)：2.

[31] 孙金霞. 市场营销理论与实务 [M]. 南京：南京大学出版社，2010.

[32] 李翠玉. 浅谈不同销售方式对产品销售收入的影响 [J]. 经贸实践，2016（12X）：1.

[33] 李海琼. 市场营销实训教程 [M]. 北京：清华大学出版社，2013.

[34] 舒昌. 市场营销学 [M]. 2版. 北京：清华大学出版社，2011.

[35] 刘小菁. 社交媒体 FACEBOOK 对泰国年轻消费者购买决策影响研究：理智动机和情感动机的作用 [D]. 北京：对外经济贸易大学，2015.

[36] 唐启蒙. 社交媒体时代的联名卡营销创新 [J]. 中国信用卡，2013（2）：4.

[37] 刘冰凌. 社交媒体营销对消费者行为的影响因素分析研究 [J]. 中阿科技论坛 2021（7）：32-34.

[38] 宋志成. 意见领袖信息行为对顾客公民行为的影响机制研究 [D]. 杭州：浙江工商大学，2020.

[39] 赵子嘉. 社交媒体中的借势营销研究 [D]. 哈尔滨：黑龙江大学，2024.

[40] 雷艳杰. 三明制造业与物流业联动的灰色关联分析 [J]. 吉林广播电视大学学报，2017（2）：2.

[41] 赵妮. 山东省现代物流业影响因素分析及管理对策研究 [D]. 济南：山东师范大学，2013.

[42] 燕春蓉. 电子商务与物流 [M]. 2版. 上海：上海财经大学出版社，2010.

[43] 马士华. 基于供应链的企业物流管理：战略与方法 [M]. 北京：科学出版社，2005.

[44] 华细玲，张凤玉. 现代物流概论 [M]. 北京：中国商业出版社，2006.

[45] 田江. 供应链管理基础与实践 [M]. 成都：电子科技大学出版社，2006.

[46] 张成海. 现代物流与物流标准化 [J]. 中国标准化，2002（6）：2.

[47] 白玲. 我国物流业寻求第三利润源的研究 [D]. 西安：长安大学，2024.

[48] 张帆. 浅谈物流与电子商务的结合 [J]. 管理观察，2013（18）：2.

[49] 程国全，柴继峰，王转，等. 物流设施规划与设计 [M]. 北京：中国

物资出版社，2003.

［50］袁媛．电子商务实用教程［M］．北京：北京交通大学出版社，2013.

［51］刘学敏．电子商务与现代化物流建设［J］．中国市场，2009（10）：2.

［52］梅绍祖，李伊松，鞠颂东．电子商务与物流［M］．北京：人民邮电出版社，2001.

［53］李宗耀，李灵，尉斌．电子商务应用基础教程［M］．北京：科学技术文献出版社，2007.

［54］孟凡珂，肖家林．供应链管理环境下第三方物流发展策略分析［J］．包装世界，2018（4）：1.

［55］邓艳娟．我国第四方物流运作模式、发展障碍及对策分析［J］．中国物流与采购，2012（11）：2.

［56］马士华，林勇，等［M］．北京：机械工业出版社，2020.

［57］谭敏．供应链视角下物流企业低碳化运营模式研究［J］．商业时代，2014（14）：20-21.

［58］王国文，赵海然，佟文立．供应链管理核心与基础［M］．北京：企业管理出版社，2006.

［59］周艳军．供应链管理［M］．上海：上海交大出版社，2008.